Mathias Schreiber
Die Zehn Gebote

Mathias Schreiber

DIE ZEHN GEBOTE

Eine Ethik für heute

Deutsche Verlags-Anstalt

FSC

Mix

Produktgruppe aus vorbildlich
bewirtschafteten Wäldern und
anderen kontrollierten Herkünften

Zert.-Nr. SGS-COC-001940
www.fsc.org
© 1996 Forest Stewardship Council

Verlagsgruppe Random House GmbH FSC-DEU-0100
Das für dieses Buch verwendete FSC-zertifizierte Papier
Munken Premium Cream
liefert Arctic Paper Munkedals AB, Schweden.

1. Auflage
Copyright © 2010 Deutsche Verlags-Anstalt, München,
in der Verlagsgruppe Random House GmbH
und Spiegel-Verlag, Hamburg
Alle Rechte vorbehalten
Bildnachweis: S. 28/29 akg-images;
S. 114 und 143 akg-images/Erich Lessing
Typografie und Satz: DVA/Brigitte Müller
Gesetzt aus der Sabon
Druck und Bindung: GGP Media GmbH, Pößneck
Printed in Germany
ISBN 978-3-421-04486-0

www.dva.de

Für Christina

Fürchte Gott und halte seine Gebote;
denn das gilt für alle Menschen.

Prediger 12,13

Inhalt

Vorwort

Die Zehn Gebote – als Formel für gutes Verhalten sind sie weltberühmt. Und doch: In seinem Buch *Die Bibel – Eine Biographie* (2009) notiert der Physiker Martin Urban, der über 30 Jahre lang das Wissenschaftsressort der *Süddeutschen Zeitung* geleitet hat, die betrübliche Tatsache: »Mittlerweile kennt in Europa nur eine Minderheit der erwachsenen Bevölkerung den Wortlaut der Zehn Gebote.« Allenfalls »die auf die Mitmenschen bezogenen Gebote des Dekalogs« hätten sich einen Ruf als »ethisches Minimum« – auch unter sogenannten Nicht-Gläubigen – bewahrt. Sollte diese Diagnose zutreffen, so erkennt sie eine kulturelle Katastrophe.

Anscheinend hat die Mehrheit unserer europäischen Zeitgenossen vergessen, was den Kern und die Besonderheit der Stellung des Menschen im Kosmos ausmacht: Die Zehn Gebote sind der älteste schriftlich überlieferte Kanon gesitteter Menschlichkeit, über den die Europäer überhaupt verfügen. Sie sind, biblisch gesprochen, der »Adlerflügel«, der den Menschen aus dem bloß biologisch betrachteten Kampf ums Dasein befreit. Ein Europäer, der sie kaum kennt und nicht zuletzt deswegen für entbehrlich hält, weiß im Grunde nicht, wer er ist – er begreift auch nicht die ethische und kulturgeschichtliche Relevanz seiner eventuellen Entschlossenheit, diesen Kanon zu korrigieren oder zu ignorieren.

Die Zehn Gebote sind der Inbegriff abendländischer Moralität. Das klingt feierlich. Aber was heißt Moralität? Der Begriff ist zunächst ganz unfeierlich, er stammt aus dem Lateinischen: *Mos* bedeutet »Wille« und »Regel«, dann auch

»Gewohnheit, Brauch«, »Art und Weise, Mode«, »Benehmen« und schließlich – als entscheidende Summe dieser Bedeutungsvarianten – »Gesinnung, Charakter«. Wem die Zehn Gebote nicht als Inbegriff unserer europäischen Moralgeschichte gelten, der hält womöglich Menschen mit ausgeprägtem Charakter ebenfalls für überflüssig, wenn er nicht gar insgeheim denkt, im Prinzip sei »alles erlaubt«, solange man nicht erwischt werde, und überhaupt: nur Egoisten seien in dieser Welt erfolgreich; wer sich da nicht anpasse, gehöre rasch zu den Verlierern. Könnte es sogar sein, dass diese windige Vorstellung heute zum moralischen Rüstzeug eines flexiblen Karrieregenies gehört? Könnte es sein, dass die Gleichgültigkeit vieler »Top-Manager« gegenüber einem Kanon wie dem der Zehn Gebote zu den geistigen Mitursachen der jüngsten Wirtschaftskrise zählt, die ja viel mit Maßlosigkeit, Selbstüberschätzung, haltloser Spekulationsfreude und sozialer Rücksichtslosigkeit zu tun hatte? Könnte es sein, dass die Nonchalance, mit der unsere Oberschicht-Intellektuellen vermeintlich altmodische Regeln wie diese Zehn Gebote zugleich abnicken und tunlichst ignorieren, mitverantwortlich ist für einen Alltag, in dem frustrierte jugendliche Wüteriche Amok laufen – auf dem Schulhof oder in der U-Bahn – und notfalls couragierte Ältere, die sie dabei stören, totschlagen? Vielleicht haben diese Gewalttäter im Schulunterricht allenfalls von weitem die Mahnglocke der Zehn Gebote vernommen – wenn überhaupt. Vermutlich waren die zuständigen Pädagogen noch aus dem moralisch morschen Holz jener »Fraktion« der 68er-Generation geschnitzt, für die es wichtiger war, bestehende Regeln als sogenannte Tabus in Frage zu stellen, als den jungen Menschen klarzumachen, dass es ohne eine elementare Moral, wie sie der Dekalog komprimiert, kein gedeihliches Zusammenleben gerade solcher Menschen geben kann, die eine bessere Zukunft erhoffen, mögen sie auch höchst unterschiedlich denken und fühlen. Von der erschreckenden moralischen Indifferenz einiger einflussreicher 68er-Ideologen hat erst unlängst Bettina Röhl, die Tochter von Ulrike Meinhof, ein eindrucksvolles Zeugnis abgegeben. In einem Essay, den der SPIEGEL (31.05.2010) veröffentlichte, schilderte sie die »Lebenslast« ihrer Kindheit an der Seite eines Vaters, der nach dem Abtauchen der Mutter in den Untergrund die elfjährige Tochter »quasi als Ehefrauersatz« betrachtete und zuweilen übergriffig wurde – entsprechend der 68er-Ideologie, der politischen Befreiung habe die Bekämpfung sexueller »Tabus« vorzuarbeiten, zu diesen zählte Konkret-Herausgeber Klaus Röhl auch das bürgerliche Verbot inzestuöser »Liebesgeschichten« zwischen Vätern und Töchtern.

Dieses Buch behauptet entschieden die universelle, zeitlose, normative Bedeutung der Zehn Gebote gegen alle neueren Versuche, sie zu sympathischen Verhaltens-»Regeln« zu verharmlosen, sie psychologisch (»Moral ist gefährliche, heuchlerische Triebunterdrückung«), evolutionsbiologisch, historisch oder im Sinne multikultureller Ethno-Ethik (»Jede Kultur hat ihre eigene Moral«) zu relativieren. Zugleich wird die Geschichte der Zehn Gebote und ihrer Bruder-Gebote in anderen Kulturen betrachtet, es geht um ihren rationalen und spirituellen Erkenntniswert, aber auch um ihre Schwächen. Die Zehn Gebote sind kein archaisches Prophetengemurmel, das den auf seine diversen Verrückt-Heiterkeiten erpichten Intellektuellen dieser Tage wenig zu kümmern braucht; sie sind ein Daseins-Gesetz, vergleichbar dem Kreis und dem Quadrat in der Architektur. Ohne die geometrischen Grundformen lässt sich kein stabiles Haus planen und bauen. Papst Benedikt XVI. nennt die Zehn Gebote – in seinem Buch *Jesus von Nazareth* (2007) – völlig zu Recht die »Notensprache unserer Existenz« und unterstreicht damit ihren Anspruch, für alle Menschen zu gelten, und nicht nur für die jüdischen und christlichen Gläubigen.

Wenn die Menschen noch ein paar Jahrtausende überleben wollen, müssen sie die Zehn Gebote neu für sich entdecken und absolut, vom Absoluten her, ernst nehmen. Sie sind die humane, ethische Ressource schlechthin, im Rang vergleichbar den elementaren Bodenschätzen und Lebensbedingungen der äußeren Natur. Sie sind die Atemluft einer Moral, die den Weltfrieden im Blick hat. Dabei geht es nicht bloß um die beherzte Rückbesinnung auf biblische Weisheit oder gar um jene religiöse Nostalgie, die zurzeit den Naturwissenschaften ihren latenten Ausschließlichkeitsanspruch auf Weltdeutung überraschend streitig macht – wo doch die rationale Entzauberung der Wirklichkeit längst unumkehrbar zu sein schien. Die Zehn Gebote enthalten eine humanistische Grundorientierung, die nicht wenig zur Antwort auf die ewige Frage beiträgt, was den Menschen zum Menschen macht. Sie enthalten die wahre Theorie einer freien, humanen Praxis, ohne die der Mensch verfehlt, was er wesentlich sein kann. Wir werden zu zeigen versuchen, dass dies nicht nur für die sozialen Teile des Dekalogs gilt, vom Tötungsverbot bis zum Elternrespekt. Ohne die Anerkennung einer absoluten, mythisch gesprochen: göttlichen Ur-Instanz sind die sozialen Teile der Zehn Gebote kaum mehr als freundliche Empfehlungen zum Wohlverhalten, die man aber notfalls mal ignorieren kann, ohne an der eigenen ethischen Identität Schaden zu nehmen. Unser Thema kommt aus der Religion, aber abgehandelt wird es hier auch und vor allem im kulturgeschichtlichen, philosophischen, zeitkritischen Rahmen.

Winsen an der Luhe, im April 2010
Mathias Schreiber

Zur Aktualität des Moralisierens

Afrikanischer Busch, fettes, wirres Grün, feuchtschwüle Luft, die einen wässrigen Film auf der Haut hinterlässt, das *Herz der Finsternis* – die so überschriebene Erzählung von Joseph Conrad verwandelt die triefende Tropenhitze in eine Metapher des Wahnsinns – ist hier so nahe wie die nächste Flussmündung mit Krokodilen; und die ständig von Fliegen umschwirrten Kranken stöhnen leise, weil alles Lautsein sowieso in der nass brütenden Glut schmilzt wie Schnee unter der Höhensonne; aber der dreißigjährige, theologisch gebildete Mediziner mit dem ausdrucksstarken Sorgengesicht spielt ungeniert Orgel, unberührbar funkelnde Fugen eines gewissen Johann Sebastian Bach, über den er mal ein Buch geschrieben hat: Albert Schweitzer (1875 bis 1965) – im Ersten Weltkrieg Missionsarzt im Tropenhospital von Lambarene, Arbeitstier, tatendurstiger Idealist, späterhin der zusammen mit Albert Einstein gegen jeden möglichen Atombombeneinsatz kämpfende Friedensnobelpreisträger. Europäische Barockmusik im Busch, und dabei der tägliche Kampf gegen Malaria – vielleicht ein bisschen verrückt? Kristallklare, zweckfreie Tonarchitektur im verwirrenden, heißen Äquatordschungel von Gabun – eine Groteske? Nein: Es ist ein bewegendes Schauspiel, eine frappierende Synthese aus Ästhetik und Ethik. Ihr Held ist einer der intelligentesten Ethik-Abenteurer der Geschichte. Er lehrt die »Ehrfurcht vor dem Leben«, praktiziert sie selbst in einer einmaligen Verbindung von persönlichem Wagemut, fundierter, wenn auch wegen ihrer technischen Primitivität umstrittener Heilkunst, Musikalität und Philosophie.

Eine Szenerie wie diese nimmt der Frage nach der authentischen Moral von Menschen, die mehr wollen, als ihrem Ego den effektvollsten Auftritt zu sichern, jeden Anschein säuerlicher Grämlichkeit und schmallippiger Sittenstrenge. Eine Szenerie wie diese macht auf Anhieb eines klar: Moral ist kein muffiger Hobbykurs schwer zu befriedigender Pedanten, kein Volkshochschulthema verhinderter Betschwestern, kein flüchtiges Sühne-Intermezzo reumütiger Spekulanten und Investitionsopfer der jüngsten Wirtschaftskrise; sie ist nicht die Domäne der feierlichen Frömmler, der Unaufrichtigen und sexuell zu kurz Gekommenen, »als ob Güte nur die letzte Rettung wäre, wenn sich schwierigere, aber erfüllendere Vorsätze erschöpft haben«, wie der britische Autor Alain de Botton (Jahrgang 1969) im März 2010 in einem Debattenbeitrag zum Thema »Was wem zusteht« für die englische Internetinitiative »Citizen Ethics Network« formulierte. Nein, Moral ist eines der großen humanen Abenteuer, hat eine lange, spannende Geschichte und viel mit existenzieller Kühnheit, mit handelnder Phantasie, sogar mit Schönheit und letzten Endes mit dem zu tun, was den Menschen von der tierischen Bestie unterscheidet. Was nicht heißen soll, dass alle Tiere aggressive und gierige Bestien sind. Immerhin gilt wohl auch für jene höheren Tiere, denen Tierforscher die Fähigkeit zur Empathie nachsagen, Bertolt Brechts zynischer Vers aus der *Dreigroschenoper*: »Erst kommt das Fressen, dann die Moral« – er sollte die moralischen Heuchler unter den Besitzenden provozieren.

Der altgriechische Philosoph Aristoteles (384 bis 322 v. Chr.) hat gemeint, es gebe »keine Glückseligkeit außerhalb der Tugend«; denen, die »nicht das moralisch Gute tun«, könne es »unmöglich« wohl ergehen. Worauf Friedrich Nietzsche (1844 bis 1900) im 19. Jahrhundert anspielt, wenn er kritisiert, die Spezies jener »Bösen, die glücklich sind«, werde »von den Moralisten verschwiegen« (freilich hat schon Platon, der Lehrer des Aristoteles, durchaus ihrer gedacht).

Der Journalist Wolf Schneider (Jahrgang 1925) spricht, in seinem Buch *Glück!* (2007), dem aufgeklärt-hedonistischen Konsens der Gebildeten dieser Tage aus dem Herzen, wenn er findet, was Aristoteles da formuliert habe, schalle als »falsche Stimme seither durch die Weltgeschichte«. Demnach dürfe sich der Missionar glücklich fühlen, den »die Kannibalen fressen«. Bei der Gelegenheit verweist Schneider auch den Dichter Heinrich von Kleist auf die billigen Plätze des denkerisch Falschen, weil der von dem »erfreulichen Anschauen der moralischen Schönheit« des menschlichen Wesens geschwärmt habe. Dabei ist die Prägung »moralische Schönheit« denkwürdig – sie wird uns noch beschäftigen.

Wer moralisiert, langweilt, so lautet die aus solchen Quellen gespeiste Erkennungsmelodie avancierter Feuilletonisten und Zeitgeistintellektueller des späten 20. und frühen 21. Jahrhunderts. Exemplarisch hierfür ist die ironische Antwort, die der erfolgreiche Kabarettist Dieter Hildebrandt (Jahrgang 1927) gegeben hat, danach befragt, ob er die Zehn Gebote auswendig könne: »Fünf weiß ich noch: Du sollst mit deinem Vater und deiner Mutter nicht die Ehe brechen, oder so ähnlich. Du sollst keinen Gott außer dir neben dir haben. Du sollst nicht lügen, wenn es nicht irgendeinen Sinn macht. Du sollst niemanden töten, es sei denn, er muss weg.« Indirekt will das sagen: Interessant werden die Zehn Gebote erst, wenn man sie lustig verdreht.

Der evangelische Pfarrer und TV-Moderator Jürgen Fliege (Jahrgang 1947) bekennt in seinem Buch *Die Ordnung des Lebens. Die Zehn Gebote* (2005), was wohl vielen an sich durchaus gläubigen Christen dieser Jahre aus dem Herzen spricht: »Mich haben diese Zehn Gebote über fünfzig Jahre lang nicht interessiert.« Als Grund gibt er an: »Solange ich zurückdenken kann, hat man mich mit den Zehn Geboten bedroht.« Es ist die stereotype Moralpredigt der prüden fünfziger Jahre, die auch in vielen anderen Christen die Meinung gefestigt hat, die Zehn Gebote seien der Inbegriff des

»moralinsauren, lebensfernen Katechismus-Unterrichts«, wie Matthias Köckert in seinem Buch *Die Zehn Gebote* (2007) bestätigt.

In der *Ordnung des Lebens* spricht Fliege die Zehn Gebote nicht in der kanonischen, sondern in umgekehrter Reihenfolge durch; er vertritt die originelle These, »dass die Komposition der Zehn Gebote nichts anderes ist als die Reihe der unumgänglichen Stationen auf der Lebensreise eines jeden Menschen«. Als »Reisebeschreibung für das Leben«, von der Gier des Säuglings nach Milch und Liebe bis zum »Gotteslob« des reifen Menschen, versucht Fliege die Gebote zu reanimieren – für den Leser, aber auch für sich selbst. Dass dies eine allzu harmlose Beatmung auf Kosten der fordernden Tiefe der Gebote ist, wird spätestens dann klar, wenn Fliege arglos meint, es gebe halt »nur deinen und meinen Gott«, oder wenn er belustigt erzählt, wie die Medien ihn »vor ein paar Jahren auf jedem Niveau durch alle Schlagzeilen« gehetzt hätten. Und zwar mit Schlagzeilen wie »Fernsehpfarrer sündigt gegen das sechste Gebot«. Anlass sei gewesen, dass er irgendeinem penetrant auf dem sechsten Gebot (»Du sollst nicht ehebrechen«) »insistierenden« Reporter »trotzig ins Mikrofon« geantwortet habe: »Ich habe schon alle zehn Gebote gebrochen.« Sex sells – müssen wir etwa deshalb die leicht schlüpfrige, etwas eitle Fernsehpfarrer-Anekdote lesen, wenn wir uns für die Zehn Gebote interessieren?

Auch ungleich seriösere Autoren, die sich mit den Zehn Geboten befasst haben, tun sich etwas schwer, das Thema anzugehen, ohne sich von dessen moralischem Anspruch zu distanzieren. Zu ihnen gehört auch der Benediktinermönch und Bestsellerautor Anselm Grün (Jahrgang 1945). Er versteht seine von wohltuender Gelassenheit getragene, dennoch sehr sachkundige Einführung in *Die Zehn Gebote* (2006) als nüchternen »Wegweiser in die Freiheit« (so der Untertitel) und als praxisnahe Lebenshilfe aus katholischer Sicht. Aber er warnt mehrfach, mit »bloßem Moralisieren« wolle und könne man die Zehn Gebote nicht »bei den Menschen durchsetzen«.

Diese Warnung ist nur berechtigt, wenn wir den Begriff »Moralisieren« zur sinnenfeindlichen Betonung von allen möglichen Verboten verengen. So als gehe es dabei um eine einzige »Du darfst nicht«-Diät. Der Begriff »Moralisieren« lässt sich aber auch umfassender verstehen. Dann zielt er mitten in unser Leben, dann betrifft er allgemein die Art und Weise, in der wir Menschen zu entscheiden und zu handeln und dabei auch mit uns selber umzugehen pflegen; für diese Art und Weise suchen wir Normen. Das setzt einen entschlossenen Ernst gegenüber der jeweiligen Lebenssituation voraus: Bei jeder Handlung und Handlungstheorie bedenken wir, auf der Suche nach der angemessenen Grundhaltung (griechisch: *ethos*), die dramatisch begrenzte Frist der menschlichen Existenz, also der realen Chancen für ein gelungenes Leben. *Ars longa, vita brevis* – dieses lateinische Epigramm, das ursprünglich auf den griechischen Arzt Hippokrates zurückgeht, kann auch heißen: Das Leben ist eigentlich zu kurz bemessen für langwierige Erörterungen und bloße Begriffsspielereien. Bis wir uns triftig entscheiden, wie wir zu leben haben, ist meistens schon ein gutes Stück Leben an uns vorübergerauscht. Das meint: Wer moralisiert, langweilt nicht, er hat dafür gar keine Zeit übrig, er nimmt das Wie des Lebens im Angesicht von dessen Vergänglichkeit und Vielschichtigkeit entschlossen in den Blick und, besonders wichtig, auch dessen Aussicht auf authentische, ethisch geprägte Schönheit. Worum es da geht, wie die Entscheidung, etwa zwischen Moral und Achterbahnvergnügen, ausfällt, das ist nicht langweilig, das ist spannend.

Die postmoderne Hochglanz-Philosophie der achtziger und neunziger Jahre des vorigen Jahrhunderts, deren Erbe heutzutage vom »Alles ist möglich« (*anything goes*) etlicher Internet-Blogger verwaltet wird, war die vermeintlich harmlose kulturelle Ouvertüre jenes Schauspiels haltloser Geldjongleure, die zwischen 2007 und 2009 die westliche Zivilisation in eine ihrer schlimmsten wirtschaftlichen Krisen getrieben haben. Augenmaß, Bescheidenheit, Ehrlichkeit, Verlässlichkeit, soziale

Empathie, Selbstliebe als Menschenliebe, moralische Sensibilität – diese und andere angeblich intellektuell uninteressanten Tugenden kehrten, in der Reaktion auf die Krise, geradezu triumphal zurück in ein öffentliches Bewusstsein, das im Konsumrausch einer glitzernden Globalisierung und Relativierung alles Überkommenen fast schon vergessen hatte, wie wichtig das Elementare menschlichen Verhaltens eigentlich ist und bleibt, nämlich die Rechtschaffenheit. Und wie anregend es sein kann, über sie nachzudenken.

Der spanische Philosoph José Ortega y Gasset (1883 bis 1955) hat das Überleben der abendländischen Kultur vom rechtschaffenen, moralisch ambitionierten »Charakter« abhängig gemacht. In seinem zuerst 1930 publizierten Werk *Der Aufstand der Massen* hat Ortega das »psychische Diagramm« des diese Kultur verpulvernden »Massenmenschen« so umrissen: »Die ungehemmte Ausdehnung seiner Lebenswünsche und darum seiner Person« verbinde sich bei diesem Typus mit der »grundsätzlichen Undankbarkeit gegen alles, was sein reibungsloses Dasein ermöglicht hat« – liberale Demokratie, naturwissenschaftliches Wissen, vor allem in der modernen Physik und in der Medizin, technisches, industriell angewandtes Können, geniale Geister der Vergangenheit. Der moderne, traditionsferne Massenmensch verhalte sich wie ein »verwöhntes Kind«, welches glaubt, dass es »alles darf und zu nichts verpflichtet ist«.

Ortega sah 1930 voraus, was aus dem Triumph des »aufsässigen Massenmenschen«, der zu keiner »höheren objektiven Norm« mehr »aufblicke«, nach 1933 tatsächlich resultierte: beispielloser »Niedergang«, der »vertikale Einfall der Barbarei« (Ortega zitiert hier Walther Rathenau) faschistischer, nationalsozialistischer und kommunistischer Couleur. Dagegen helfe nur eines: jener individuelle »Charakter«, der sich gegen die vermeintlich zwingenden »Umstände« stemme und bereit sei, sich selbst konsequent moralische »Ziele« zu geben und danach aufbauend auch zu handeln.

Vom – recht verstandenen – Moralisieren hängt demnach nicht weniger ab als die Zukunft unserer Gemeinschaft, unserer politischen Kultur. Das vermeintlich altmodische, von bestimmten Aufmerksamkeitszockern oft als wohlfeil oder auch selbstverständlich abgebuchte Moralisieren ist nicht zuletzt deswegen aktuell: Es darf nicht passieren, dass fanatische Keulenschwinger christlicher oder islamischer Provenienz die Leerstelle einer ratlos und auf modische Weise zaghaft gewordenen westlichen Kultur füllen. Die Botschaft der Zehn Gebote ist, gründlich betrachtet, ein moralisches Fundament, das dem Furor sogenannter Fundamentalisten sehr wohl gewachsen ist. Ihre wuchtige Einfachheit überzeugt und täuscht zugleich – sie täuscht insofern, als sie auf harmlose Weise simpel wirkt, wie ein Sentenzenkatalog aus dem Katechismus.

Dabei ist sie alles andere als harmlos, eine tägliche Herausforderung für den modernen Augenblicksmenschen und Gelegenheitsdenker, der glaubt, aus unserer eindrucksvollen wissenschaftlich-technischen Naturbeherrschung folge, dem Menschen sei auch auf anderen Gebieten im Grunde alles möglich und machbar. Die einfache Botschaft der Zehn Gebote hält dagegen: Mag die Natur von uns noch so brillant genutzt und gelenkt werden, am Ende bleiben die physischen und metaphysischen Gegebenheiten unserer Existenz unzugänglich für die Manipulationstriumphe von Computerspielern, denen der Unterschied zwischen Gut und Böse allenfalls als ästhetische Chance wichtig erscheint, um in der jeweils erzählten Geschichte Licht und Schatten zu kontrastieren. Die Botschaft der Zehn Gebote ist jene ethische Unabhängigkeitserklärung des Menschen, die seiner existenziellen Sonderstellung im All entspricht. Die Zehn Gebote sperren den Charakter des Individuums nicht in einen Einheitskäfig, sie sichern vielmehr die moralische Souveränität des Individuums gegen alle gesellschaftlichen Versuche, es als bloßes Mittel für irgendwelche ideologischen Lager oder wirtschaftlichen Zwecke zu missbrauchen. Die Zehn Gebote umgrenzen den heiligen Bezirk ethischer Autonomie, verstanden als humane Selbstbestimmung aus reinen Prinzipien – sie sind der in Sprache gegossene Tempel einer Freiheit, die mehr meint als die Willkür im Kampf aller gegen alle: »das ABC des Menschenbenehmens«, den »Felsen des Menschenanstandes«, wie Thomas Mann es in seiner Erzählung *Das Gesetz* formuliert hat.

Darum sind die Zehn Gebote auch von monumentalischer Schönheit – wie ein griechischer Tempel oder eine mittelalterliche Bruchsteinmauer, die einen Kirchhof schützt. An so einer Wand, deren Urbild die Klagemauer von Jerusalem, der Rest eines gewaltigen Tempels, ist, stößt sich das selbstherrliche Subjekt der Moderne regelmäßig die Stirn blutig, ohne zu begreifen, wie ihm geschieht; und wie klein sich sein maschinenschlaues, Facebook-vernetztes, pausenlos plapperndes Computer-Ich gegenüber der Geschichtsmacht von lapidaren Sätzen ausmacht, deren jedes Wort wie in Stein gemeißelt wirkt. Nur diese Zehn Gebote, keine der vielen anderen Lebensvorschriften des Alten Bundes hat Gott selbst auf steinerne Tafeln geschrieben – wie die Bibel betont: zwei Mal!

Die Vielschichtigkeit und Kraft der Zehn Gebote, eines der großen Geschenke der jüdischen Religionsgeschichte an den Rest der Menschheit, wird aber erst bei einer genaueren Betrachtung ihres Wortlauts deutlich.

Wie die Zehn Gebote
genau lauten und was sie fordern

Gerechtigkeit und Menschenliebe – um beide, auch um die natürliche Spannung zwischen diesen beiden, geht es in den Zehn Geboten. Jeder glaubt, diese Begriffe spontan zu verstehen, dabei stecken viele Bedeutungsschichten in ihnen und je nach der Situation, in der sie konkret werden können, auch beachtliche Widersprüche. Ist der Gerechte nicht oft herzlos, weil er sein Prinzip abgelöst vom komplizierten Fall dieses oder jenes Individuums verfolgen muss? Und ist der Liebende, egal ob emotional oder allgemein humanitär engagiert, nicht ebenso oft ungerecht, indem er sich, zum Beispiel, über den womöglich verheerenden Charakter des jeweils Geliebten hinwegschwingt und sich oft gerade dem Menschen, der seine Zuwendung am ehesten verdient hätte, verweigert? Meint der Begriff der Nächstenliebe vielleicht nicht viel mehr, als dass ich dem Nächsten möglichst gerecht werden muss? Hat, andererseits, der Begriff der Gerechtigkeit nicht auch das Moment des erzwungenen Rechts, der gewaltsamen Triebunterdrückung, ein Moment, das von der Nächstenliebe, die ohne Nachsicht gegenüber menschlicher Schwäche kaum auskommt, weit entfernt zu sein scheint? Und ist das wichtigste aller Gebote, das Tötungsverbot, so klar, wie es zunächst wirkt? Wo exakt verläuft die Grenze zwischen Tötung (die ja im Alten Testament als Strafe für bestimmte Vergehen erlaubt wird) und Mordtat? Was ist mit dem sogar im Christentum traditionell zugelassenen Tyrannenmord? Darf man einen Adolf Hitler nicht auch ohne rechtliche Verurteilung umbringen? Oder darf man ihn lediglich durch Todesdrohung in den Selbstmord treiben?

Was ist mit der Todesstrafe, was mit dem »gerechten Krieg« gegen Angreifer, was mit dem »Recht im Krieg«, mit radikalen Fairnessgeboten, die auch in Ausnahmesituationen gegenüber Verbrechern eingehalten werden müssten? Und darf ich in einer akuten Gefahr einen Menschen opfern, um andere, denen er in dieser Situation zum Verhängnis werden kann, zu retten? Wer gibt mir das moralische Recht, dieses eine Opfer auszuwählen? Und schließlich: Verbietet das Tötungsverbot die Selbsttötung?

Lauter große Fragen, auf die der vermeintlich simple Gebotskatalog des Alten Testaments keine Antworten weiß. Oder vielleicht doch? Zunächst einmal so viel: Das Alte Testament bietet die Zehn Gebote in zwei Varianten – im 2. und im 5. Buch Mose. Beim ersten Mal »redet« Gott auf dem Berg Sinai direkt zu Mose, beim zweiten Mal wiederholt Mose, was der »Herr« ihm aufgetragen hat, nachdem der Prophet »ganz Israel« zusammengerufen hat. Letzteres hat den Charakter der beschwörenden Erinnerung an jenes Urerlebnis auf dem Sinai. Daraus lässt sich folgern, dass im Zweifel die erste Version authentischer ist als die zweite, es scheint sich um den Schritt von der Verkündigung zur Deutung des Verkündigten, in der sogenannten »Wiederholung«, zu handeln. Aber diese Folgerung ist umstritten (siehe auch Seite 66).

Beide Versionen des Dekalogs seien hier zitiert – die griechische Herkunft dieses Begriffs (*deka logoi* = zehn Worte) verweist auf die große Bedeutung der ersten griechischen Übersetzung des hebräischen Textes, genannt »Septuaginta«, die von jüdischen Gelehrten um 250 v. Chr. in Alexandria geleistet wurde. Die erste Version lautet:

»Ich bin Jahwe (der Herr), dein Gott, der ich dich aus Ägyptenland, aus der Knechtschaft geführt habe. Du sollst keine anderen Götter haben neben mir … Denn ich bin ein eifernder Gott …

Du sollst den Namen des Herrn, deines Gottes, nicht missbrauchen …

Gedenke des Sabbattages, dass du ihn heiligest. Sechs Tage sollst du arbeiten und alle deine Werke tun. Aber am siebten Tage ist der Sabbat des Herrn … Da sollst du keine Arbeit tun, auch nicht dein Knecht, deine Magd, dein Vieh …

Du sollst deinen Vater und deine Mutter ehren.

Du sollst nicht töten.

Du sollst nicht ehebrechen.

Du sollst nicht stehlen.

Du sollst nicht falsch Zeugnis reden wider deinen Nächsten.

Du sollst nicht begehren deines Nächsten Haus.

Du sollst nicht begehren deines Nächsten Weib, Knecht, Magd, Rind, Esel noch alles, was dein Nächster hat.«

(Luthertext in der angepassten Version von 1975)

Im 5. Buch Mose spricht Gott »aus dem Feuer auf dem Berge« diese zweite Version des Dekalogs, die in wenigen Punkten von der ersten abweicht:

»Ich bin der Herr, dein Gott, der dich aus Ägyptenland geführt hat, aus der Knechtschaft.

Du sollst keine anderen Götter haben neben mir.

Du sollst dir kein Bildnis machen in irgendeiner Gestalt, weder von dem, was oben im Himmel, noch von dem, was unten auf Erden, noch von dem, was im Wasser unter der Erde ist. Du sollst sie nicht anbeten noch ihnen dienen. Denn ich, der Herr, dein Gott, bin ein eifernder Gott …

Du sollst den Namen des Herrn, deines Gottes, nicht missbrauchen …

Den Sabbattag sollst du halten, dass du ihn heiligest, wie dir der Herr, dein Gott, geboten hat. Sechs Tage sollst du arbeiten und alle deine Werke tun. Aber am siebten Tag ist der Sabbat des Herrn, deines Gottes. Da sollst du keine Arbeit tun, auch nicht dein Sohn, deine Tochter, dein Knecht, deine Magd, dein Rind, dein Esel, all dein Vieh, auch nicht dein Fremdling, der in deiner Stadt lebt, auf dass dein Knecht und deine Magd ruhen gleich wie du. Denn du sollst daran denken, dass auch du Knecht in Ägyptenland warst und der Herr, dein

Gott, dich von dort herausgeführt hat mit mächtiger Hand und ausgerecktem Arm ...

Du sollst deinen Vater und deine Mutter ehren, ... auf dass du lange lebest und dir's wohlergehe in dem Lande, das dir der Herr, dein Gott, geben wird.

Du sollst nicht töten.

Du sollst nicht ehebrechen.

Du sollst nicht stehlen. Du sollst nicht falsch Zeugnis reden wider deinen Nächsten.

Du sollst nicht begehren deines Nächsten Weib.

Du sollst nicht begehren deines Nächsten Haus, Acker, Knecht, Magd, Rind, Esel noch alles, was sein ist.«

Wunderbare Sätze, Lebensweisung quasi mit dem Auktionshammer, der ja auch nur Ablehnung oder Zugriff erlaubt, aber nichts dazwischen. Reine Prägnanz, klare Evidenz. Du sollst das, und jenes sollst du nicht, basta. Die schiere Zumutung für unsere Talkshow- und Endlos-Debattenkultur, in der am Ende doch keiner weiß, worauf es im Leben ankommt. Die schlagende Kürze hat den kulturellen Aufstieg der Zehn Gebote nicht immer befördert. Im antiken Judentum galten sie kaum mehr als die vielen übrigen, deutlicher situationsbezogenen Gesetze des Alten Testaments. Das Neue Testament zitiert sie nirgends komplett, und erst das Hohe Mittelalter hebt sie mehr ins Bewusstsein der Christen, indem es die üblich gewordenen Beichtspiegel an ihnen orientiert. Das erste Beichtbuch dieser Art stammt von Erzbischof Edmund von Canterbury aus dem Jahr 1227: *Speculum Ecclesiae* (Spiegel der Kirche). Wirklich zentral werden die Zehn Gebote aber erst durch den Reformator Martin Luther (1483 bis 1546).

Dem Alten Testament ist die energische Wucht dieser Worte sehr bewusst: Kein Geringerer als der Prophet Mose, der Letzte, mit dem Gott selbst gesprochen hat, erläutert, dies seien »die Worte«, die der Herr »auf zwei steinerne Tafeln« geschrieben und dann ihm, Mose, gegeben habe. Als wegweisende »Worte« werden die Zehn Gebote also offeriert, nicht

als juristisch fordernde, auf konkrete Fälle kasuistisch zuge-
spitzte Gesetzestexte, wie so viele der strikten Anordnungen,
die in der umfangreichen Tora (»Weisung«, auch verstanden
als Ganzes der das jüdische Leben prägenden Vorschriften;
umfasst alle fünf Mose-Bücher) des Alten Testaments fixiert
sind; dazu gehören Anordnungen wie »Die Zauberinnen
sollst du nicht am Leben lassen« (2. Buch Mose, 21,17) oder
»Du sollst das Böcklein nicht kochen in seiner Mutter Milch«
(2. Buch Mose, 34,26) – eine Vorschrift, die ausgereicht hat,
um den strenggläubigen Juden strikte Trennung von Fleisch-
und Milchspeisen aufzuerlegen.

Die Zehn Gebote sind allgemeiner gehalten als die zahlreichen Gebote und Verbote der Tora, es sind keine penib-
len, situativ differenzierten Alltagsregeln, sondern universale
Moralvisionen eines Gottes, der selbstbewusst (zu Mose) sagt:
»Mir gehört die ganze Erde.« In den Zehn Geboten emanzipiert sich der jüdische Berg-, Wetter- und Stammesgott zum
Gott aller Menschen.

Zunächst werden die wegweisenden »Worte« nicht pedantisch durchgezählt. Erst in einer wohl später eingefügten Passage,
die berichtet, wie Mose die Gesetze, die der Herr ursprünglich
höchstselbst auf die Steintafeln schrieb, nun nach dem Diktat
des Herrn mit menschlicher Prophetenhand in die Tafeln ritzt
(die ersten hatte er ja im Zorn zerschmettert), heißt es ausdrücklich: »Und er schrieb auf die Tafeln die Worte des Bundes, die
Zehn Worte« (2. Buch Mose, 34,28). Im 5. Buch Mose (4,13),
das auch »Deuteronomium« genannt wird, sagt der Prophet
es noch einmal explizit: »Und er (der Herr) verkündigte euch
seinen Bund, den er euch gebot zu halten, nämlich die Zehn
Worte, und schrieb sie auf zwei steinerne Tafeln.« Die Formel
der »Zehn« hat sich dann durchgesetzt, weil sie das Unbegreifliche so suggestiv und fasslich vereinfacht hat. Zehn Gebote
kann auch ein des Lesens Unkundiger leicht überschauen und
sich einprägen, indem er wie beim Kopfrechnen jeweils ein
Gebot mit einem seiner zehn Finger zusammendenkt.

Indes, welche Gebote nun konkret als »zehn« gezählt werden sollen, dazu gibt es unterschiedliche Meinungen. Die jüdische Religion, der darin die reformierten Kirchen folgen, zählt die Selbstvorstellung Gottes (»Ich bin der Herr ...«) und das Verbot fremder Götter als erstes Gebot, das Bilderverbot folgt dann als zweites Gebot, während das neunte (»deines Nächsten Haus«) und das zehnte (»deines Nächsten Weib«) zu einem Gebot zusammengefasst werden. So haben es auch die orthodoxen Kirchen Osteuropas und die anglikanische Kirche Englands übernommen. Martin Luthers »Kleiner Katechismus« (»Die zehn Gebote, wie sie ein Hausvater seinem Gesinde einfältiglich vorhalten soll«) von 1529, der mit den Zehn Geboten beginnt, trennt das neunte wieder vom zehnten Gebot, nimmt die Selbstvorstellung Gottes nicht in die

Gebotsreihe auf und lässt das Bilderverbot fort, hebt also an mit dem Verbot fremder Götter: »Ich bin der Herr, dein Gott. Du sollst nicht andere Götter haben neben mir.«

Diese Zählung geht auf Augustinus zurück, der die Gottesgebote (die ersten vier, das Sabbatgebot eingeschlossen) der rechten, die Menschengebote der linken Tafel in den Händen des Mose zugeordnet hat; und der beide Gebotskomplexe dann in der Prägung des »Doppelgebotes« von Gottes- und

Zehn Gebote im Bild (Lucas Cranach d. Ä., 1516): Verbot fremder Götter, des Namensmissbrauchs, der Arbeit am siebten Tag, der Missachtung der Eltern, des Tötens, des Stehlens, der Unzucht, des Meineids, des Übergriffs auf die Frau und den Besitz »deines Nächsten« (oben links bis unten rechts)

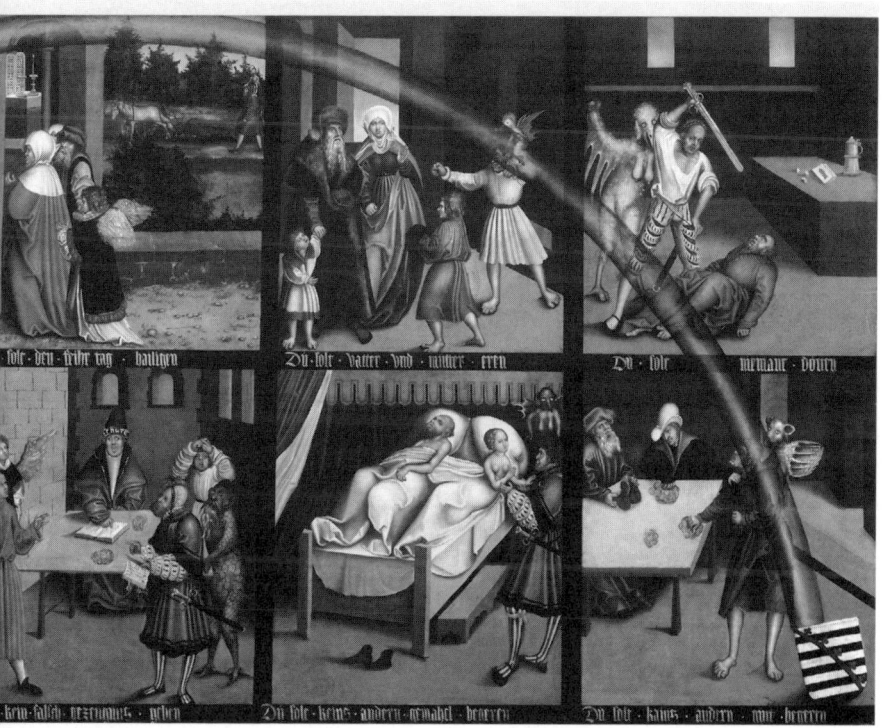

Nächstenliebe komprimierte – als Kombination der Gebote »Du sollst den Herrn, deinen Gott, liebhaben von ganzem Herzen« (5. Buch Mose, 6,4) und »Du sollst deinen Nächsten lieben wie dich selbst« (3. Buch Mose, 19,18). Luther, der seinen »Kleinen Katechismus« auch vertont hat, bleibt hier also der katholischen Traditionslinie treu.

Die Differenz – immerhin an zwanzig Punkten – zwischen der ersten Verkündigung der Zehn Gebote durch Gott und der textlich späteren »Wiederholung« ergibt sich vor allem aus der unterschiedlichen Gewichtung und Begründung einzelner Gebote. Das betrifft zumal das Gebot, den Sabbat zu heiligen (siehe unter »Das dritte Gebot«). Aber auch das vierte Gebot, Vater und Mutter zu ehren, wird in beiden Versionen unterschiedlich erläutert. Die zweite ergänzt den Ausblick »damit du lange lebst in dem Land, das dein Gott dir gibt« durch die Zusätze »wie es dir dein Gott zur Pflicht gemacht hat« sowie »damit ... es dir gut geht«. Die erste Version betont das stabile Glück der Mehr-Generationen-Sippe, das den Respekt vor den Eltern und Älteren voraussetzt, während die zweite Version das Einvernehmen mit dem Gebot des Herrn und wohl auch die – vom Sippenethos ein wenig gelöste – moralische Selbstwertschätzung des Einzelnen im Blick hat.

Dass diese ethische Identität des Einzelnen kaum zu trennen ist von seinem sozialen Verhalten, begründet den inneren Zusammenhang zwischen den Gottes- und den Menschengeboten. Jedes einzelne der sozialen Dikta – Vater und Mutter ehren, nicht töten, nicht ehebrechen, nicht stehlen, nicht lügen oder verleumden, nicht neiden, nicht willkürlich des Nächsten Lebensordnung zerstören – konkretisiert den Grundsatz des rücksichts- und respektvollen Umgangs mit dem anderen, den Grundsatz der »Nächstenliebe«, wie er im 3. Buch Mose (19,16ff.) ausformuliert wird: »Du sollst nicht als Verleumder umhergehen unter deinem Volk. Du sollst auch nicht auftreten gegen deines Nächsten Leben; ich bin der Herr. Du sollst deinen Bruder nicht hassen in deinem

Herzen, sondern du sollst deinen Nächsten zurechtweisen, damit du nicht seinetwegen Schuld auf dich ladest. Du sollst dich nicht rächen noch Zorn bewahren gegen die Kinder deines Volks. Du sollst deinen Nächsten lieben wie dich selbst; ich bin der Herr.«

Die Goldene Regel der »Nächstenliebe« umfasst zwar durchaus auch den emotionalen Sinn von freudiger Zuwendung bis hin zur Hingabe, zumindest soll »in deinem Herzen« kein Hass wohnen; aber diese »Liebe« meint vor allem den gerechten, loyalen Umgang mit dem Nächsten, wozu auch gehören kann, dass man ihn »zurechtweist«, wenn er im Begriff ist, Unrechtes zu tun. Die sozialen Gebote der »Zehn Worte« stecken hierfür den Rahmen deutlich ab. Aber nicht zuletzt der rituell wiederholte Satz »ich bin der Herr« macht klar: Ohne die Gottesgebote des ersten Dekalogteils sind die sozialen Gebote und Verbote nicht absolut bindend. Apodiktisch gelten sie nur als Kernstück des »Bundes« zwischen dem Herrn und seinem Volk. Wer diese Gebote verletzt, glaubt nicht an Gott, heißt dies. Es geht also in der Ethik um den ganzen Glauben, nicht um dessen gesellschaftliches Beiwerk, an dem irdische Richter und Rechtsgelehrte herumzuwerkeln hätten.

Aber auch einmal abgesehen vom speziellen Bündnischarakter der »Zehn Worte« im antiken Israel: Bis heute stimmt es, dass nur die als unbedingt anerkannte Geltung der Gebote nachhaltige Gerechtigkeit unter den Menschen schaffen kann – die Grundvoraussetzung alles friedlichen Miteinanders. Sobald sie nicht vorbehaltlos gelten, sobald situative Ausnahmen sie aufweichen, können die »Bösen« und »Gottlosen« sich auf Kosten der anderen »Dummen« (im Sinne von: »Der Ehrliche ist der Dumme«) Vorteile verschaffen und Unfrieden stiften. Mit anderen Worten: Das ganze finstere Repertoire von Konkurrenz, Misstrauen, Hass, Neid, Diffamierung, Übervorteilung des anderen, Kampf und letztlich Krieg darf sich ungehemmt austoben.

Aus dem wiederholten, deutlichen Bezug auf »dein Volk« und der Tatsache, dass die Zehn Gebote und all die anderen, detaillierteren Gesetze den speziellen »Bund« zwischen Gott und den Israeliten festigen (im 2. Buch Mose, 34,28 werden die »Zehn Worte« die »Worte des Bundes« genannt), wurde gefolgert, dass die umfassende Forderung nach »Nächstenliebe« eher dem Nächsten der eigenen Sippe oder Ethnie gilt, also eher auf eine Stammesethik als auf eine menschheitlich universale Ethik zielt. Das mag für die frühesten Phasen der Niederschrift, zwischen dem 8. und 7. Jahrhundert v. Chr. (der Dekalog selbst wurde wohl erst im 6. Jahrhundert fixiert), richtig sein. Aber der Anspruchshorizont dieser Ethik hat sich recht bald erweitert. Schon wenn Gott zu Mose sagt, ihm gehöre »die ganze Erde«, ist der Blick über die Stammesgrenzen hinaus gerichtet. Der These vom puren Stammes-Ego widerspricht etwa auch diese Passage aus dem 3. Buch Mose (19,34): »Wenn ein Fremdling bei euch wohnt in eurem Lande, den sollt ihr nicht bedrücken. Er soll bei euch wohnen wie ein Einheimischer unter euch, und du sollst ihn lieben wie dich selbst; denn ihr seid auch Fremdlinge gewesen in Ägyptenland.« Dazu passt, was der Prophet Jesaja (55,7) meint, wenn er den Herrn sagen lässt: »Mein Haus wird ein Bethaus heißen für alle Völker«. Und: »Gott der Herr, der die Versprengten Israels sammelt, spricht: Ich will noch mehr zu der Zahl derer, die versammelt sind, sammeln.« Den Stammesgott beflügelt hier der Ehrgeiz, möglichst allen Gott-Suchern dieser Erde den Weg des Heils zu weisen.

Für den berühmten Religionslehrer Rabbi Akiva ist, so lesen wir im Talmud aus dem 6. Jahrhundert n. Chr., das Diktum der Nächstenliebe das wichtigste Gebot überhaupt, »der Rest ist nur Kommentar«. In den Sprüchen des Salomo heißt die positive Gegenfigur zum »Bösen« und »Gottlosen« oft »der Gerechte«. Etwa so: »Segen ruht auf dem Haupt des Gerechten; aber auf die Gottlosen wird ihr Frevel fallen«; oder so: »Aus dem Munde des Gerechten sprießt Weisheit; aber die

falsche Zunge wird ausgerottet« (Sprüche, 10,6 und 10,31).
Schließlich das große Wort: »Gerechtigkeit führt zum Leben;
aber dem Bösen nachjagen führt zum Tod« (Sprüche, 11,19).
Und der Prophet Jeremia (9,24) ergänzt: »Dessen rühme sich,
wer sich rühmen will: einsichtig zu sein und mich zu erkennen,
zu wissen, dass ich, der Herr, es bin, der Gnade und Recht
und Gerechtigkeit auf Erden übt.« Noch einmal Jesaja: »So
spricht der Herr: Wahret das Recht und übt Gerechtigkeit;
denn mein Heil ist nahe, dass es komme, und meine Gerechtigkeit, dass sie offenbart werde« (56,1). Die Gerechtigkeit
des Herrn hat mit dem »Heil«, das er verspricht, direkt zu tun,
seine Selbst-Offenbarung ist zugleich die Offenbarung seiner
Gerechtigkeit. Diese Gerechtigkeit straft unerbittlich, sofern
sie die benachteiligten Schwachen rächt und die »Gottlosen«
notfalls bis in den Tod verfolgt.

Der berühmteste Beleg für die alttestamentarische Rache-
Moral, jenes gruselige »Leben um Leben, Auge um Auge,
Zahn um Zahn, Hand um Hand ... Beule um Beule ...« aus
dem 2. Buch Mose (21,23), wird durch viele Erzählungen göttlicher Nachsicht relativiert; im übrigen dient sie nicht einem
rächenden Vergeltungsgedanken, sondern »gleichermaßen der
Begrenzung der Rache wie dem angemessenen Schadensaus-
gleich zwischen den einzelnen Sippen« (so Jan Christian Gertz
in der von ihm herausgegebenen *Grundinformation Altes Testament* von 2006). Es gilt eben auch: »Bei ihm (dem Herrn)
ist viel Vergebung«, wie Jesaja formuliert. Wir lesen auch
immer wieder von der »Barmherzigkeit« des Herrn, der dem
Gerechten zum Beispiel rät, sogar dem gefallenen Lasttier des
»Widersachers« aufzuhelfen – statt schadenfroh zuzuschauen,
wie es leidet und sein Besitzer nicht weiterkommt.

Wie tief und teils auch paradox die Gottesgebote und Menschengebote, also Glaubensbekenntnis und Sozialethik, miteinander verklammert sind, wird durch eine nähere Betrachtung der einzelnen Gebote vielfach deutlich.

Martin Luthers »Kleiner Katechismus« beschränkt sich im ersten Gebot auf die göttliche Selbstvorstellung »Ich bin der Herr, dein Gott« (in der katholischen Tradition wird es dem eigentlichen Gebot frei vorangestellt, aber nicht mitgezählt) sowie auf das Verbot »Du sollst nicht andere Götter haben neben mir«. Den Hinweis auf die Befreiung aus ägyptischer »Knechtschaft« spart er sich, er möchte dem deutschen Leser dieses Detail der israelischen Historie nicht zumuten – Gott habe, merkt er in der »Unterrichtung, wie sich die Christen in Mosen sollen schicken«, an, »uns yhe nicht aus Egypten gefurt«.

Philosophisch betrachtet ist der Verzicht auf den Ägypten-Komplex bedauerlich. Die wiederholte biblische Rede vom »Sklavenhaus« Ägypten und seinem Pharao zielt zu der Zeit, in der sie aufgeschrieben wird, mehr auf die aktuellen Unterdrücker als auf die zeitlich entrückten Herren vom Nil. Ägypten dient längst »verdeckt« als »Synonym für Assyrien«, wie der Alttestamentler Eckart Otto (Jahrgang 1944) in seinem Buch *Mose – Geschichte und Legende* (2006) schreibt. Für heutige Leser geht es weder um Ägypten noch um Assyrien, sondern um die grundsätzliche Wechselwirkung zwischen Freiheit und Bekenntnis zum Absoluten. Nur wer sich an eine unvorstellbare Instanz wie das Absolute, den abgründigen Urgrund alles Seienden bindet, kann wirklich frei sein gegenüber allen innerweltlichen Anmaßungen und Herrschaftsambitionen selbsternannter Führer oder Retter. Gott ist der verlässlichste Verbündete einer innerweltlichen Autonomie des Menschen, die sich nicht selbstherrlich-übermütig auf den göttlichen Thron hebt, sondern bescheiden bleibt im Angesicht ihrer Erkenntnisgrenzen und ihrer Vergänglichkeit. Ohne das erste Gottesgebot hängen die späteren Menschengebote insofern in der Luft, als es fraglich bleibt, worauf diese ihre Autorität letztlich gründen. Die Weisung Gottes, keine anderen Götter neben ihm zu verehren, bewahrt den

Menschen vor neuen Abhängigkeiten, seien diese nun dynastischer oder religiöser Natur.

Einen zweiten Aspekt der göttlichen Selbstvorstellung betont zu Recht Anselm Grün: Gegenüber der Vielfalt antiker Götter »pocht der Gott Israels darauf, dass er der einzige Gott ist. Er beansprucht für sich Ausschließlichkeit. Darin liegt eine eigene Kraft. Es ist die Überzeugung, dass es nur einen Gott gibt und dass mein ganzes Denken und Sinnen auf diesen einen und einzigen Gott gerichtet sein soll. Das führt auch den Menschen zur Einheit. Es bewahrt ihn vor der Beliebigkeit, vor der Zerrissenheit. Es macht ihn ganz.«

Das erste Gebot ist also zugleich ein »Weg in die Freiheit« gegenüber allen innerweltlichen Bevormundungen und ein Wink, dass wir nur im Bündnis mit dem absoluten Geheimnis unseres Seins so etwas wie eine ethische Identität unserer Persönlichkeit erlangen können. Hier verbinden sich klassische Motive der Religions- und Freiheitsgeschichte mit jenen des Bildungsromans – der ja den Selbstfindungsprozess im Leben eines jungen Menschen als Weg zu immer mehr Autonomie und humaner Ganzheit schildert, wie etwa die beiden *Wilhelm Meister*-Romane Goethes.

Zum zweiten Gebot

Das zweite Gebot fasst Luther in die Sätze: »Du sollst den Namen des Herrn, deines Gottes, nicht unnütz gebrauchen; denn der Herr wird den nicht ungestraft lassen, der seinen Namen missbraucht.« Der Bibel selbst war hier noch der Hinweis wichtig, man solle sich kein »Gottesbild« machen, was aber implizit im Verbot des Namensmissbrauchs enthalten ist. Die für die Antike relevante Gefahr, dass sich die Menschen aus vergoldetem Holz oder anderen Materialien Götzenbilder – etwa jenes »gegossene Kalb« des ungehorsamen Mose-Volks – fertigten, ist im 16. Jahrhundert nicht mehr so akut. Wichtiger ist die Warnung Gottes, er sei »ein eifersüchtiger Gott« (oder: ein

»eifernder«). Das heißt: Dieser Gott will nicht nur die anderen Götter des vorderen Orients (Baal!), deren Existenz er zunächst gar nicht leugnet, ersetzen und Ausschließlichkeit im Herzen seiner Gläubigen beanspruchen. Er akzeptiert auch keinerlei eingrenzende Beschreibung oder Benennung seiner Existenz. Im brennenden Dornenbusch offenbart er sich Mose mit dem berühmten Spruch »Ich bin, der ich bin«. Komme mir nicht zu nahe und gib mir keinen Namen, heißt das; und: Ich entziehe mich vom Anfang her jeder bildhaften oder terminologischen Eingrenzung. »Ich bin, der ich bin« enthält auch das trotzige: »und niemand anderes«. »Ich bin Jahwe, und keiner sonst«, heißt es entsprechend beim Propheten Jesaja. Jahwe offenbare sich hier als »der Seiende schlechthin«, schreibt der Religionswissenschaftler Mircea Eliade in seiner *Geschichte der religiösen Ideen* (2002). Der Gott, der sich alle Namen und Bilder von sich verbittet, der alle Namen und Bilder seines Seins zum »Missbrauch« erklärt, ist niemand anderes als die Personifikation des unvorstellbaren Seins-Grundes von allem, was ist. Kein benennbares einzelnes Seiendes kann allem, was ist, als Erkennungsgrund dienen, denn es wäre wiederum selbst ein einzelnes Seiendes, das zu begründen wäre. Das wahre Sein alles dessen, was ist, bleibt ein unergründliches Geheimnis. Dieses Geheimnis nicht ehrfürchtig anzuerkennen, sondern wie ein innerweltlich Seiendes zu benennen und damit zu banalisieren, wäre eine Erkenntnissünde – sie ist es, die vom zweiten Gebot, das meist unterschätzt wird, gegeißelt wird. Gott ehrt, wer die Unvorstellbarkeit Gottes so ernst nimmt, dass er dessen Namen auch nicht ständig – fluchend oder schwörend, beiläufig oder gar spöttisch – im Munde führt und somit missbraucht. Von solchem Namensmissbrauch ist es nicht weit zur Namenslästerung: »Wer des Herrn Namen lästert, der soll des Todes sterben; die ganze Gemeinde soll ihn steinigen«, heißt es im 3. Buch Mose (24,16). Die Strafe der kollektiven »Steinigung« hat das islamische Recht vom altjüdischen übernommen – und bis heute beibehalten.

Zum dritten Gebot

Das – in Luthers Zählung – dritte Gebot »Du sollst den Feiertag (Sabbat) heiligen« gilt als das zentrale Diktum der altjüdischen Kultur und Religion. Deswegen ist es auch das ausführlichste im Dekalog. Es wird in der ersten Version des 2. Buchs Mose knapper abgehandelt als in der zweiten des 5. Buchs Mose, außerdem wird es dort anders begründet: Am siebten Tag der Woche sollst du kein »Werk tun«, denn »in sechs Tagen hat Gott den Himmel und die Erde gemacht, das Meer und alles, was in ihm ist. Aber am siebten Tage ruhte er«. Wer den Sabbat ehrt, wiederholt – nach dem archaischen Muster des Analogie-Zaubers – göttliches Geschehen, was die Feiertagsruhe spirituell besonders vertieft (und politisch bis heute unverhandelbar macht). Das hebräische Verb *sabat* heißt »aufhören«, das Nomen benennt zugleich den siebten Tag und das für diesen Tag geltende Arbeitstabu. Diesen Sechs-plus-eins-Rhythmus der Woche kennt in der antiken Welt allein Israel. Darum wurde das Sabbat-Gebot in der Zeit des jüdischen Exils in Babylon – nach dem Verlust von Tempel und Staat im 6. Jahrhundert v. Chr. – besonders wichtig, weil es zu einem Akt des Bekenntnisses zur jüdischen Identität in der Fremde Anlass gab. Man unterstellte auch fern der Heimat seine Handlungen der Herrschaft Jahwes und festigte damit den Zusammenhalt in der jüdischen Gemeinde. Die Nicht-Juden »draußen« hielten den Sabbat ja nicht.

Das Sabbat-Gebot ist schon in vorexilischer Zeit belegt, im Bundesbuch des 8. Jahrhunderts v. Chr. Die Privilegierung des siebten Wochentags als Ruhetag galt wohl zunächst nur zur Erntezeit, speziell zu der Zeit zwischen dem Fest der Gersten-ernte im Frühjahr und dem Fest der Weizenernte sieben Wochen später – die Zeitspanne entspricht dem christlichen Abstand zwischen Ostern und Pfingsten. Im 2. Buch Mose (23,10 ff.) korrespondiert dem siebten Ruhetag der Woche ein siebtes Ruhejahr, das »Sabbatjahr«: »Sechs Jahre sollst du dein Land besäen und seine Früchte einsammeln. Aber im siebenten Jahr sollst du es ruhen und liegen lassen, dass die Armen unter deinem Volk davon essen; und was übrig bleibt, mag das Wild auf dem Felde fressen. Ebenso sollst du es halten mit deinem Weinberg und deinen Ölbäumen.« Nicht nur Mensch und Tier sollen ausruhen, auch das Feld und die Früchte tragenden Bäume. Ein ferner Schimmer des Paradieses bleibt auch der pragmatischen Agrarwirtschaft dieser Zeit erhalten.

Die zweite Version der Zehn Gebote begründet das Motiv des fälligen »Ausruhens« von der Werkarbeit mit der expliziten Erinnerung daran, »dass du Sklave gewesen bist im Lande Ägypten. Aber es führte dich heraus Gott … mit starker Hand und ausgestrecktem Arm«. Der Feiertag ist demnach auch und vor allem der Tag des Gedenkens an die Befreiung von der sklavischen Fron. Die beiden Sabbat-Begründungen ergänzen sich: Das verdiente Ausruhen nach der anstrengenden Werk-Arbeit – im antiken Israel war das vor allem Arbeit auf dem Acker – ist göttlich, und das Göttliche an diesem Göttlichen ist vor allem die Freiheit, das Frei-Sein von Mühsal und Fremdbestimmung: Autonomie. Hier schwingt die frühe Einsicht mit, dass Arbeit – anders als das künstlerische Wirken – meist fremdbestimmt, also nicht gerade göttlich strukturiert ist. Nach antiker Überzeugung sind eigentlich nur die Götter, die statt zu arbeiten die Welt betrachten, ganz bei sich – und darum glückselig. Etwas davon enthält auch das Alte Testament, wenn es die Welt und ihre Zeit als »Rüsttag zum ewigen Sabbat« deutet. Das Fest der Welt-Erschaffung durch den Schöpfer-Gott gewährt einen Vorgeschmack der Erlösung von Mühsal und Leid.

Das Gebot, den Sabbat zu »heiligen«, ist zugleich ein kultisches Gottesgebot – Ausstieg aus dem Arbeitsalltag als regelmäßige Anerkennung der göttlichen Schöpfungstat – und ein soziales Menschengebot, das dem Menschen – der ganzen Familie, zu der in einer ländlichen Kultur auch das »Vieh« und, als Gast oder Fremdarbeiter, »der Fremde« gehören –

eine regelmäßige Phase der äußeren und inneren Ruhe, der Befreiung vom Stress, des meditativen Zeithabens garantieren soll. »Heilig« ist das aus dem Alltag und seinen Regeln Herausgenommene, der gesonderte Bereich, beim Sabbat eine Zeiteinheit, die der abgetrennten Raumeinheit der Kirche (oder des Tempels) entspricht. »Das Volk soll an diesem Tag auch an das Glück und an die Schönheit des eigenen Anfangs denken, an die Schöpfung und das Paradies«, schreibt der Ex-Mönch Fulbert Steffensky in seinem Buch *Die Zehn Gebote. Anweisungen für das Land der Freiheit* (2003). Der zum Sonntag mutierte Sabbat ist ein »Freiraum«, der »uns vor der Verabsolutierung des Staates und den Interessen der Wirtschaft« schützt, ergänzt Anselm Grün. Und fügt das starke Wort hinzu: »Der heilige Tag entreißt uns dem Terror der Welt und führt uns in die Nähe Gottes.« In dieser Nähe sind wir gewissermaßen selbst »heilig« – besonders, ganz anders als sonst.

Wer diesen Zusammenhang bedenkt, wird gern hartnäckig allen Versuchen widerstehen, den Sonntag in Deutschland zum Einkaufstag zu degradieren. Einkaufen mag ja Spaß machen, aber einmal innezuhalten ist genauso wichtig – wenigstens am siebten Tag der Woche.

Die Sonderstellung des christlichen Sonntags als eines Tags der Ruhe und »des Herrn« wurde staatskirchlich durch Kaiser Konstantin in einem Edikt des Jahres 321 fixiert. Aus dem Sabbat des Gedenkens an die Schöpfung wird dabei die Feier des Wochenbeginns. Während die katholische Tradition das religiöse Ritual der Sonntagsmesse pflegte, reservierte Luther den Sonntag der Verkündigung: Sinn dieses Feiertags sei es, schreibt er im »Kleinen Katechismus«, »dass wir die Predigt und sein (Gottes) Wort nicht verachten, sondern es heilig halten, gerne hören und lernen.« Deshalb »sündigen«, so Luther weiter, »wider dies Gebot nicht allein, die den Feiertag gröblich missbrauchen und verunheiligen, als (wie) die um ihres Geizes oder Leichtfertigkeit willen Gottes Wort nachlassen zu hören, oder in Tabernen liegen, toll und voll sind wie die

Säu; sondern auch der andere Haufe, so Gottes Wort hören als einen andern Tand und nur aus Gewohnheit zur Predigt und wieder herausgehen, und wenn das Jahr um ist, können sie heuer so viel als voriges Jahr.«

Zum vierten Gebot

Das Gebot, Vater und Mutter zu ehren, meint primär nicht den nötigen Respekt der Jugend gegenüber der elterlichen Autorität, obwohl es lange, nach einer entsprechenden Vorgabe im Neuen Testament (»ihr Kinder, gehorcht euren Eltern«), fast ausschließlich so verstanden wurde – bis hinein in die Pädagogik des 19. Jahrhunderts. Das angesprochene »Du« ist kein Jugendlicher, sondern ein erwachsenes Kind – der Dekalog insgesamt richtet sich ja, wie an verschiedenen Geboten deutlich wird, an Erwachsene, die bereits über Haus, Hof, Frau, Kinder und sogar »Sklaven« verfügen. »Ehren« bedeutet hier anhaltende Anerkennung der Eltern als Schlüsselfiguren jeder genealogischen Folge. »In Ehren halten« meint das Gegenteil von »schlagen«, »verfluchen«, »herabsetzen«, »verspotten«, »verachten« oder »bestehlen« (lauter Varianten des Fehlverhaltens, die in der Bibel ausdrücklich beschworen werden).

Das Gebot zielt speziell auf ältere Eltern, »die sich nicht mehr selber versorgen können und die deshalb abhängig von ihren erwachsenen Söhnen sind. In einer Gesellschaft, die keine Versicherungen und keine Altersrente kennt, sichert das Gebot, die Eltern in Ehren zu halten, die Versorgung der nicht mehr arbeitsfähigen Eltern« (Matthias Köckert, *Die Zehn Gebote*, 2007).

Der Zusatz der zweiten Version des Dekalogs (Luther: »auf dass dir's wohlgehe«) hebt genau auf diesen Punkt des Elternrespekts ab: Wer die alternden Eltern gut versorgt, fühlt sich besser und hat größere Chancen, dass es ihm selbst einmal, versorgt durch die eigenen Kinder, »wohlgeht«; weil die erlebt haben, wie liebevoll die Großeltern von den Eltern betreut wurden.

Auch außerhalb des Judentums wurde im alten Orient so gedacht. Eine griechische Sentenz des 4. Jahrhunderts v. Chr. formuliert: »Verhalte dich gegenüber den Eltern so, wie du möchtest, dass sich deine eigenen Kinder dir gegenüber verhalten.« Und selbst wenn Eltern die Kinder nicht gezeugt, sondern adoptiert haben, gilt im alten Orient das Gebot des Respekts und der Fürsorge. Es gibt Adoptionsverträge des zweiten vorchristlichen Jahrtausends, in denen der adoptierte Sohn zusagt, den Adoptivvater »respektvoll zu behandeln«, ihm »Jahr für Jahr ein Gewand zu seiner Bekleidung, fünf Eselslasten Gerste und zwei Eselslasten Weizen zu seiner Ernährung« zu überlassen. Und wenn der Vater stirbt, wird der Adoptivsohn, so verspricht er es, »ihn beweinen und begraben«. Der Respekt des Sohnes gegenüber dem Vater schließt außerdem ein, dass der Sohn den Vater bei Trunkenheit stützt, ihm beim Opfermahl im Tempel hilft, das Dach seines Hauses ausbessert und seine Kleider wäscht. Der Sohn soll darüber hinaus »Nachsicht« üben gegenüber dem alten Vater, wenn dessen »Verstand nachlässt«.

Wie wichtig das Alte Testament das vierte Gebot nimmt, geht aus der im Dekalog selbst ja nicht aufgeführten Sanktion hervor, die im 2. Buch Mose (21,17) als martialische Drohung daherkommt: »Wer Vater oder Mutter flucht, der soll des Todes sterben.«

Das vierte Gebot ist nichts weniger als das Grundmaß für den »sozialen Schutz in der Lebensgemeinschaft der Menschen«, es geht um die eine Gesellschaft als solche erst ermöglichende »Verantwortlichkeit im Generationenverhältnis« (Hermann Deuser, *Die Zehn Gebote*, 2002). Die gegenwärtig kulturell, vor allem medizinisch (künstliche Befruchtung, Schwangerschaftsplanung durch die Pille) und ökonomisch bedingte Relativierung traditioneller Rollenverteilung in der Familie erzwingt die Frage, die der evangelische Theologe

Hermann Deuser so zuspitzt: »Können die einmal natürlichen Generationenverhältnisse prinzipiell ersetzt werden durch staatliche Versorgungseinrichtungen, Partnerschaften auf Zeit, Kindererziehung ohne Elternpaare, ohne Familien?«

Sollte die soziale und emotionale Verwirbelung von Familienformen, die in Jahrhunderten gewachsen sind, weiter fortschreiten, etwa unter dem Gebot wirtschaftlich effizienter Flexibilität, so wäre das vierte Gebot irgendwann gegenstandslos. Das Menschenbild, das daraus erwachsen dürfte, der multifunktionale Single mit temporären Bindungsphasen, wäre revolutionär – auf eine sehr kalte, egoistisch eindimensionale, auch erlebnisarme und traurige Weise. Der Mensch als einsamer Wolf, um den sich, sobald er altersschwach wird, bloß noch irgendeine anonyme Institution kümmert, aber kein Verwandter. Wer dazu aufruft, hier gegenzusteuern und für die herkömmliche Mehr-Generationenfamilie zu kämpfen, der will keine »reaktionären« Sitten der Altvorderen retten, sondern eine Kultur, die einen großen, auch großartigen Vorlauf in der Geschichte hat.

Dem, der die Eltern ehrt, soll es »wohlergehen« – und zwar »in dem Lande« (auch: »auf dem Acker«), »das (den) der Herr, dein Gott, dir gibt«. Dieser Zusatz ist ein metaphysischer Wink, der dem Menschen sagen will: Auch im moralischen Kerngebiet deines gesellschaftlichen Lebens gilt die deiner Manipulation letztlich nicht zugängliche Ordnung der Schöpfung. Du sollst das Land oder den Acker pflegen und bebauen, aber nie vergessen: Dieser Schatz wird dir »gegeben«, anvertraut, es handelt sich um prinzipiell dir Vorgegebenes, über das du nicht nach Belieben verfügen darfst. Der Grundbesitzer, der sich wie ein kleiner Herr der Schöpfung aufführt, ist demnach ein Gottloser. Die zu respektierende »Ehre« der älteren Generation spiegelt so den »Vorrang von Gottes Schöpfung gegenüber dem Menschen« (Hermann Deuser). Die Gegenseitigkeit im Verhältnis von Generationen ist nicht nur aus praktischen Versorgungsgründen zu wünschen, sondern betrifft, wie Deuser zu Recht insistiert, letztlich »die menschliche Verantwortung existenziell vor Gott«.

Damit ist dieses extrem soziale Gebot an die Gottesgebote im ersten Teil des Dekalogs angebunden. Das aber bedeutet auch: Wer an Gott glaubt, kann dem sozialen und kulturellen Wandel zur total unverbindlich aufgefassten Familiengründung, nach dem experimentellen Prinzip von Versuch und Irrtum, nicht zustimmen. Er mag durchaus auch in seinem Familienprojekt scheitern – es kommt darauf an, dass er dieses Scheitern als solches bewertet, bedauert und darum nicht mutwillig oder leichtsinnig riskiert. Die Geltung einer Norm wird ja nicht dadurch in Frage gestellt, dass es vielen Menschen nicht gelingt, sich konsequent an sie zu halten. Entscheidend ist das Bewusstsein dessen, der die Norm verletzt. Indem er unter der Verletzung leidet und dies auch reflektiert, hat er die Norm eigentlich anerkannt. Die hohen Scheidungsraten unserer Jahre haben denn auch bis heute die Utopie vom familiären Inselglück in der modernen Gesellschaft nicht wesentlich beschädigt; im Gegenteil, gerade bei der jüngeren Generation steht der Glücksfaktor »Ehe und Familie« nach wie vor hoch im Kurs, sogar höher als der Glücksfaktor Geld.

Die elterliche Autorität, der sich die nachfolgende Generation im Prinzip fügen soll, gilt freilich nicht unbegrenzt. Sie findet ihre natürliche Grenze da, wo die Verantwortung der nachfolgenden Generation für eigene Kinder stark behindert wird oder wo ein Elternteil eines der Zehn Gebote verletzt. Diesem Sünder darf nicht nur widerstanden werden, er ist auch nach Kräften zu korrigieren. »Du sollst deinen Nächsten zurechtweisen«, sonst wirst du selbst Teilhaber seiner Schuld (3. Buch Mose, 19,17).

Auch die Eltern haben ihre Fehler und Schwächen. Sie nach dem vierten Gebot zu respektieren bedeutet nicht, diese Defizite schönzureden oder gar zu ignorieren. Aber es gilt, Augenmaß zu wahren bei der Kritik an den Eltern und nicht allzu selbstgerecht zu werden. Denn, wie Anselm Grün treffend sagt: »Ohne Achtung der Eltern gelingt keine Selbstachtung.« Wir haben selbst keine Zukunft, wenn wir unsere Herkunft ignorieren.

Zum fünften Gebot

»Du sollst nicht töten«: Das lapidare fünfte Gebot, das auch – und trefflicher – mit »Du sollst nicht morden« übersetzt wird, ist so wichtig wie wuchtig, aber auch, je nach Kontext, unterschiedlich anwendbar und zu deuten. Offensichtlich wird das zum Beispiel in Geschichten wie dieser:

Es ist ein harter Winter, Januar 1945, minus zwanzig Grad Frost. Auf der Ostsee versucht ein ehemaliger Ausflugsdampfer der Nazi-Organisation »Kraft durch Freude«, die früher schneeweiße, jetzt in graue Tarnfarbe gehüllte »Wilhelm Gustloff«, Tausende von Flüchtlingen aus West- und Ostpreußen vor der anrückenden Roten Armee in Sicherheit zu bringen. Das Kreuzfahrtschiff ist für etwa 1500 Passagiere ausgelegt, hat nun aber rund 10 200 Männer, Frauen und Kinder an Bord, überwiegend Zivilisten, die an Bord befindlichen, etwa 1000 Wehrmachtsangehörigen, zum Teil verwundet, reichen nicht aus, um dem Schiff eine kriegerische Mission zu unterstellen – es ist, auf dieser Fahrt, ein reines Flucht-Schiff. Drei Torpedos, abgeschossen von einem sowjetischen U-Boot, dessen Kapitän an Bord der Gustloff etwa »6100 Hitleristen« vermuten darf (wie ein sowjetischer Militärhistoriker später schrieb), treffen das Schiff kurz nach 21 Uhr; es sinkt in etwas mehr als einer Stunde. Etwa 9000 Menschen ertrinken in der eisigen See vor der pommerschen Küste, rund 1200 können im Lauf der Nacht, etliche halb erfroren, von diversen kleineren Schiffen gerettet werden.

Fest steht, es gab eindeutig viel zu wenige Rettungsboote. Augenzeugen haben geschildert, wie es im schwarzen Meerwasser nur so wimmelte von schreienden, wimmernden, strampelnden oder schon stummen, erstarrten Menschenleibern; und wie die Insassen der hoffnungslos überfüllten Rettungsboote mit Rudern auf die Hände Verzweifelter schlugen, die die Bootsränder umklammert hielten – und drohten, entweder das Boot zum Kentern zu bringen oder es so zu überfüllen, dass es absäuft.

Wann ist Töten in einem Krieg gerechtfertigt? Darf man, wenn man tausend »Hitleristen« auf einem Schiff vermutet, es versenken und den Tod vieler Unschuldiger, vor allem Kinder, dabei in Kauf nehmen? Müsste man nicht vielmehr wegen dieser Kinder zunächst darauf verzichten, die »Hitleristen« weltgerichtlich abzustrafen? Schließlich: Wie verhalte ich mich in der Not in einem überfüllten Rettungsboot? Wenn ich dem Verzweifelten, der sich an den Bootsrand klammert, auf die frierende Hand schlage, bis er loslässt und ertrinkt, töte ich einen Menschen. Bin ich gerechtfertigt, wenn diese Tötung die übrigen Bootspassagiere rettet? Wie sicher kann ich sein, dass meine Brutalität in einem Teilbereich für das größere Ganze (in diesem Fall: alle Bootsinsassen) die Rettung bringt? Sollte ich nicht besser anstelle solcher Aufrechnungen erst einmal die unmittelbar bevorstehende Entscheidung moralisch gewichten und dann fällen – also ungeachtet der möglichen späteren Folgen (Untergang des Rettungsbootes) diesen einzelnen Verzweifelten, der sich am Bootsrand festhält, ins Boot holen?

»Du sollst nicht töten.« Das Leben besteht aus Augenblicken, und wenn ich für den Augenblick das fünfte Gebot befolge, ziehe ich den Verzweifelten ins Boot und warte erst einmal ab, ob der Kahn dann wirklich, wie ich befürchten muss, im Meer versinkt ... Bin ich damit schon ein »Gesinnungs-Ethiker«, wie er landläufig vom »Verantwortungs-Ethiker« unterschieden wird – also einer, der das Gute tut, ohne die bösen Folgen zu bedenken? In unserem Beispiel wäre Verantwortungs-Ethik das Zeichen einer fragwürdigen Gesinnung.

Der prinzipielle Schutz menschlichen Lebens ist moralischer Konsens unter den wichtigsten Hochkulturen der Alten

Welt. Und doch gibt es markante Unterschiede bei der praktischen Umsetzung dieses Schutzes, auch in der heiklen Frage, wie mit denen zu verfahren ist, die diesen Konsens mutwillig verletzen.

Das fünfte Gebot ist von den sozialen Menschengeboten zweifellos das bedeutendste. Eine Emnid-Umfrage des Jahres 2000, in der das Gebot mit der »größten Bedeutung« erfragt wurde, hat ergeben: 91 Prozent der repräsentativ befragten Deutschen teilten dem fünften Gebot den ersten Rang zu, es folgten 77 Prozent für das siebte (»Du sollst nicht stehlen«), das damit als zweitwichtigstes Gebot erachtet wurde, und 76 Prozent für das vierte Gebot (Respekt vor den Eltern), das von seiner Bedeutung her an dritter Stelle steht.

Auch die Bibel hält das arglistige Töten von Menschen für eines der schlimmsten Verbrechen – was insofern erstaunlich ist, als das heilige Buch von Todesmeldungen und -androhungen nur so strotzt. Immerhin wird Mord im Alten Testament mit der härtesten Strafe geahndet, die es gibt: mit dem Tod. »Wer irgendeinen Menschen erschlägt, der soll des Todes sterben« (3. Buch Mose, 24,17). Hier geht es nicht bloß um den Schutz des friedlichen Zusammenlebens der eigenen Gruppe oder Sippe: »Wer aber einen Menschen erschlägt, der soll sterben. Es soll ein und dasselbe Recht unter euch sein für den Fremdling wie für den Einheimischen.« (3. Buch Mose, 24,22). Hier zeichnet sich im wichtigsten Menschengebot ab, was spätestens im 6. Jahrhundert v. Chr. auch mit dem Gottesbild geschieht: der allmähliche Aufstieg des Stammesgottes zum Maßgeber der Menschheit. Das babylonische Exil hat bei dieser Identifikation der notleidenden Juden mit einem starken Allein-Gott, der die Welt beherrscht, sozusagen kompensatorisch nachgeholfen.

Die Motive der Tötung sind es, die für ihre Bewertung letztlich den Ausschlag geben: »Wer einen Menschen schlägt, dass er stirbt, der soll des Todes sterben. Hat er ihm aber nicht nachgestellt, sondern hat Gott es seiner Hand widerfahren lassen, so will ich dir einen Ort bestimmen, wohin er fliehen kann. Wenn aber jemand an seinem Nächsten frevelt und ihn mit Hinterlist umbringt, so sollst du ihn von meinem Altar wegrei-ßen, dass man ihn töte.« Die wichtige Unterscheidung unseres Strafgesetzbuches zwischen »fahrlässiger« Tötung (»hat Gott es seiner Hand widerfahren lassen«) und Tötung aus »niederen Beweggründen« (etwa Habgier, Mordlust, Rassenhass) hat in dieser alttestamentarischen Passage ihre Wurzel.

Die wortkarge Fassung des Tötungsverbots, das ja darauf verzichtet, das mögliche Objekt der Handlung zu benennen, hat manch einen dazu gebracht, mit diesem Verbot radikalen Pazifismus oder gar Vegetarismus zu begründen. Sogar der benediktinische Abtprimas Notker Wolf geht in seinem Buch *Regeln zum Leben* (2008, verfasst zusammen mit Matthias Drobinski) so weit zu behaupten, das fünfte Gebot bedeute: »Du sollst das Leben in allen seinen Phasen schützen und bewahren.« Die Begründung dafür muss er jedoch in der Berg-predigt des Neuen Testaments oder etwa auch im Buddhismus suchen, der den Menschen auffordert, generell »kein Leben« zu »zerstören«, »freundlich und gütig gegenüber allen füh-lenden Wesen« zu sein. Denn das Tötungsverbot des Deka-logs verbietet weder die den Angreifer tötende Notwehr noch den Krieg zur Selbstverteidigung noch die Todesstrafe. Jahwe selbst fordert die Israeliten auf, Jericho zu erobern, was sie unter Moses General Josua dann auch tun: »mit scharfem Schwert weihten sie alles, was in der Stadt war, dem Unter-gang, Männer und Frauen, Kinder und Greise, Rinder, Schafe und Esel«. Die Ankunft im Gelobten Land ist ein blutiges Drama – eine Eroberung als Selbstbehauptung.

Obwohl »Du sollst nicht töten« (»morden«) kein Objekt benennt, geht aus dem biblischen Kontext klar hervor, dass es die Menschen sind, die nicht böswillig getötet werden dür-fen. Den Beleg dafür und auch die Begründung des Verbots liefert schon das 1. Buch Mose (die »Genesis«): »Wer Menschen-blut vergießt, dessen Blut soll auch durch Menschen vergossen werden; denn Gott hat den Menschen zu seinem Bilde gemacht« (9,6).

Kurz vorher sagt Gott zu Noah und seinen Söhnen, in ihre »Hände« sei alles Getier, »was auf dem Erdboden wimmelt«, seien auch alle Fische und Vögel »gegeben«: »Alles, was sich regt und lebt, das sei eure Speise; wie das grüne Kraut habe ich's euch alles gegeben. Allein esset das Fleisch nicht mit seinem Blut, in dem sein Leben ist! Auch will ich euer eigen Blut, das ist das Leben eines jeden unter euch, rächen und will es von allen Tieren fordern und will des Menschen Leben fordern von einem jeden Menschen.« Das ist nicht nur eine Absage an das vegetarische Ideal. Das bedeutet auch: Wenn die Menschen Mord mit dem Tod des Mörders bestrafen, vollziehen sie ein Gottesgericht (der Herr selbst ist es, der hier »rächt«).

Darum ist sogar Krieg erlaubt, vorausgesetzt, er dient nicht der Bereicherung oder Machterweiterung einer Staatsgewalt oder der schieren Vernichtung eines staatlichen oder stadt-staatlichen Konkurrenten, sondern der Verhinderung substanziell lebensbedrohender Handlungen einer feindlichen Macht. Auch wenn der Krieg der Alliierten gegen Adolf Hitler in mancher Hinsicht, vor allem im Frühjahr 1945, unverhältnis-mäßig hart geführt wurde – die maßlose, für den Sieg über die Deutschen nicht mehr relevante Flächenbombardierung einer Stadt wie Dresden war ungerecht –, so handelte es sich doch um einen »gerechten Krieg«.

Die Lehre vom gerechten Krieg hat der Kirchenvater Augustinus im 5. Jahrhundert n. Chr. erstmals, anknüpfend an Überlegungen des römischen Politikers Cicero, präzisiert, sie wurde später von Theologen wie Isidor von Sevilla und Thomas von Aquin weiterentwickelt. Im Kern besagt sie: Der Begriff »gerechter Krieg« (*bellum iustum*) setzt voraus, dass eine dazu legitimierte Autorität, ein Staat oder auch Stadt-staat, mit Gewalt einen Rechtszustand verteidigen darf, der als geordneter gesellschaftlicher Interessenausgleich dem Frieden dient; und zwar darf sie ihn verteidigen gegen Feinde, die diese Ordnung beseitigen wollen.

Gerecht ist es, so zu verhindern, dass »die Ungerechten über die Gerechten herrschen«, meint Augustinus. Es ist eben, meint er auch, »die Ungerechtigkeit des Gegners«, die »den Weisen zu gerechten Kriegen zwingt«. Dabei darf der angerichtete Schaden nicht größer sein als jener, den man beseitigen wollte (Grundsatz der Verhältnismäßigkeit). Die Intention darf nicht die bloße Erweiterung des Herrschaftsbereichs sein. Ferner sind die Besiegten nicht zu vernichten, sondern es muss Frieden mit ihnen geschlossen werden. Der Krieg darf nur als »äußerstes Mittel« (*ultima ratio*) zur Wiederherstellung des Rechts ausgerufen werden. Und er muss das »Recht im Krieg« (*ius in bello*) beachten. Das heißt etwa: Er darf nur gegen Soldaten, nicht gegen Zivilisten geführt werden, ein Grundsatz, den zu befolgen heute durch Terroristen erschwert wird, die sich als Zivilisten tarnen; im »totalen Krieg« Hitlers wurde er auf beiden Seiten der Front furchtbar vernachlässigt.

Diese mehrfach modifizierte Lehre gilt trotz des Missbrauchs durch Potentaten, die die Verteidigung der gerechten *res publica* nur als Vorwand für ihre Machtgelüste benutzt haben, eigentlich bis heute. Auch im aktuellen Weltbürgerkrieg gegen Terroristen, die kein Menschenrecht anerkennen, geht es darum, dass eine legitimierte staatliche Autorität (oder ein Bündnis solcher Autoritäten) mit Gewalt eine international weitgehend anerkannte Rechtsordnung verteidigt, die eben jenes Grundrecht auf Leben schützt, in dessen Namen radikale Pazifisten solchen Gewaltgebrauch paradoxerweise verurteilen. Eine solche Rechtsordnung ist auch das deutsche Grundgesetz, das in Artikel 2, Absatz 2 sagt: »Jeder hat das Recht auf Leben und körperliche Unversehrtheit.«

Um zu verhindern, dass das Tötungsverbot verletzt wird, darf Gewalt angewandt werden, die notfalls auch tödlich ist. »Was im unmittelbaren Lebensverhältnis niemandem zusteht, das Recht zu töten, das muss in begründeten Ausnahmefällen und allein zur berechtigten Durchsetzung des Tötungsverbots zugelassen werden«, schreibt der Theologieprofessor Hermann Deuser. Die Formulierung »berechtigte Durchsetzung« bezieht sich auf den »gerechten Grund«, den nach Thomas von Aquin jede gerechtfertigte Kampfhandlung in dem Sinne haben muss, »dass diejenigen, die bekämpft werden, wegen einer Schuld die Bekämpfung verdienen«.

In einem demokratisch verfassten Staat der Moderne muss der gerechte Kampfgrund auf transparente Weise und von parlamentarisch kontrollierten Organen festgestellt werden, wie es etwa in den USA beim 2003 begonnenen Irakkrieg im Prinzip geschehen ist, auch wenn, wie sich später herausstellte, dabei mit gefälschten Beweisen für im Irak vorhandene Massenvernichtungswaffen und ein Geheimbündnis mit den Terroristen von Al-Qaida argumentiert wurde. So ist die Behauptung von US-Präsident George W. Bush, dieser Krieg sei »gerecht«, nachträglich fragwürdig geworden. Dass der Irak von einem wüsten Menschenschinder regiert wurde, wäre allein kein zureichender Kriegsgrund gewesen, mag auch die Tatsache, dass der Diktator Saddam Hussein bei dieser Gelegenheit gestürzt wurde, dazu beitragen, dass wir nicht nur mit Entsetzen an diesen Krieg denken können. Völkerrechtlich ist der Überfall auf ein Land, dessen Regime diejenigen, die den Überfall durchführen, für ein Unrechtsregime halten, nicht gestattet.

Saddam Hussein hat viele Kurden und Schiiten im eigenen Land verfolgt und getötet, er hat sich an die Macht geputscht und war ein Massenmörder. So einer wird vom fünften Gebot nicht geschützt. Aber der gerechte Grund für einen Krieg, der auch viele unschuldige Zivilisten vernichtet, ist dieser Mann nicht gewesen. Der Tyrannenmord, den Thomas von Aquin einmal billigt (er berichtet zustimmend, wie Cicero die Ermordung Caesars rechtfertigte) und dann wieder missbilligt, wäre allenfalls als gerechter Krieg, als

50

Aufstand des eigenen irakischen Volkes gegen den Verbrecher an der Spitze des Staates legitim gewesen. Als kollektive Notwehr gegen offensichtlich ungerechte Regime, die dem Gemeinwohl schaden, sind gewaltsame Rebellionen und – falls alle zivilen Widerstandsmittel ausgereizt sind – sogar gewaltsame Revolutionen moralisch erlaubt. Deren letztes Ziel – Gerechtigkeit – verhindert, dass die tödlichen Folgen solcher Aufstände von vornherein als »Mordtaten« eingeordnet und – auch im Namen des fünften Gebots – moralisch geächtet werden müssen.

Ein Gas- oder Atomkrieg, der durch sein verheerendes, kaum begrenzbares Ausmaß ebenfalls viele Unschuldige tötet und durch dieses massive Unrecht die Berufung auf einen gerechten Grund ad absurdum führt, kann keinesfalls ein gerechter Krieg sein. Das Quantum und die Qualität des neuen Schadens, den er anrichtet, übersteigen fast immer das Quantum und die Qualität jedes möglichen bestehenden Schadens. Die Atombombe, die im August 1945 auf die japanische Stadt Hiroshima geworfen wurde und auf einen Schlag zwischen 100 000 und 200 000 Menschen getötet und viele Überlebende auf Jahre gesundheitlich schwer beeinträchtigt hat, kann schon deshalb nicht als gerechter Krieg gelten, weil Japan, wie sein deutscher Verbündeter, bereits am Boden lag. Der Abwurf der Bombe – auch jener auf Nagasaki – war eine US-amerikanische Machtdemonstration, sie war aber nicht kriegsentscheidend. Und auch ohne dieses Argument ist der Abwurf der Atombombe moralisch zu verurteilen. Ein faschistisches Japan, dessen Expansion genauso gut ohne Atombomben hätte begrenzt werden können, war keine Ungeheuerlichkeit, die eine solch ungeheuerliche Massenhinrichtung vieler unschuldiger Menschen, unter denen gewiss mehr als ein Gerechter lebte, rechtfertigen konnte.

Auch als Präventivschlag gegen eine möglicherweise mit Atombomben bewaffnete, als böse eingeschätzte, aber faktisch noch friedliche Macht ist ein Atomkrieg moralisch abzulehnen. Eine befürchtete Ungeheuerlichkeit, die aber genauso gut ausbleiben kann, hat niemals so viel Gewicht, dass sie vorweg durch eine ebenso schlimme, jedoch nicht mehr korrigierbare Ungeheuerlichkeit bekämpft werden darf.

Der Blick ins Alte Testament sollte im Übrigen jeden forschen Kriegstheoretiker insofern mäßigen, als auch der streng strafende und das Böse vernichtende Gott des Alten Bundes immer wieder für seine »Barmherzigkeit« gerühmt wird. Sie ist die ausgleichende Gegenkraft zu seinem feurigen, heiligen »Zorn«.

Das Verbot der Todesstrafe, das in allen westeuropäischen Staaten gilt, ist – wenn es etwa um einen geständigen Serienmörder geht – nicht durch das fünfte Gebot abgedeckt. Wenn Notker Wolf schreibt: »Das fünfte Gebot richtet sich auch gegen die Todesstrafe«, so irrt er. Seine eigene Begründung für die Ablehnung dieser Strafe, in zwei unmittelbar darauf folgenden Sätzen, ist ja auch eine andere: »Das furchtbarste Verbrechen rechtfertigt es nicht, dass ein Staat sich zum Richter über Leben und Tod macht. Urteile können Fehlurteile sein, weil Richter auch nur Menschen sind.« In der Tat: Die Gefahr der Fehlurteile ist das entscheidende Argument gegen die Todesstrafe, nicht jedoch das fünfte Gebot, mag sich die katholische Kirche auch »klar gegen die Todesstrafe« aussprechen, wie Notker Wolf anmerkt.

Auch das biblische Tötungsverbot ist nur scheinbar ein autonom soziales Gesetz. Denn es wird letztlich metaphysisch begründet: damit, dass Gott den Menschen als sein Ebenbild geschaffen hat (»Gott schuf den Menschen zu seinem Bilde«, 1. Buch Mose, 1,27). So wird das Tötungsverbot zurückbezogen auf den Prologsatz »Ich bin der Herr, dein Gott«. Über ein Menschenwesen, dessen Herr Gott selbst ist – und der es »zu seinem Bilde« geschaffen hat –, darf ein anderes Menschenwesen nicht willkürlich verfügen. Nur Gott selbst kann Menschen ermächtigen, andere Menschen zu töten. Allerdings: Wer unter den Menschen hat die Befugnis, diese

Ermächtigung durch Gott auszusprechen und in die Tat umzusetzen? Hier stehen wir sehr bald etwas ratlos an der Grenze zwischen archaischem Gottesstaat (da entscheiden bestimmte Priester-Richter im Namen des Allerhöchsten über Leben und Tod) und modernem Rechtsstaat, der gottlob viele institutionelle und gesetzliche Hindernisse vor die Realisierung einer derartigen Ermächtigung schiebt.

Inwiefern noch nicht geborenes, aber embryonal schon entwickeltes menschliches Leben vom fünften Gebot geschützt wird, hängt davon ab, ob und von welchem Entwicklungsstadium an diese Frühform menschlichen Lebens den Maßstab der Ebenbildlichkeit schon erfüllt. Ist ein Embryo, der noch kein Selbstbewusstsein hat und darum nicht an Gott glauben kann, schon ein menschliches Leben im biblischen Sinn? Nun, er ist es noch nicht wirklich, aber doch der Möglichkeit nach – einer sehr realistischen, dem vollen Lebensbegriff schon sehr nahen Potentialität. Hat ein anderer Mensch das Recht, dem Schöpfer diese Potentialität eigenmächtig zu nehmen? Wohl nicht. Außerdem ist ein dreijähriges Kind ja genauso wenig glaubensfähig und gilt doch uneingeschränkt als menschliches Geschöpf. Das relativiert das Kriterium der Teilhabe am göttlichen Sein. Sogenannte Schwangerschaftsunterbrechung wird also durchaus vom fünften Gebot untersagt. Was ja nicht ausschließt, dass der Rechtsstaat – etwa mit Rücksicht auf eine ernsthafte Notsituation oder Lebensgefährdung der Mutter – darauf verzichtet, diese in der Antike noch nicht diskutierte Art von Menschenraub strafrechtlich zu ahnden.

Weil ich Gott gehöre und letztlich nicht mir selbst, habe ich auch nicht das Recht, mich selbst zu töten. Dieses logische, implizite Verbot wird aber in der Bibel nicht ausdrücklich formuliert. Dasselbe gilt für Kranke, die per Patientenverfügung festlegen, der Arzt möge bei starken Schmerzen lebenserhaltende Maßnahmen unterlassen. Die Erlösung von unmenschlichem Schmerz, welche die Befürworter der passiven Sterbehilfe in diesem Zusammenhang beschwören, kann heute im Wesentlichen durch die fortgeschrittene Palliativmedizin geleistet werden. Gewiss gebietet das fünfte Gebot aber nicht, dass einem extrem leidenden Patienten mit allen verfügbaren medizinischen Tricks (künstliche Beatmung, Astronautenkost) das Leben verlängert wird, am Ende gar noch gegen den erklärten Willen dieses Patienten.

Zum sechsten Gebot

Luthers »Kleiner Katechismus« folgt dem Wortlaut der Bibel getreuer, als es lange Zeit die katholische Kirche tat, die Luthers »Du sollst nicht ehebrechen« noch 1950 durch die missverständliche Verengung »Du sollst nicht unkeusch sein« ersetzte. Der Begriff »Keuschheit« – er kommt vom lateinischen *conscius* (bewusst) – wird zwar auch von Luther bemüht, bei ihm bedeutet er aber noch nicht sexuelle Enthaltsamkeit, sondern er wird allgemeiner verstanden und meint so viel wie Selbstdisziplin, Anstand, Zurückhaltung. Anselm Grün erweitert das sechste Gebot – in seinem Buch *Die Zehn Gebote* – zu der doppelten Formel: »Du sollst nicht ehebrechen! Ich bin treu.«

In der biblischen Welt ist die Ehe nicht, wie heute, ein Lebenspakt auf der Basis grundsätzlicher Gleichberechtigung. Vielmehr gilt die Frau als Besitz des Mannes. Dieser Besitz ist es, der durch das sechste Gebot geschützt wird. »Du sollst nicht ehebrechen« müssen wir im Grunde so übersetzen: »Du sollst nicht in eine Ehe von außen einbrechen.« Nach damaliger Auffassung kann der Mann nur die Ehe eines anderen Mannes, nie die eigene Ehe brechen, indem er die Frau dieses Mannes liebt. Geht der verheiratete Mann zu einer ledigen Frau, zu einer Hure oder einer Witwe, dann bricht er nicht die Ehe. Die israelitische Frau hingegen kann immer nur die eigene Ehe brechen – indem sie sich auf einen fremden Mann einlässt, schädigt sie das Besitzgut ihres eigenen Mannes.

Für die jüdische Ehe dieser Zeit ist Ehebruch keine sexuelle Verfehlung, sondern etwas, das die Erbschaftsverhältnisse der ganzen Familie, also die Keimzelle des Volkes, betrifft. Ehebruch ist primär eine gesellschaftliche Regelverletzung, ein »Gemeinschaftsverrat« (Meinrad Limbeck, *Aus Liebe zum Leben*, 1981).

In der Antike war nur die Mutterschaft kontrollierbar, die Vaterschaft hingegen kaum. Dass eine fremdgehende Mutter ein illegitimes Kind in die eigene Ehe einbringt und damit die Interessen der legitimen Erbberechtigten verletzt, bedingt in dieser Zeit eine direkte Gefährdung der großfamiliären Rechtssicherheit, von der der Grundbesitz und damit die wirtschaftliche Existenz der Familie abhängen. Im Neuen Testament, das in der Bergpredigt auch das Tötungsverbot verschärft, überschreitet das Ehebruchsverbot diesen relativ nüchternen Besitzstandsrahmen des Alten Testaments. Während der Alte Bund Scheidungen zulässt, lediglich den Mann zur Aushändigung einer »Scheidungsurkunde« verpflichtet (nur mit einem solchen Dokument kann die Frau wieder heiraten), sagt das Neue Testament rigoros: »Was aber Gott verbunden hat, das darf der Mensch nicht trennen« (Matthäus, 19,6). Der Schöpfergott habe »Mann und Frau« als Paar »geschaffen«. Die Schärfe dieses Scheidungsverbots erklärt sich auch daraus, dass die ältesten Propheten die Beziehung zwischen Jahwe und seinem Volk im Bild des Ehebunds ausgedrückt haben. Es geht im Bild vom Ehebund eben um mehr als den Ehebund – es geht, auch hier, um das Verhältnis zwischen dem Schöpfergott und seinem Geschöpf, also darum, dass der Gläubige tatkräftig, und das auf dem besonders heiklen Terrain der Liebe zwischen Mann und Frau, anerkennt, was der Prolog des Dekalogs sagt: »Ich bin der Herr, dein Gott.« Wer dem Herrn vertraut, der steht auch zu seinem Ehepartner. So sagt es das Gesetz. Dass viele Ehepaare, zumal in der stark individualisierten und konsumorientierten Kultur unserer Tage, von diesem Gesetz überfordert sind, widerlegt nicht dessen Berechtigung. Vielleicht hat ja sogar die Strenge der Treue-Vorschrift dazu beigetragen, den Reiz der sexuellen Lust – als unerhörte Verletzung des Gesetzes – zu steigern.

Indes schreibt Anselm Grün in seinem Buch *Die Zehn Gebote*: »Wenn ich mich in eine andere Frau (Mann) verliebe, ist das noch kein Grund, die eigene Ehe, die schal geworden ist, zu verlassen. Ich sollte mich vielmehr fragen, was ich bei mir übersehen habe und was in mir neu zum Leben kommen möchte. Die andere Frau hat das in mir angesprochen, was eingeschlafen war. Wenn ich es wieder zum Leben erwecke, kann auch die eigene Ehe wieder lebendiger werden.« In unserer multimedial fluktuierenden, erotisch überreizten Kultur weist diese schlichte Überlegung des Seelsorgers Grün einen Weg, auf dem die archaische Ehe-Burg davor bewahrt werden könnte, pulverisiert zu werden. Das sechste Gebot fordert die Menschen auf, diese Burg nicht kampflos der sogenannten normativen Kraft des Faktischen zu überlassen – und vor einem Zeitgeist zu resignieren, der die Ehescheidung fast schon so behandelt, als sei man versehentlich mal an den falschen Urlaubsort gereist und korrigiere dies nun. Dieser Zeitgeist schwingt mit in Hermann Deusers Vorschlag für ein modern gefasstes Ehebruchsverbot: »Du sollst die Liebe eines Menschen nicht ausnutzen, zwingen oder verächtlich machen.«

Im 3. Buch Mose vermittelt Gott dem Überbringer der Zehn Gebote ein umfangreiches Konvolut von Tora-Vorschriften, die das Grundmotiv des sechsten Gebots eindrucksvoll variieren und ausfächern. Dazu gehört ein ausdrücklich und ausführlich formuliertes Inzestverbot (»Keiner unter euch soll sich irgendwelchen Blutsverwandten nahen, um mit ihnen geschlechtlichen Umgang zu haben«), das auch auf angeheiratete Verwandte übertragen wird (»Du sollst mit der Frau deines Bruders nicht Umgang haben; denn damit schändest du deinen Bruder«). Dasselbe gilt für »die Schwester deiner Frau«: Man darf sie »nicht zur Nebenfrau nehmen und mit ihr

Umgang haben«, solange die eigene Frau »noch lebt«. Ferner darf man »nicht zu einer Frau gehen, solange sie ihre Tage hat, um in ihrer Unreinheit mit ihr Umgang zu haben«. Homosexualität und Sodomie werden streng geächtet: »Du sollst nicht bei einem Mann liegen wie bei einer Frau; es ist ein Gräuel. Du sollst auch bei keinem Tier liegen, dass du an ihm unrein werdest. Und keine Frau soll mit einem Tier Umgang haben; es ist ein schändlicher Frevel.«

Die Strafbestimmungen in diesem Kontext sind martialisch. Homophilie und Sodomie werden mit dem Tode bestraft, aber auch diese Vergehen: »Wenn jemand mit seiner Schwiegertochter Umgang pflegt, so sollen sie beide des Todes sterben, denn sie haben einen schändlichen Frevel begangen; ihr Blut lastet auf ihnen…Wenn jemand eine Frau nimmt und ihre Mutter dazu, der hat eine Schandtat begangen; man soll ihn mit Feuer verbrennen und die beiden Frauen auch, damit keine Schandtat unter euch sei.«

Die Strenge der Strafen ist nicht etwa Ausdruck einer speziellen Prüderie, die das Sexuelle sozusagen lustvoll überreguliert, weil sie hier ein Verdrängungsproblem hat. Denn genauso scharf urteilt das Gesetz des Herrn bei vermeintlich harmlosen Delikten, etwa »wenn sich jemand zu den Geisterbeschwörern und Zeichendeutern wendet, dass er mit ihnen Abgötterei treibt« – so jemanden will der Herr »aus seinem Volk ausrotten«.

Die Strenge der Strafen hat theologisch einen einzigen Refrain: »Ich bin der Herr, dein Gott.« Wie das Leben zu leben ist, unterliegt nicht deiner launischen Willkür, deinem Geltungsbedürfnis und deinen Zeitgeistmoden. Hier ist mein Gesetz. Halte dich daran – nur so findest du Halt und Haltung in deinem Leben. Wenn du dich bemühst, aber zuweilen die Kräfte versagen – Gott kann auch unglaublich barmherzig sein.

Wie das Tötungsverbot im fünften Gebot ist auch das Diebstahlsverbot »Du sollst nicht stehlen« objektlos formuliert. Der Streit darüber, auf welche Arten von Eigentum es sich bezieht, ist unvermeidlich. In der ältesten Bedeutungsschicht, die Diebstahl sogar mit dem Tode bestraft, meint das siebte Gebot Menschenraub: Im 2. Buch Mose (21,16) verkündet der Herr: »Wer einen Menschen raubt, sei es, dass er ihn verkauft, sei es, dass man ihn bei ihm findet, der soll des Todes sterben.« Im 1. Buch Mose (40,15) erzählt Joseph, der in Ägypten als Knecht arbeitet und aufgrund einer Verleumdung ins Gefängnis geraten ist, den Mitinsassen, er sei »aus dem Lande der Hebräer heimlich gestohlen worden«.

Aber schon im 2. Buch Mose (22,1-16) wird klar, dass das Verb »stehlen« (*ganab*, von dem sich unser Wort »Ganove« herleitet) sich nicht nur auf den Raub und die Versklavung von Menschen, sondern auch auf die Entwendung von Sachen und Tieren bezieht, sofern diese zu einem bestimmten Haus gehören oder unter der Obhut einer bestimmten Person stehen: »Wenn jemand ein Rind oder Schaf stiehlt und schlachtet's oder verkauft's, so soll er fünf Rinder für ein Rind wiedergeben und vier Schafe für ein Schaf.« Der Viehdieb wird nicht eingesperrt, er muss den Diebstahl sachlich kompensieren.

Besonders geächtet ist der Diebstahl bei Nacht, er gilt wegen der offensichtlichen Heimlichkeit, mit der er geschieht, als so heimtückisch, dass der Totschlag des Ertappten unter Umständen straffrei bleibt: »Wenn ein Dieb ergriffen wird beim Einbruch und wird dabei geschlagen, dass er stirbt, so liegt keine Blutschuld vor. War aber schon die Sonne aufgegangen, so liegt Blutschuld vor.«

Das deutsche Wort »stehlen« kennt die sprechende Ableitung »verstohlen«: Der Dieb, der verstohlen, also heimlich, etwas nimmt, was ihm nicht gehört, und sich wegstiehlt, missbraucht Vertrauen. Die Heimlichkeit dieser Art »zerstört das

Gefühl von Heimat« (Anselm Grün). So gesehen ist das Diebstahlsverbot auch Vertrauensschutz: Es betrifft ein elementares Gefühlsgut gedeihlichen Zusammenlebens, bei dem mehr auf dem Spiel steht als das Wohlbefinden und der Stolz des beleidigten Besitzbürgers.

Die in diesem Teil der Bibel aufgeführten Beispiele für Diebstahl zeigen, dass die nomadische Zeit, in der es kein privates Eigentum an Grund und Boden gegeben hat, noch nicht lange zurücklag, als der Text entstand. Das neunte Gebot, das dann ausdrücklich »deines Nächsten Haus« vor dem begehrlichen Zugriff des Fremden schützt, wurde womöglich später als das generelle Diebstahlsverbot in den Dekalog aufgenommen: zu einer Zeit, als den endgültig sesshaft gewordenen Hebräern das nicht mobile Eigentum – Haus und Grund – wichtiger geworden war.

Die ausschließliche Verfügungsgewalt über bestimmte Dinge wird durch das Diebstahlsverbot als Grundrecht menschlicher Freiheit und Selbstentfaltung anerkannt. Thomas von Aquin hat im 13. Jahrhundert darin – wie auch in den anderen sozialen Geboten des Dekalogs – ein Naturrecht gesehen. Er schrieb, »dass der Besitz der äußeren Dinge dem Menschen natürlich (*naturalis*) ist«, das heißt: von Natur aus zusteht.

Eigentum ist Freiheit. Diebstahl ist eine Form von Freiheitsberaubung. Die linksrevolutionäre Umkehrung dieses Befundes in dem Satz »Eigentum ist Diebstahl« ist freiheitsfeindlich. Natürlich kann exzessives Privateigentum an Grund oder an Produktionsmitteln, das die Freiheit des Besitzers polstert, die Freiheit der weniger oder nichts Besitzenden unverhältnismäßig einschränken. Auch deshalb behält es sich das deutsche Grundgesetz vor, jenes »Eigentum«, das in Artikel 14 »gewährleistet« wird, im selben Artikel dem »Wohle der Allgemeinheit« zu »verpflichten«.

Der evangelische Theologe Hermann Deuser aktualisiert diese Verpflichtung im Blick auf den »ökologischen Aspekt des Verbrauchs von Eigentum an Natur«. Die Natur ist dem Men-

schen anvertraut, damit er sie, wie es im Schöpfungsbericht
heißt, »beherrscht« und »bewahrt«. Gottes Naturschöpfung
skrupellos um des materiellen Vorteils willen zu verbrauchen
und letzten Endes zu zerstören ist demnach ein Eigentums-
delikt globaler Dimension. So ist auch das Diebstahlsverbot
letztlich in der metaphysischen Aussage verankert: »Ich bin
der Herr, dein Gott« – und du verhebst dich, wenn du meine
Schöpfung behandelst, als sei sie dir nicht nur anvertraut, sondern von dir produziert. Diese Selbstüberschätzung ist typisch
für das technische Zeitalter, das nur allzu leicht den Eindruck
erweckt, alles real Vorgegebene sei am Ende menschliches
»Konstrukt«. Ist es eben nicht.

Zum achten Gebot

»Du sollst nicht falsch Zeugnis reden wider deinen Nächsten«,
formuliert Luther das achte Gebot. Und seine Erläuterung
präzisiert, es komme darauf an, »dass wir unseren Nächsten
nicht belügen, verraten, verleumden oder seinen Ruf verderben, sondern (...) ihn entschuldigen, Gutes von ihm reden und
alles zum Besten kehren.«

Anselm Grün fasst dieses Gebot in dem positiven Satz »Ich
bin ehrlich« zusammen. Für die Usancen unserer Medienwelt
legt das so gefasste achte Gebot nahe: Diese Medienwelt ist
ein Sünden-Babel. Die Verleumdung politischer Gegner ist
an der Tagesordnung – die Medien verkaufen sie als Nachricht. Aber auch wenn sie sich nicht direkt mit der jeweiligen Politiker-Position identifizieren, über die sie berichten,
trifft doch der uralte Verdacht des griechischen Historikers
Plutarch ins Schwarze: »Verleumde nur dreist, etwas bleibt
immer hängen« (in der lateinischen Übersetzung wurde es
zur stehenden Wendung *semper aliquid haeret*«). Zwar gilt
Ehrlichkeit in der modernen Medienwelt als werbewirksames
Etikett, aber nur der unprofessionelle Journalist beherzigt sie.
Denn nur wer – unehrlich – zuspitzt und übertreibt, bekommt

Aufmerksamkeit im unaufhaltsamen Strom der Neuigkeiten und Aufgeregtheiten. Dass da manches Geheimnis »verraten«, mancher Zeitgenosse um seinen »Ruf« gebracht wird, wen kümmert's?

Es kümmert den, der das achte Gebot einklagt, auch das »Lügenverbot« genannt, obwohl Lügen und »falsch Zeugnis reden« – üble Nachrede, Diffamierung oder eine Falschaussage vor Gericht, die zur Verurteilung Unschuldiger führen kann – nur teilidentisch sind. Die Lüge ist nicht nur vor Gericht brisant, sie kann – durch den Verlust des Vertrauens – ein ganzes Privatleben sprengen, umfasst aber auch so schwer greifbare und oft verheerende Phänomene wie das Verbreiten ungesicherter ehrverletzender Gerüchte und existenzgefährdender Unterstellungen. Das betrifft nicht selten Wohl und Wehe von ganzen Firmen, Parteien, Institutionen und beeinflusst auch Aktienkurse, Imageschwankungen, berufliche Karrieren.

Verlogenheit gibt es auch im Verhältnis des Individuums zu sich selbst. Sie ist genauso verwerflich wie eine Täuschung des Mitmenschen, die dieser nie enttarnt. Die kleine Notlüge, die niemandem schadet, betrifft das Lügenverbot dagegen kaum. Etwa, man habe leider im Stau gestanden – dabei erscheint man zu spät zum Termin, weil man schlicht verschlafen hat. Das sind Bagatellen wie ein verlogenes Kompliment, auch wenn auf sie durchaus die Lügendefinition des Augustinus zutrifft: »Es lügt derjenige, der etwas anderes, als er im Herzen trägt, durch Worte oder sonstige beliebige Zeichen zum Ausdruck bringt.«

Das Christentum hat den relativ robusten, nicht allzu präzisen Lügenbegriff des Alten Testaments erheblich verinnerlicht und verfeinert. Aber man sollte dies nicht fundamentalistisch übertreiben: Manch kleine Lüge im Alltag dient der Höflichkeit und hat mehr mit Nachsicht, Freundlichkeit, Großzügigkeit, komödiantischem Versteckspiel, also mit Menschenliebe zu tun, als jener moralische Rigorismus, der in jeder Situation die nackte Wahrheit zu sagen fordert. Wer Lügen über sich verbreitet, will oft nur gefallen – ein Schmiermittel des gesellschaftlichen Motors, aber letztlich harmlos. Der Journalist Jürgen Schmieder hat einmal versucht, vierzig Tage lang »ehrlich zu sein«; das amüsante, wenn auch etwas oberflächliche Buch, das daraus entstanden ist, heißt *Du sollst nicht lügen!* (2010). Schmieder hat bei seinem Experiment festgestellt: Es geht im Alltag nicht ohne Lügen, aber ein Alltag der Lüge ist auch unerträglich. »Lügen«, schreibt er, »sind ein notwendiges Übel, wahres Glück wird der Mensch jedoch nur erfahren, wenn er von Grund auf ehrlich ist.« Er plädiert für »respektvolle Ehrlichkeit« und resümiert: »All die egoistischen Lügen, falschen Schleimereien (Sie sind ein toller Chef) und fiesen Beleidigungen verschwinden aus meinem Leben. Ich versuche, anderen Menschen respektvoll die Wahrheit zu sagen – und sollte ich eine Lüge verwenden müssen, dann wird auch bei ihr der Respekt vor anderen die Maxime sein.« Der Autor geht allerdings zu weit, wenn er das feige Schweigen in heiklen Situationen, in denen man eigentlich etwas richtigstellen müsste, es aber aus Angst vor Vorgesetzten nicht tut, schon als »Lüge« bezeichnet. Die Tugend, die hier verletzt wird, ist nicht die Wahrhaftigkeit, sondern der »Mut«, die »Tapferkeit«. Obwohl die Tapferkeit seit Platon zu den vier Kardinaltugenden der Menschheit gehört (neben der Gerechtigkeit, dem Sinn für das rechte Maß und der Weisheit gegenüber den Göttern), fehlt sie seltsamerweise im Dekalog.

Auch mit der These »Freundschaft ist wichtiger als Ehrlichkeit« übertreibt Schmieder. Gewiss kann »Ehrlichkeitswahn« (Schmieder) in den konkreten Beziehungen zu Verwandten und Freunden unnötig viel zerstören; andererseits: Ist Ehrlichkeit nicht auch ein Freundschaftsdienst? Und was ist, wenn der Freund andere systematisch täuscht? Muss man ihm dann nicht die Wahrheit sagen und notfalls die Freundschaft opfern?

Fest steht: Wer einem diktatorischen Geheimdienst die Unwahrheit sagt, um einen Freund oder auch einen fremden, unschuldig verfolgten Menschen vor der Verfolgung zu schützen, der lügt – doch auch solche Lügen sind nicht unmoralisch. Anders verhält es sich mit umfassenderen Lebenslügen: Ganze Existenzen – etwa die Karriere eines Hochstaplers – sind manchmal Lügenkonstrukte und gleichwohl wirtschaftlich erfolgreich. So ein Hochstapler, dessen gefälschte Zeugnisse und Erfolgszahlen nicht entlarvt werden, mag ein Star der Gesellschaft sein; aber da er um die Selbstreflexion nicht herumkommt, holt ihn irgendwann die Selbsterkenntnis ein: Ich bin nicht ehrlich. Dass ihn dies am echten seelischen Glück hindert, ist die Wahrheit des achten Gebots.

Die absolute Ehrlichkeitsforderung hat auch da, wo es nicht um soziale Gefälligkeiten oder harmlose Freundschaftspflege geht, moralische Grenzen. Jurek Beckers großer Roman *Jakob der Lügner* (1970) entwirft ein Szenario, in dem das Lügen geradezu notwendig ist. Und er zeigt, dass ein Mensch aus Feigheit und Geltungssucht zum Helden werden kann. Die Geschichte spielt während des Zweiten Weltkriegs in einem jüdischen Ghetto, das streng bewacht wird. Der an sich harmlose Jakob hört zufällig aus dem Radio eines SS-Mannes vom erfolgreichen Vormarsch der Roten Armee. Für die täglich zur Zwangsarbeit antretenden Juden enthält die Nachricht ein kaum vorstellbares Potential von Hoffnung. Und eben deshalb will Mischa, dem Jakob als Erstem die Meldung anvertraut, nichts davon glauben. Um seine Wahrheit vom Nahen der Befreier glaubhaft zu machen, fügt Jakob eine kleine Lüge hinzu – mit großen Folgen: »Ich habe ein Radio« – der Besitz eines Radios ist diesen Juden unter Todesstrafe verboten.

Nebenmotive der fahrlässigen Mitteilung – Jakob will, dass auch der andere endlich Hoffnung schöpft – sind seine Minderwertigkeitsgefühle gegenüber dem beliebten Mischa sowie der Umstand, dass er durch die Mitteilung Mischa von dem lebensgefährlichen Vorhaben abbringen will, aus einem bewachten Eisenbahnwaggon dort vermutete Kartoffeln zu stehlen.

Schon die erste kleine Lüge ist auch von Eigensucht und Edelmut, Geltungsdrang und Menschenliebe motiviert. Jakob, der dem rasch erlangten Ruhm, als Einziger im Ghetto ein Radio zu besitzen, nicht entrinnt, wird im selben Maß zum Opfer nagender Zweifel an sich selbst, wie er nach außen hin zum Heros des Ghettos aufsteigt. Je zuversichtlicher er sich gebärden muss – er erfindet täglich neue Meldungen vom weiteren Vormarsch der Russen –, desto ohnmächtiger und zermürbter ist er innerlich.

Nicht allein was Jakob sagt, auch was er ist, zerfällt in Schein und Wirklichkeit. Dabei steht der Schein nicht bloß im Gegensatz zur Realität, sondern ist zugleich deren Hüter und Wohltäter: Die Hoffnung, die Jakobs wiederholte Lügen verbreiten, erhält viele Menschenleben, sie hindert etliche Ghettobewohner am Selbstmord. Ist eine derart segensreiche Lüge moralisch verwerflich? Ist ein moralischer Held, der aus Feigheit zum Helden wird, etwa kein Held? Schiere Ehrlichkeit hätte in dieser extremen Situation tödliche Folgen. Das Gute, eindimensional verfolgt, hätte hier böse Folgen; und das vermeintlich Böse, das eine Lüge nutzt, ist in seiner Wirkung gut. Die Liebe zum Menschen kann auch den Katechismus relativieren.

»Es gibt eine Art des moralischen Handelns, bei der die Moral in die Binsen geht«, schreibt Günter de Bruyn in seinem Ehe-Roman *Buridans Esel* (1968). Darin betrügt ein Bibliothekar seine Ehefrau – und zwar mit einer Kollegin –, gewinnt dabei aber so viel idealistischen Schwung, dass er die Kraft zu wichtigen Initiativen für eine gerechtere Bildungspolitik schöpft. Was ist mit solchen guten Taten, die auf alltägliche Schlechtigkeiten aufbauen? Über den Menschen kann nur Gott richten, für seine Mitmenschen ist aber eindeutig: Er hat betrogen. Und das widerspricht dem achten Gebot. Den Rest muss Gott beurteilen.

Das Urteil über einen Menschen hängt letztlich nicht davon ab, wie intensiv er dieses oder jenes der Zehn Gebote befolgt oder vernachlässigt; Gott ist barmherzig, noch kurz vor seiner Gefangennahme verzeiht Jesus Petrus und Johannes, dass sie, die wachen sollten, eingeschlafen sind! »Der Geist ist willig, aber das Fleisch ist schwach« (Markus-Evangelium, 14,38), meint Jesus verständnisvoll. Die moralische Ur-Schwäche des Menschen braucht uns aber nicht daran zu hindern, die Befolgung jedes dieser Gebote moralisch gut zu finden und sie im Namen des Herrn zu fordern, wie er dies auch tut. »Die Wahrheit zu sagen ist unbedingte Pflicht«, schreibt Hermann Deuser. Indes, so Deuser weiter: »Die Menschlichkeit der Rede und Redesituation ist ein mitlaufender Maßstab von Wahrhaftigkeit. Doch für diese allgemeine Zielangabe steht eben keine ebenso allgemeingültige Durchführungsbestimmung zur Verfügung.«

»Entscheidend«, meint Anselm Grün in diesem Zusammenhang, sei immer, »ob durch meine Lüge ein Mensch in seiner Würde geschädigt wird.« Positiv ausgedrückt, ist ein Maßstab für die Ächtung auch kleinerer Lügen deren Verhältnis zum Vertrauen und zum Respekt unter den Menschen. »Wer ehrlich ist, der ehrt den anderen«, schreibt Grün. Und damit Gott, der diesen anderen ebenso geschaffen hat wie mich selbst. Auch Ehrlichkeit ist eine Verneigung vor dem Schöpfergott. Ohne Ehrlichkeit – und ohne die Bemühung um eine klare, die Absichten des Sprechers nicht verschleiernde Sprache – fehlt die moralische Grundlage für ein gedeihliches Miteinander. Das gilt auch und zumal für unsere komplexe Industriegesellschaft und ihre Medien, die oft wider besseres Wissen Halbwahrheiten verbreiten, dabei aber nicht der Menschenliebe dienen, sondern bloß ihrem wirtschaftlichen Erfolg.

»Du sollst nicht falsch Zeugnis reden wider deinen Nächsten.« Das achte Gebot ist die triftigste Kritik einer Medienwelt, die offiziell doch nur der Wahrheit verpflichtet ist.

»Du sollst nicht begehren deines Nächsten Frau! Meine Liebe ist rein.« So formuliert Anselm Grün das neunte Gebot. Bei Luther heißt es: »Du sollst nicht begehren deines Nächsten Haus.« Luther hält sich an die erste Verkündigung des Dekalogs im 2. Buch Mose (20,17). Im 5. Buch Mose (5,21) heißt es, nach dem Lügenverbot, in der Tat: »Du sollst nicht begehren deines Nächsten Weib.« Das Schutzdekret für den Hausstand folgt hier als letztes – zehntes – Gebot. Die vertauschte Reihenfolge ist ein Indiz dafür, dass die unterschiedlichen Versionen des Dekalogs nicht synchron (dann hätte die Differenz den Bearbeiter gewiss gestört), sondern in einem gewissen zeitlichen Abstand in die Tora aufgenommen wurden – in welcher Reihenfolge, darüber streiten die Gelehrten. Eckart Otto schreibt in seinem Buch *Mose – Geschichte und Legende* (2006): »Erst die Erkenntnis, dass der ursprüngliche Dekalog nicht der in Ex 20,2–17 (2. Buch Mose), sondern der in Dtn. 5,6–21 (5. Buch Mose) und dieser Dekalog sprachlich durch deuteronomistische Terminologie geprägt ist, ließ die Forschung in den letzten Jahrzehnten zu der Einsicht kommen, dass der Dekalog in der Exilszeit zwischen 586 und 539 v. Chr. zusammengestellt und in dieser Zeit in den Rahmen des exilischen Deuteronomiums (5. Buch Mose) integriert worden sei.«

Nimmt man neuntes und zehntes Gebot zusammen, so wird hier, mit Haus, Hof, Ehefrau und Vieh, nicht weniger als die komplette »Existenzgrundlage des Nächsten« (der Alttestamentler Matthias Köckert in seiner Studie *Die Zehn Gebote*), eines freien Bürgers in einer Agrargesellschaft geschützt.

Die Zehn-Zahl der Gebote wurde erst nachträglich dieser Satz-Reihung »aufgeprägt« (der Theologe Eckart Otto in seinem Buch *Mose – Geschichte und Legende*). Ursprünglich bestand die Gliederung aus einer Fünf-Zahl alternierender Lang- und Kurzgebote. Der Dekalog gebe sich »durch seine rechts- und formgeschichtliche Uneinheitlichkeit als eine sekundäre Komposition zu erkennen«, findet auch Jan Christian Gertz (in *Grundinformation Altes Testament*). Obwohl einzelne Elemente »in ältere Zeit« zurückreichten, so Gertz weiter, sei der Dekalog als Ganzer »nicht vor dem 7. Jahrhundert entstanden«.

Aber worin unterscheidet sich nun das Verdikt, des Nächsten Weib zu begehren, vom Ehebruchsverbot des sechsten Gebots?

Das sechste Gebot bezieht sich nicht primär auf das sexuelle Begehren, sondern auf den Einbruch in eine bestehende Ehe und Familie – auf einen sozial brisanten Rechtsbruch. »Im neunten Gebot geht es um die Frau allein« (Anselm Grün). Nicht die störende, womöglich zerstörerische Einmischung in ein fremdes Eheinstitut, etwa durch eine zeitlich begrenzte Affäre, ist hier gemeint – darauf bezieht sich das sechste Gebot –, sondern das Moment der »widerrechtlichen Aneignung« in dem Versuch, die Ehefrau eines anderen »dauerhaft an sich zu binden« (Matthias Köckert).

Anselm Grün betont, hier ganz auf der Linie von Augustinus, auch den sexuellen Aspekt dieses verbotenen Begehrens. Dessen erstes Organ ist das lüsterne Auge. Jesus sagt in der Bergpredigt: »Wer eine Frau ansieht, ihrer zu begehren«, der ist schon in ihre Ehe eingebrochen. Nachdem Adam und Eva vom Baum der Erkenntnis des Guten und Bösen gegessen haben, ändert sich ihr Blick auf die Welt: »Da wurden ihnen beiden die Augen aufgetan, und sie wurden gewahr, dass sie nackt waren« (1. Buch Mose, 3,7) – die Geburt der Scham.

Auch die in den Sprüchen des Salomo enthaltene Warnung davor, die Ehefrau eines anderen zu begehren, thematisiert den fatalen Augenblick: »Mein Sohn, bewahre das Gebot deines Vaters und lass nicht fahren die Weisung deiner Mutter ... auf dass du bewahrt werdest vor der Frau deines Nächsten. Lass dich nach ihrer Schönheit nicht gelüsten in deinem Herzen, und lass dich nicht fangen durch ihre Augenlider. Denn eine Hure bringt einen nur ums Brot, aber eines andern Ehefrau um das kostbare Leben. Wer mit einer Verheirateten die Ehe bricht, der ist von Sinnen; Schläge und Schande treffen ihn, und seine Schmach ist nicht zu tilgen. Denn Eifersucht erweckt den Grimm des Mannes, und er schont nicht am Tage der Vergeltung und achtet kein Sühnegeld.« Wer als Mann zu einer »Hure« geht, macht einen Fehler, begeht aber keinen Ehebruch! Wer aber einer Verheirateten »beiliegen« will, riskiert sein Leben.

Anselm Grün formuliert den vom neunten Gebot geforderten Verzicht auf das Begehren so: »Ich verzichte darauf, die Frau eines anderen zu erobern. Ich lasse sie dem, mit dem sie das Leben teilt. Indem ich die Frau dem anderen lasse, wird die Liebe zu meiner Frau klar und aufrichtig. Sie wird rein und lauter. Meine Frau kann sich auf meine Liebe verlassen.« Das Verbot, die Frau des Nächsten begehrlich anzuschauen und an sich binden zu wollen, enthält das Gebot, die eigene Frau zu lieben und zu achten.

Das reine Auge dessen, der ein reines Herz hat, der also ohne Berechnung und ohne begehrliche Seitenblicke auf andere einen Menschen lieben kann, ist zugleich das Auge derer, die »Gott schauen« werden, wie Jesus in der Bergpredigt sagt. »Das gilt nicht nur für das Schauen Gottes nach dem Tod«, wie Grün schreibt. »Vielmehr sieht der, der ein reines Herz und ein reines Auge hat, jetzt schon im Menschen Gott. Im Antlitz jedes Menschen schaut er Gottes Angesicht. Das ist das letzte Ziel des neunten Gebots.«

Wer nicht geilen Blicks die Frau des Nächsten an sich reißen will, der gewinnt die innere Freiheit, diese Frau (oder diesen anderen Mann) als ein Wesen zu bewundern und zu respektieren, das nach Gottes Ebenbild von diesem Gott geschaffen wurde. Wir sehen: Auch das sozialethisch intimste, scheinbar nur »menschelnde« neunte Gebot wurzelt im »privilegrechtlichen« (Gertz) Gottesbezug.

Zum zehnten Gebot

Durch die Abtrennung vom Schutz des Hausstands, die schon Augustinus (und mit ihm dann Luther) im Blick auf die erste Version des Dekalogs vorgenommen hat, wurde nicht nur das neunte Gebot zur Bühne, auf der die Frau sich als Person davon emanzipiert, zum Eigentum eines Hausvaters zu gehören. Dadurch wurde, andersherum gesehen, aber auch das zehnte Gebot zu einem rein sachbezogenen Besitzstandsgebot: »Du sollst nicht begehren deines Nächsten Hab und Gut!« (Grün) In der ausführlicheren Fassung der Bibel laut 5. Buch Mose (5,21): »Du sollst nicht begehren deines Nächsten Haus, Acker, Knecht, Magd, Rind, Esel noch alles, was sein ist.« Hermann Deuser nennt dieses Verdikt (für ihn ist es das neunte) das »Habgierverbot«: Es gehe dabei »um die Affekte Habgier, Neid, Besitz- und Gewinnsucht, die sich als unrechte Handlungen gegen Personen und Sachen, Haus und Besitz des Nächsten richten – und als solche verboten sind.« Dazu gehören auch übertriebener Geiz, unmäßiger Geltungsdrang und hassende Missgunst.

Die positive Haltung, die dieser Entgleisung der Leidenschaften widersteht, heißt laut Grün: »Ich bin dankbar.« Wer dem anderen dessen Habe gönnt, wer in ihm nicht allein den Konkurrenten sieht, dessen Erfolg er beneidet, der ist dankbar für das, was er selbst hat, und sei dies nicht allzu viel. Der Abschied vom begehrlichen Blick auf das Eigentum des anderen macht innerlich reich, er öffnet die Augen für alles, was ist: für die Schöpfung. So wird ein Dankbarkeitsgefühl frei, das die ganze Existenz dessen durchtränkt, der sich ihm hingibt. Letztlich gibt er sich dabei dem Gott hin, der in diesem Gefühl der »schlechthinnigen Abhängigkeit« vom Unendlichen – der Theologe Friedrich Daniel Schleiermacher (1768 bis 1834) sieht darin das Ursprungsmotiv aller Religion – eine Lichtspur hinterlässt. Dankbarkeit ist eine freiwillige Form der Abhängigkeit, eine ungezwungene, begeisternde Fessel, die von dem

Zwang befreit, Besitztümer zu vergleichen und sich deshalb meist unterlegen oder gar minderwertig zu fühlen.

Das Habgierverbot ist das Gebot, sich dem beinahe kosmischen Gefühl anzuvertrauen, dass mir ja alles gehört: sofern ich es als Gottes Schöpfung sehe und bestaune.

Die sinnlichste Form altjüdischer Dankbarkeit ist das Brandopfer, auch »Heilsopfer« genannt, für das Tiere – Rinder, Schafe, Ziegen – geschlachtet, gebraten (»verbrannt«) und verzehrt werden; es hat sogar in eine Variante des Dekalogs Eingang gefunden, und zwar durch die samaritanische Kultgemeinde, die sich wohl im 5. Jahrhundert v. Chr. vom Jerusalemer Judentum getrennt hat, im ehemaligen Nordreich Israel angesiedelt war und den Dekalog durch einige Zusätze zu bereichern wusste. Unmittelbar nach dem Verbot des Begehrens (im neunten/zehnten Gebot, das hier zu einem neunten komprimiert ist) folgt in dieser Gemeinde als zehntes Gebot die gezielte Anweisung, auf einem Berg einen Altar aus »großen Steinen« zu bauen und auf ihm ein Brandopfer darzubringen: ein »Dankopfer«. »Und du sollst dort essen, und sollst fröhlich sein vor Jahwe, deinem Gott auf dem Berg.«

Eigentlich ist es bedauerlich, dass dieser Schlussakt nicht in den gültigen Kanon des Dekalogs aufgenommen wurde. Schöner als die doppelte, gewiss notwendige Vorschrift, Weib und Haus des Nächsten nicht zu begehren, wäre zum Finale ein Gebot, das zu einem festlichen, fröhlichen Mahl auf der Höhe und zu Ehren des Allerhöchsten aufruft, allemal.

Was in den Zehn Geboten fehlt:
Das moralische Maß der Natur

Dies vor allem vermissen wir an der Erhabenheit des Dekalogs: Lebensfreude, sozusagen das Samaritanische (siehe oben). »Wie herrlich leuchtet/Mir die Natur!/Wie glänzt die Sonne!/Wie lacht die Flur!... Und Freud und Wonne/Aus jeder Brust./ O Erd', o Sonne,/O Glück, o Lust/O Lieb', o Liebe, / So golden schön/Wie Morgenwolken/Auf jenen Höhn, /Du segnest herrlich/Das frische Feld, /Im Blütendampfe/Die volle Welt!« – Johann Wolfgang Goethes »Maifest« aus dem Jahr 1771 zupft eine Harfe, die im 7. Jahrhundert v. Chr. nicht einmal zu ahnen war.

Im 1. Jahrhundert v. Chr. kann der römische Dichter Vergil in einer seiner »Eklogen« immerhin schon schwärmen: *Nobis placeant ante omnia silvae* – »Vor allem anderen können uns die Wälder erfreuen«. Vergil ist der Erfinder eines natürlichen Sehnsuchtsglücks namens »Arkadien«, jener fernen Ideallandschaft mit singenden Hirten, Nymphen und mit Tieren, die so empfindsam sind, dass sie hungern und stöhnen, nachdem ihr Hirte Daphnis verstorben ist.

Nichts davon im Alten Testament! Obwohl das bunte Bild vom »Garten in Eden«, den Gott im Schöpfungsbericht (1. Buch Mose, 1,24ff.) pflanzt, geradezu arkadische Züge trägt: »Und Gott sprach: Die Erde bringe hervor lebendiges Getier, ein jedes nach seiner Art: Vieh, Gewürm und Tiere des Feldes, ein jedes nach seiner Art. Und es geschah so. Und Gott machte die Tiere des Feldes, ein jedes nach seiner Art, und das Vieh nach seiner Art und alles Gewürm des Erdbodens nach seiner Art. Und Gott sah, dass es gut war. Und Gott sprach:

Lasset uns Menschen machen, ein Bild, das uns gleich sei, die da herrschen über die Fische im Meer und über die Vögel unter dem Himmel und über das Vieh und über alle Tiere des Feldes und über alles Gewürm, das auf Erden kriecht ... Und Gott der Herr pflanzte einen Garten in Eden gegen Osten hin und setzte den Menschen hinein, den er gemacht hatte. Und Gott der Herr ließ aufwachsen aus der Erde allerlei Bäume, verlockend anzusehen und gut zu essen ... Und es ging aus von Eden ein Strom, den Garten zu bewässern.«

Im Schöpfungsbericht werden Natur und Mensch in einer harmonischen Symbiose imaginiert – allerdings ist Natur hier nicht, wie in Vergils Arkadien, die idyllische, agrarwirtschaftlich noch unberührte Kulisse verliebter Hirten und Nymphen, sondern das wimmelnde, »verlockend« anzusehende Geschenk des Schöpfers, das er seinem stolzesten Geschöpf, dem Menschen, anvertraut, auf dass dieser es »beherrschen« und »bewahren« möge, nicht zuletzt, weil es ihn ernährt. Im Übrigen wird Natur fast vollständig auf ihren elementarsten Aspekt reduziert: »Und Gott segnete Noah und seine Söhne und sprach: Seid fruchtbar und mehret euch und füllet die Erde« (1. Buch Mose, 9,1). All diese Völkertafeln und Geschlechtsregister, diese imposanten Ahnenreihen, mit denen sich das antike Israel seiner genealogischen Identität vergewissert, haben ihre eigene Sinnlichkeit. Und wenn Noah trunken vom Wein und nackt im Zelt liegt, wenn Lots Töchter die Trunkenheit des Vaters nutzen, um von ihm schwanger zu werden, ohne dass er dies merkt, oder wenn Abraham (da heißt er noch Abram) zu seiner Frau Sarai sagt: »Ich weiß, dass du ein schönes Weib bist«, dann ahnt man sogar in diesem recht düsteren Kontext von Verwünschungen, Konflikten, Bedrohungen, Flüchen und aggressiver Sprachverwirrung (Babel) eine urtümliche Lebenslust.

Angesichts der fordernden Strenge im größten Teil des Alten Testaments wirkt die Sinnlichkeit, die aus dem »Hohelied Salomos« duftet wie ein betörendes orientalisches Ölgemisch, geradezu schockierend: »Siehe meine Freundin, du bist schön! Deine Augen sind wie Taubenaugen hinter deinem Schleier. Dein Haar ist wie eine Herde Ziegen, die herabsteigen vom Gebirge Gilead... Dein Mund ist lieblich... Dein Hals ist wie der Turm Davids, mit Brustwehr gebaut... Deine beiden Brüste sind wie junge Zwillinge von Gazellen, die unter den Lilien weiden.« Aber wo stehen die wunderbaren Liebeslieder? Zwischen dem Lamento des Predigers Salomo (»Es ist alles ganz eitel«, »nichts Neues unter der Sonne«) einerseits und der Anklage des Propheten Jesaja »Wehe dem sündigen Volk« andererseits. Das Hohelied ist eine kostbare Insel der Lebenslust in einem schwarzen Meer von diversen Bedrohungen und Bedrückungen.

Psalm 45, das »Lied der Hochzeit des Königs«, fängt den zerfließenden Liebesrausch dieses Inseltextes wieder ein. Hier wird zwar auch die schöne Königstochter mit Perlen und goldenen Gewändern geschmückt, doch klar ist vor allem dies: Der König »ist dein Herr«, und »An deiner Väter Statt werden deine Söhne sein... von Kind zu Kindeskind«. Das wichtigste Muster alttestamentarischer Sinnlichkeit und Lebensfreude ist und bleibt die Erhaltung und Vergrößerung der eigenen Sippe durch Väter, die märchenhaft alt werden und dabei zeugungsfähig bleiben: »Und Adam war 130 Jahre alt und zeugte einen Sohn, ihm gleich und nach seinem Bilde. Und nannte ihn Set; und lebte danach 800 Jahre und zeugte Söhne und Töchter, dass sein ganzes Alter war 930 Jahre, und starb« (1. Buch Mose, 5,3). Der pragmatische Gesichtspunkt, der Familie Kinder und Ehre zu verschaffen, überlagert selbst das anfängliche Bild vom Garten in Eden so stark, dass dessen Schönheit darunter beinahe verschwindet.

Der Pragmatismus des Überlebens prägt auch die an Tieren nicht arme Erzählung von der Sintflut (1. Buch Mose, 6,9ff.). Noah versammelt »alles wilde Getier nach seiner Art, alles Gewürm, das auf Erden kriecht, nach seiner Art, alles, was fliegen konnte, alles, was Fittiche hatte« in seiner hölzernen

Arche, jeweils »Männchen« und »Weibchen«, die sich fort-pflanzen können; all dies, »um das Leben zu erhalten auf dem ganzen Erdboden«, wobei immer wieder betont wird, dass es sich um essbares »Fleisch« handelt und dass die Tiere Noah und den Seinen »zur Nahrung« dienen. Von einem Natur-bild, dessen anschauliche Vielfalt und Lebendigkeit als solche gewürdigt werden, sind diese Passagen noch weit entfernt. Bemerkenswert ist allerdings, dass im Sabbatgebot auch das »Vieh« am siebten Tag ruhen soll; überhaupt wird bei der Charakterisierung des Hauswesens – etwa auch im zehn-ten Gebot und bei der Aufzählung der diversen Strafen für Diebstahl – fast nie das »Vieh« vergessen, ob »Rind«, »Esel«, »Ziege« oder »Schaf«.

Die Tiere sind nützlich für die Ernährung, sie werden gehütet, weil man sie braucht und weil Gott sie dem Men-schen, auch zur Namensgebung, anvertraut hat; sie werden geschätzt und geschont – berühmt ist das Verbot, dem dre-schenden Ochsen das Maul zuzubinden – als Teil des stol-zen Haus- und Hofbesitzes, bleiben aber letztlich in dieser funktionalen Zuordnung stecken. Mitspieler einer befreiten Lebensfreude in schöner Natur sind sie noch nicht. So gibt es denn auch im Dekalog kein Gebot oder Verbot, das ausdrück-lich dem tierischen Mitgeschöpf bestimmte Rechte zuspricht – außer dem, dass es am siebten Tag ausruhen (damit es danach wieder Kraft hat, nützlich zu sein) und dem Besitzer nicht willkürlich gestohlen werden darf.

Wenn ein Rind einen Menschen umstößt, sodass dieser stirbt, »muss man das Rind steinigen«, soll aber sein Fleisch nicht essen – obwohl dem Tier bei dieser mosaischen Vor-schrift eine gewisse Verantwortungsfähigkeit für sein Tun unterstellt wird, weil man es ja straft, liegt die Herkunft der Regel wohl eher im Bereich von Fluch, Befleckung, »Unrein-heit«: im Bereich animistischer Magie.

Im Buddhismus, teilweise auch in der altiranischen Zoro-aster-Religion, vor allem aber in der altgriechischen Religion –

hier stellt der oberste Gott, Zeus, in Stiergestalt der schönen Europa nach – werden die Tiere mehr als solche und nicht nur als Nutztiere geschätzt.

Unter den Sprüchen Salomos, die im Stil einer Litanei »Gerechte« und »Gottlose« gegenüberstellen, ist einer, der, was das Thema Tiere betrifft, aus dem herben Rahmen des Alten Testaments herausfällt: »Der Gerechte erbarmt sich seines Viehs; aber das Herz der Gottlosen ist unbarmherzig« – die »Einheitsbibel« ernüchtert uns mit der Übersetzung: »Der Gerechte weiß, was sein Vieh braucht; doch das Herz der Frevler ist hart.« Wer Sinn für Sprache, Rhythmus und Theologie hat, wird bei Luthers Übersetzung bleiben. Die Barmherzigkeit, die Luther hier einführt, ist neben der Gerechtigkeit eine christliche Kerntugend. Für Thomas von Aquin macht keine andere Tugend den Menschen so gottähnlich wie die Barmherzigkeit. Wenn die Beziehung zum »Vieh« derartig die Vernachlässigung oder Beherzigung dieser Tugend exemplifizieren darf, so verdient sie allein schon aus moralischen Gründen höchste Aufmerksamkeit.

Aus dem Salomo-Spruch lässt sich immerhin folgern: Wer sein Vieh misshandelt, ist gottlos. Warum? Weil er Gottes Geschöpfe missachtet. In der Genesis (1. Buch Mose, 9,12) wird die geschöpfliche Würde des Tiers nicht nur damit begründet, dass Gott den fünften Schöpfungstag für die Tiere reserviert, dass er »alle Arten« der Tiere liebevoll erschafft, anschaut, »gut« findet und dann segnet. Dieses Buch schließt die Tiere auch in den »ewigen Bund« ein: »Darum soll mein Bogen (der Regenbogen) in den Wolken sein, dass ich ihn ansehe und gedenke an den ewigen Bund zwischen Gott und allem lebenden (lebendigen) Getier unter allem Fleisch, das auf Erden ist.« Kein Zweifel: Das Urbuch der Juden und Christen billigt den Tieren im »ganzen Gefüge« (1. Buch Mose, 2,1) der Schöpfung eine hervorgehobene Rolle zu. Für Nebensachen braucht Gott keinen ganzen Schöpfungstag. Und es war schließlich auch ein Tier, das Adam und Eva aus dem Paradies trieb – und damit zu geschichtlichen Wesen machte: die Schlange.

Dass der Mensch über die Tiere »herrschen«, dass er sie sich »untertan« machen darf, ist wohl kaum eine Aufforderung Gottes an ihn, die Tiere – etwa in der sogenannten Legehennenhaltung oder in der industriell betriebenen Kälbermast auf engstem Raum (Rinder sind Lauftiere) – zu misshandeln. Der Evangelist Markus lässt Jesus zu seinen Jüngern sagen: »Gehet hin in alle Welt und predigt das Evangelium aller Kreatur.« Also auch den Tieren! Franz von Assisi (1182 bis 1226) spricht denn auch nicht nur vom Bruder Esel und vom Bruder Vogel. Er predigt dem Vogel das Evangelium. Und Antonius von Padua predigt den Fischen. Diese Übersteigerung des animalischen Mitgeschöpfs zum beinahe menschlichen Wesen, das es trotz seiner Stummheit beziehungsweise der Unverständlichkeit seiner »Sprache« zu bekehren gilt, ist jedenfalls nicht unbedingt lächerlich. Das belegen Theologen wie Martin Buber (1878 bis 1965) und Karl Barth (1886 bis 1968). Buber spekuliert eindrucksvoll über eine »potentielle Partnerschaft« des Menschen mit dem Tier, die sogar das »Du-Sagen« erlaubt: »Tiere wissen ja nicht selten, wie Kinder, eine geheuchelte Zärtlichkeit zu durchschauen.«

Der evangelische Theologe Karl Barth hat, in seiner *Kirchlichen Dogmatik* (1957), über die unsichtbaren Gründe der tierischen »Ehre« geschrieben: »Ihre Ehre ist die Verborgenheit ihres Seins mit Gott nicht weniger, als unsere Ehre dessen Offenbarsein ist.« Wenn die Tiere ein uns unbekanntes »Sein mit Gott« haben, dann darf man daraus eine gewisse Unantastbarkeit des Tieres ableiten, die uns einen elementaren Respekt vor dem Anderssein der Tiere abverlangt. Wer den Tieren predigt, nimmt diesen Respekt besonders ernst und ist keineswegs ein Narr.

Der Denkschritt vom »Mitgeschöpf« Tier – seit 1986 ist dieser Begriff auch im deutschen Tierschutzgesetz verankert – zum Mysterium Tier, dessen Würde in einer eigenen Verbindung der mit einer differenzierteren Wahrnehmungsfähigkeit gesegneten Tierarten zum Schöpfergott gründet, nähert sich jener poetisch-hymnischen Weltdeutung, wie sie in einigen Gedichten von Rainer Maria Rilke fassbar wird. Etwa in Rilkes Bild vom verstehend ratlosen Hund, der »fast mit einem Flehen« sein Gesicht in die Menschenwelt hält – »und doch verzichtend, denn er wäre nicht«. Rilkes berühmtes Panther-Gedicht spekuliert in der Schluss-Strophe über eine eigene Teilhabe der Tierseele am Weltganzen: »Nur manchmal schiebt der Vorhang der Pupille / Sich lautlos auf. – Dann geht ein Bild hinein, / Geht durch der Glieder angespannte Stille – / Und hört im Herzen auf zu sein.« Hier flackert eine Vorform von Geist, von »Sein mit Gott«, auf. Erst dieser potentiell weite Horizont der Welt-Teilhabe rechtfertigt den klagenden Gedichtanfang: »Ihm ist, als ob es tausend Stäbe gäbe / Und hinter tausend Stäben keine Welt.« Der Panther hat für Rilke eine uns Menschen ferne, eigene »Mitte«, mit einem Bild der Schöpfung im Herzen, das fast im selben Augenblick, in dem es in ihm aufleuchtet, von ihm vergessen wird. Diese Möglichkeit eines mystischen All-Bezugs im Tier ist Grund genug, dieses Mitgeschöpf zu achten, so wild es uns auch erscheinen mag.

Zur menschlichen Lebenslust, die zwar teilweise im Alten Testament, aber kaum in den Zehn Geboten Spuren hinterlässt, gehört die Freude am Bild des Tieres, so wie sie in aller nur möglichen Farbenpracht von dem expressionistischen Maler Franz Marc verewigt wurde. Hellmut von Cubes *Tierskizzenbüchlein* (1935) bewahrt so ein Bild, das ein Rind feiert (wie Marc dies gleichfalls getan hat): »Wie die Vögel aus Bewegung, so bestehen die Kühe aus Ruhe. Alles an ihnen ist ruhig: die großen, sparsamen Linien, die behäbigen Flächen und Wölbungen, das Weiden Schritt für Schritt, die Köpfe, wenn sie nach hinten staunen, selbst der Schwanzschlag, mit dem sie die Bremsen scheuchen. Den Kühen ist die Ruhe nicht ein Zustand wie den lauernden Katzen, sondern eigenste Natur. Die ganze Ruhe der Kühe aber sammelt sich im Blick der runden, dunklen Augen. Sie führen, wie die dunkelnde Windung in eine groß geahnte Grotte, hinein in die tiefe, unaussprechliche Ruhe der Erde. Es ist, als sei es das Auge der friedlichen Wiesen, der Äcker ...«

Cube malt hier das Bild einer Welt, die zur zweckfreien Betrachtung einlädt – statt zur Horrorszene des ruhelosen Fortschreitens, des industrialisierten, konkurrenzgetriebenen Produzierens, Mästens, Schlachtens und Verwertens. Die Friedlichkeit, das sozusagen gesättigte Sein des in sich ruhenden Tiers in der Landschaft, gehört zum Urbild der vorindustriellen Harmonie zwischen Mensch und Welt, menschlicher Seele und Schöpfungsmaterie.

Dieses Urbild beflügelt eine Idee von Moralität, die heute besonders akut zu sein scheint, aus dem Dekalog aber nur indirekt abzuleiten ist: die Idee, der Mensch solle über die Beherrschung und Ausbeutung der natürlichen Ressourcen hinaus versuchen, mehr Verantwortung für die Erhaltung des »Raumschiffs Erde« zu übernehmen, mit dieser Erde schonender umzugehen, auf ihr, wie der Philosoph Martin Heidegger (1889 bis 1976) mit dem Dichter Friedrich Hölderlin formuliert hat, »dichterisch wohnen« zu wollen. Nach dem Motto: nicht immer gleich verwerten und ausbeuten und umsteuern, sondern erst einmal betrachten, staunen, vielleicht sogar lieben – ohne den ständigen Seitenblick auf mögliche Nutzungen im Dienst einer notleidenden, oft aber auch bloß gierigen Menschheit.

Der Philosoph Werner Marx (1910 bis 1994), Heidegger-Schüler und sein Nachfolger auf dessen Freiburger Lehrstuhl, hat in dieser Richtung nach einer Ethikbegründung gesucht, die dem allein auf effektive Naturbeherrschung und Naturausbeutung setzenden Weltverhältnis der technischen Moderne ein eher ganzheitliches, weniger mechanistisches, enthusiastisch ökologisches Denken und Fühlen entgegensetzt. In seinem Buch *Gibt es auf Erden ein Maß?* (1983) schreibt er: »Auch in unserer Zeit gelten die ›Himmlischen‹ noch als das Maß für den im Ebenbild Gottes geschaffenen gläubigen Menschen. Aber in der weitgehend säkularisierten und pluralistischen Welt empfinden viele schmerzlich und beunruhigt nur noch den Entzug des Maßes, das Orientierung für verantwortliches Handeln gewähren könnte, ja zunehmend mehr wird der Entzug, wird das Fehlen eines Maßes überhaupt nicht mehr bemerkt. Dies geschieht in einer Zeit, in der die moderne Technik den Menschen vor immer neue ›moralische‹ Fragen stellt, in der ihre Errungenschaften das angreifen, was bisher als die ihm vorgegebene ›Natur‹ galt, und ihm die unheimliche Macht verleihen, sich als Gattung – sowie die ihn umgebende Natur – irreversibel zu beschädigen und sogar zu vernichten.«

Marx betont die Bedrohung durch ein dreifaches schwarzes Finale: Zerstörung des individuellen Lebens durch den Tod, Zerstörung der Natur durch Umwelt-Vandalismus und unverantwortliche Ausbeutung ihrer Bestände, Zerstörung der Menschheit durch den Atomkrieg. Vor dieser düsteren Kulisse entwirft er dann eine Nächsten-Ethik des umfassenden »Mitleidenkönnens«.

Sein Lehrer Heidegger hatte zwar keine explizite Ethik ausgearbeitet, aber Marx, der diese nun gleichsam nachlieferte, konnte auf dessen ausführliche, radikale Kritik am technischen Zeitalter zurückgreifen. Dieses Zeitalter hat laut Heidegger den Menschen zum »technisierten Tier« degradiert, das Natur und Geschichte bloß noch berechnend »meistert« und »stellt«, statt im Seienden zunächst einmal die unverfügbare »Lichtung des Seins« zu sehen und von dort her eine umfassende Wahrheit zu suchen. Diese Wahrheit kann nur gefunden werden in einer anfänglichen, vortechnischen, fast poetischen Erfahrensweise, die sich am epochalen Widerstreit von »planetarischer« Planungswut und vorindustrieller »Gelassenheit« orientiert. Die Gegner dieses Widerstreits nennt Heidegger »Gestell« und »Geviert« (u. a. in: *Die Frage nach der Technik,* 1953). Mit Gestell ist die moderne Technik einschließlich der Computerwelt (in ihrer Frühform) gemeint, das Geviert wird – bewusst vormodern – als spielerisches Gegeneinander von »Himmel und Erde, Sterblichen und Göttlichen« charakterisiert. Damit will Heidegger den alten Begriffen von Geist und Natur, Vergänglichkeit und Ewigkeit ihre längst verschüttete, zum Staunen kurzgeschlossene Ursprünglichkeit zurückgewinnen – zum staunenden Blick auf »die Erde als das Tragende, das Blühende und Fruchtbare, Gestein und Gewässer, Gewächs und Getier«; auf den Himmel als »Sonnengang und Mondlauf, Tageslicht und nächtliche Dunkelheit, Wetter und Wolkenzug«; auf die »Göttlichen« als »Boten der Gottheit« (»heilige Taten«); und schließlich auf die Menschen selbst, die ekstatisch »herausstehen« in die Frage nach dem Sein und die »den Tod als Tod vermögen«, reflektieren und gestalten (wie Manfred Geier diese Gedanken in der Biografie *Martin Heidegger*, 2005, zusammenfasst).

Es geht Heidegger darum, künftig »das Geviert zu schonen, die Erde zu retten, den Himmel zu empfangen, die Göttlichen zu erwarten, die Sterblichen zu geleiten«. Werner Marx übernimmt von diesem Konzept die Absage an den »Imperialismus« (Heidegger) des Machens und Berechnens sowie den Ansatz, aus der Todeserfahrung heraus eine solidarische Menschenliebe zu entwickeln, eine Liebe, deren Schattierungen zwischen Mitgefühl und Trauer die Einzigartigkeit des Menschen im Kosmos abgrenzen gegen die Alleinherrschaft technischer Triumphgebärden. Das vorweggenommene Ende des individuellen Lebens, dramatisiert durch das wahrscheinlicher gewordene baldige Ende der Welt, ist jener gemeinsame Horizont, der auch die vielen in der gegenwärtigen »Vielheit der Welten« auf ein gemeinsames Maß des Handelns verpflichten kann, auf ein »Mitleidenkönnen«, das in allen möglichen Sinnbezügen »bestimmend« Maß zu geben vermag, ohne den Pluralismus der Weltdeutungen gewaltsam aufzuheben. Letzten Endes schöpft der Mensch, so Marx, aus diesem Horizont der individuell-kollektiven Todesdrohung das Motiv dafür, »das Gute dem Bösen vorzuziehen«.

Das schwer objektivierbare, gleichwohl – ohne Ableitung aus einem Vernunftgesetz – strikt gebietende Maß menschlichen Verhaltens, das hieraus gewonnen wird, umfasst das »Heilende« in den Formen der Liebe, des Mitleids und der mitmenschlichen Anerkennung. Es stimmt ja: Das »stündliche Sterben«, sofern es nicht durch lärmende Moden aller Art verdeckt, sondern gründlich, das heißt: auch als mögliches Schicksal von Erde und Menschheit bedacht wird, verwandelt den Einzelnen in seinem Verhältnis zu sich selbst wie zu den Mitmenschen und zu den Lebensbedingungen überhaupt. Es macht uns passiver, nachdenklicher, melancholischer, liebevoller gegenüber allem, was (noch) da ist. Wenn die Zeichen der Zeit nicht trügen, erklärt dies die Intensität, mit der in unseren Tagen das Engagement für Klima- und Umweltschutz, die verstärkte Solidarität mit den Katastrophenopfern weltweit sowie ein neues Interesse für moralische Grundfragen zu einem neuen Ton der Ernsthaftigkeit zusammenklingen. Sowohl beim Monsterwellen-Tsunami 2004 in Thailand wie auch beim Jahrhundert-Erdbeben in Haiti 2010 waren die Deutschen die eifrigsten Spender der Welt. Ja: Spaßgesellschaft war gestern, zumindest hierzulande.

Das »Mitleidenkönnen«, wie Marx es versteht, meint mehr als jene Kalkulation auf die Wechselseitigkeit des Helfens in der Not, die zum Bestandteil einer pragmatischen Alltagsmoral gehört. Es zielt auf eine elementare »Gestimmtheit«, eine hellsichtige, fast spontane Emotion, auf ein denkendes Lebensgefühl. Dass solche »Empirie« eine kategorische, verbindliche moralische Forderung tragen könne, hätte Immanuel Kant geleugnet. Erfahrungen können unterschiedlich ausfallen, also keine für alle Erfahrungen aller Subjekte geltenden Vernunftgesetze begründen – so argumentiert Kant. Die Verallgemeinerungsfähigkeit des moralischen Prinzips (»Maxime«), nach dem ich handle, ist für Kant das entscheidende Kriterium seiner Qualität: »Handle nach der Maxime, die sich selbst zugleich zum allgemeinen Gesetz machen kann«, heißt es in seiner *Grundlegung zur Metaphysik der Sitten* (1785). So aus freiem Entschluss zu handeln, begründet die »Würde« eines Menschen und seiner »praktischen Vernunft«. Eine »Gestimmtheit« als Moralbegründung akzeptiert Kant also nicht. Immerhin hat auch er die moralische Grundfrage nach Gut und Böse mit dem Todesthema verknüpft. Für ihn ist die Unsterblichkeit der Seele ein die Sittlichkeit erst ermöglichendes »Postulat«, eine notwendige Forderung der »reinen praktischen Vernunft«. »Rein« meint hier erfahrungsunabhängig. Heute können wir diese These so formulieren: Wahre moralische Tapferkeit, wie sie etwa die 1943 hingerichteten Geschwister Hans und Sophie Scholl gegen die Nationalsozialisten gezeigt haben, ist entweder töricht, weil tödlich – oder eine heroische Leistung, die allenfalls mit ein wenig Ruhm, aber letztlich nur im Jenseits abgegolten werden kann.

Die neue Mitleidsmoral, die Werner Marx verficht, ist eine den Lebensvollzug im Ganzen betreffende »Solidarität aus dem Tod«. Diese Solidarität bezieht nicht nur alle Menschen ein, ist also absolut global orientiert; sie betont auch die kollektive Mitverantwortung für das gefährdete Lebensganze. Sie versteht die Nächstenliebe als Liebe zu den Entferntesten; und schont darum nicht bloß den Wald um die Ecke, sondern die Wälder dieser Erde – zum Beispiel. Das ist eine Dimension der Moral, die der Alten Welt und dem Alten Testament noch fremd war.

Der Architekt Hans Schwippert (1899 bis 1973), der das erste Domizil des bundesdeutschen Parlaments in Bonn entworfen hat, war ein Pionier dieses Denkens, das Hölderlins Wort vom »dichterischen Wohnen« ernst nimmt. Schwippert hat einmal einen Nachruf auf ein Stück Wald verfasst, das einem Neubau von ihm weichen musste: »Und fällt ein Baum, so bricht eine Welt zusammen, und es ist wie eine Verwüstung und ein Mord ... Hätten wir der Verwüstung nichts entgegenzusetzen nachher als ein gut organisiertes Wohnprogramm und reibungslose Abwicklung der Wohnfunktion, wie dürftig wenig wäre das ... Um diesen Preis allein darf ich die Ruhe der Erde stören, darf ich den Baum sterben lassen, dass er wiederkehre im Gebälk und an den Türen.«

Der Baumeister müsse, so Schwippert weiter, aus dem Waldwinkel eine »neue Geborgenheit« schaffen, erst dann sei dem »Ganzen« recht geschehen. Denken wir diesen Ansatz, auf den Spuren von Heidegger und Werner Marx, weiter, dann heißt das: Je natürlicher die Technik wird, desto mehr ist sie berechtigt, die Natur ganz in Anspruch zu nehmen. Solche Rücksicht auf die Erde als Ganze, aus der auch kommende Generationen noch schöpfen können sollten, ist das Maß, das wir, ein mögliches Ende dieser Erde vor Augen, beherzigen müssen. Aus dem »Mitleidenkönnen« mit unseren Nachkommen, die für unsere Versäumnisse ja büßen müssten, ergibt sich die tätige Sorge um eine behutsamere Technik. Sie sollte mit der Natur möglichst schonend umgehen, deren Bestände in der Verwandlung erhaltend. Das Maß des schonenden Wohnens und der sanften Naturlenkung ist nicht etwa irgendein Naturmythos, sondern der Mensch selbst: Es sind seine Enkel und Urenkel. Der Philosoph Ludwig Siep (Jahrgang 1942), ein Schüler von Werner Marx, hat in seinem grundlegenden Buch *Konkrete Ethik* (2004) diesen Ansatz radikalisiert. Unter dem Leitbegriff einer umfassenden »Güte dieser Welt« fordert Siep eine Ethik, welche die Rücksichtnahme auf die Nachkommen einordnet in einen darüber hinauswirkenden Respekt vor der »Mannigfaltigkeit« aller existierenden »Formen und Wesen«. Siep sieht in dieser Mannigfaltigkeit einen Selbstwert eigenen Rechts, der nicht allein dem Menschen dienlich ist.

Eine Moral, die vor diesem Horizont ihr Maß sucht, wird nicht ohne Momente des Verzichts und der Selbsteinschränkung auskommen. Die kontinuierliche Wohlstandssteigerung durch ein Wachstum, das immer mehr Energie verbraucht und so wie bisher die Umwelt belastet, ist ein unmoralisches Projekt – wenigstens im Licht jener ganzheitlichen Ethik, die Werner Marx, auf Heidegger aufbauend, und Marx-Schüler Ludwig Siep entwickelt haben. Deren Grund-»Gestimmtheit«, die Motive aus der literarischen Romantik enthält (Naturschwärmerei, Todesmystik), fehlt in der Vorstellungswelt des Alten Testaments und seiner Zehn Gebote. Elemente der von Marx entworfenen Ethik der liebenden, mitleidenden, den anderen Menschen anerkennenden Sorge um das Ganze des Lebens und der Natur sind allerdings im Alten Testament enthalten: Diese Ethik grundiert den wunderbaren Schöpfungsbericht (1. Buch Mose, 1–4) mit der Schilderung des Paradieses; die Erzählung davon, wie Noah vor der Sintflut die »reinen Tiere« einsammelt; die eindrucksvollen Naturbeobachtungen im Buch Hiob (38,1–39,30), in denen sogar Nilpferd und Krokodil beschrieben werden, obwohl diese Tiere in Palästina nicht vorkamen; schließlich das liebevolle Benennen der diversen Nachkommen und Geschlechterfolgen (nach dem Muster: »Und Hagar gebar Abram einen Sohn«). Von den Zehn Geboten enthalten das Sabbatgebot, das Tötungsverbot und das Habgierverbot Motive des schonenden Umgangs mit Menschen, Tieren und Dingen.

Das als Zusammenfassung der Zehn Gebote interpretierbare, in diesen selbst aber nicht ausdrücklich formulierte Gebot »Du sollst deinen Nächsten lieben wie dich selbst« (3. Buch Mose, 19,18) sowie die Anlässe der wiederholten Entgegensetzung des »Gerechten« und des »Gottlosen« lassen sich durchaus als Varianten dessen deuten, was Werner Marx unter »Mitleidenkönnen« versteht. Für den, der das erste Gebot »Ich bin der Herr, dein Gott« anerkennt, ergibt sich ein fundamentaler Respekt vor der Schöpfung – vor Menschen, Tieren und Pflanzen – allein schon aus dem Glauben, dass diese Schöpfung das Werk dieses Gottes ist. Gott verehren heißt darum zugleich: seine Schöpfung achten und hegen – was behutsame Eingriffe des Menschen, etwa bei der Züchtung besonders ergiebiger Getreidepflanzen, nicht ausschließt. Das christliche Glaubensbekenntnis, wie es Luther im »Kleinen Katechismus« formuliert hat, spricht diesen

Zusammenhang zwar in aller Schlichtheit, aber deutlich aus: »Ich glaube an Gott den Vater, den Allmächtigen, Schöpfer des Himmels und der Erden.« Dieser Glaube impliziert, wie Luther dann unter dem Rubrum »Was ist das?« erläutert, den lobenden Dank, das dankbare Lob für »alle Kreaturen«, für »Leib und Seele, Augen, Ohren und alle Glieder... Haus und Hof, Weib und Kind, Acker, Vieh und alle Güter«. Das sei »gewisslich wahr«.

Den Nächsten »lieben« wie sich selbst, nicht töten, die Eltern ehren, nicht stehlen, nicht lügen, weder des Nachbarn Familie noch Hab und Gut zerstören, mit der Schöpfung im Ganzen achtsam umgehen, darum auch allen Geschöpfen mindestens einen Ruhetag in der Woche zubilligen – das sind gewiss alles Gebote, die eine praktische Vernunft im Sinne Kants als verallgemeinerungsfähige »Maximen« des Handelns anerkennen dürfte. In der identifikatorischen Ausweitung der Selbstliebe zur Nächstenliebe ist das kantische Prinzip der Übertragbarkeit meiner Handlungsleitlinie auf die Allgemeinheit klar enthalten, wenn es auch durch den Begriff der »Liebe« (gemeint als Respekt, Anerkennung, Fairness) eingeschränkt erscheint; aber zumindest die dezidiert sozialen Gebote aus den »Zehn Worten« lassen sich – so hielt es auch Paulus – als Ausfaltung dessen deuten, was Nächstenliebe implizit heißt. Zum Beispiel: Wer die Eltern ehrt, tut etwas, das er auch sich selbst, in der Rolle von Vater oder Mutter, gönnen würde. Wer nicht stiehlt, erhebt zur generellen Regel, wodurch er selbst nicht belästigt werden möchte, eben dies gilt auch für den Einbruch in die Familie des Nächsten, für das Belogen- oder Verleumdet-Werden und für den Schutz des Lebens.

Ob sich die sozialen Gebote auch aus der vernünftigen Autonomie eines freien, selbstbestimmten Subjekts, unabhängig von jedem religiösen Vorlauf, ableiten lassen, ist eine andere Frage. Sie lassen sich wohl nur als unentbehrliche Ingredienzien menschlicher Würde und gesitteten Miteinanders ableiten, nachdem sie erst einmal vorgelegen haben und vorformuliert wurden – durch das Glaubensbuch des Alten Testaments oder uralte Verhaltensregeln anderer Kulturen.

Im 17. Jahrhundert nannten anglikanische Christen das Gebot der Nächstenliebe »Die Goldene Regel« (*golden rule*). Für die Wechselseitigkeit sozialen Wohlverhaltens gibt es auch nach dem Alten Testament etliche Spruchvarianten. Im Neuen Testament (Matthäus, 7,12) heißt es: »Alles nun, was ihr wollt, dass euch die Leute tun sollen, das tut ihnen auch! Denn das ist das ganze Gesetz.« Ein Abglanz davon ist das römisch-pragmatische Motto *do ut des* (»ich gebe, damit du geben mögest«); oder der deutsche gereimte Spruch »Was du nicht willst, das man dir tu, das füg auch keinem andern zu«. Die Gegenseitigkeitsregel basiert nicht nur auf dem Nutzen des materiellen Interessenausgleichs (*do ut des*), sie setzt die »Einsicht in die gegenseitige Abhängigkeit eines Gleich um Gleich« voraus, »das zu respektieren und im Sinne der Selbstachtung auch im anderen anzuerkennen ist« (Hermann Deuser). Diese Regel galt, mehr oder weniger befehlsartig formuliert, etwa seit dem 7. Jahrhundert v. Chr. als wichtig, zumindest als nützlich – in diversen kultischen und religiösen Vorschriftsregistern der Weltkulturen zwischen Alt-Indien, Alt-China, Altägypten und Alt-Griechenland.

Unserer These, dass dieser auch außerhalb der Bibel vorhandene Geist der Zehn Gebote keine reine Kopfgeburt sozial erfolgreich angepasster Individuen ist, sondern primär religiös vorgegeben war und dann nachträglich säkularisiert wurde, widersprechen etliche Evolutionsbiologen und andere Ethik-Forscher (siehe Seite 241 ff.).

Was ihre Magie ausmacht:
Zahlenzauber

Magie ist eine Kunst der Beeinflussung, die irgendwo zwischen gutwilliger Zauberei und bösem Blendwerk, auf jeden Fall aber jenseits rationaler Überlegung wirkt. Der Titel »Die Zehn Gebote« hat viel von klassischer Zahlenmagie. Auch darin wurzelt der so viele Jahrhunderte über andauernde publizistische und religiöse Erfolg dieses Titels – ein echter Jahrtausend-Bestseller. Was aber hat es auf sich mit der Zahl Zehn?

Sie ist einprägsam, auch für Analphabeten, wozu im Altertum die überwältigende Mehrheit der Menschen gehört; sie ist leicht zu merken und mit anschaulichen Inhalten zu verbinden, weil der Mensch zehn Finger (mit deren Hilfe er Inhaltspunkte abzählen kann) und zehn Zehen hat. Die ursprüngliche Bedeutung des althochdeutschen Worts *zehan* wie des lateinischen *decem* meint »zwei Hände«. Der altgriechische Philosoph Aristoteles kennt als wichtigstes Ordnungsprinzip der Aussagen über das Seiende zehn »Kategorien«: Substanz (*hypokeimenon*), Qualität, Quantität, Relation, Ort, Zeit, Zustand, Haben, Tun, Leiden; das sind die Grundbegriffe, die den wichtigsten Fragen nach einer Wirklichkeit die Richtung geben: Was? Wie beschaffen? Wie viel und wie groß? In welcher Beziehung zu anderen? Wo? Wann?...

Die Pythagoreer, deren wichtigster Grundsatz »Alles ist Zahl« gewesen ist, halten die Zahl Zehn für eine ideale, vollkommene Zahl, so grundlegend für die Weltordnung wie für das Dezimalsystem, das die Griechen von den Ägyptern gelernt haben. Die magische »Vierheit« (*tetraktys*) besteht aus den

Zahlen 1, 2, 3 und 4 – addiert ist das eine Zehn. Die Kabbala ist ein mystischer Seitenweg der jüdischen Religion aus dem 13. Jahrhundert n. Chr., dessen hebräisches Hauptwerk den schönen Titel »Lichtglanz« (*Sohar*) trägt. Zu den Eckpfeilern der kabbalistischen Lehre gehört die Überzeugung, es gebe vier Welten, doch vor allem: zehn Sphären, in denen sich die göttliche Energie stufenweise entfaltet.

Die Zahl Zehn enthält die Gesamtheit der Zahlen: Wir zählen von eins bis zehn und beginnen wieder mit der Eins – 11. Weil sie in zwei gleichwertige Hälften teilbar ist, symbolisiert die Zahl Zehn im Altertum auch die Symmetrie des Universums.

Auch wenn der Dekalog als Kernstück der Tora gilt und es im 3. Buch Mose (27,30) heißt, der »Zehnte« von jeder Ernte »gehört dem Herrn«, findet das antike Judentum die Zehn Gebote nicht wichtiger als die ganze Tora mit ihren 613 Geboten und Verboten. Genauer gesagt sind es 248 Gebote, entsprechend der Summe der Körperglieder, und 365 Verbote, in Übereinstimmung mit den Tagen des Sonnenjahrs. Doch indirekt zeigt sich der Respekt vor der Zehn-Zahl auch hier: In den 613 hebräischen Buchstaben der Zehn Gebote sind nach alter Rabbiner-Lehre die 613 Lebensvorschriften der Tora symbolisch enthalten. Und was ist die Quersumme von 613? Zehn. Schließlich enthält der Schöpfungsbericht im 1. Buch Mose (1-31) genau zehn Mal den Schlüsselsatz »Und Gott sprach«.

Die Zehn ist das Merkmuster, der Ordnungsschlager schlechthin: Troja wird von den Griechen zehn Jahre lang belagert. Mose weilt zehn Jahre in der Fremde, bevor er die Seinen nach Palästina führt. Den Ägyptern schickt sein Schutzgott Jahwe zehn Plagen. Augustinus hat sich die Zehn-Zahl der Gebote symbolisch so erklärt: Die ersten drei Gebote der ersten Gesetzestafel (hier ist der Prolog »Ich bin Jahwe, dein Gott« das erste Gebot) entsprechen der Trinität, die Siebenzahl der übrigen Gebote, die sich ja auf die Welt beziehen, entspricht den sieben Schöpfungstagen, deren Abbild wiederum die sieben Wochentage sind.

Auch die weltliche Literatur hat immer wieder die einprägsame Zehn-Zahl als Ordnungsprinzip genutzt. Berühmt ist die Sammlung von »zehn« Novellen im *Il Decamerone* des Florentiners Giovanni Boccaccio (1313 bis 1375). Das erotisch recht offenherzige Buch fängt so an: »Es beginnt das Buch Dekameron ... mit seinen hundert Geschichten, die in zehn Tagen von sieben Damen und drei jungen Männern erzählt werden.« Die dritte Geschichte handelt vom Sultan Saladin, der einen weisen Juden fragt, welche der drei Lehren er für die wahre halte: »die jüdische, die sarazenische oder die christliche«. Der Jude erzählt eine Ringparabel, welche die Antwort letztlich offen lässt: Ein Herrscher vermag es nicht, unter seinen drei Söhnen den Lieblingssohn, dem allein der Herrscherring als Erbe zusteht, auszuwählen, weil er alle drei gleich liebt; darum lässt er noch zwei Duplikate des Originalrings für die beiden anderen Söhne anfertigen. Welches der wahre Ring ist, bleibt ein Geheimnis. Dieser Herrscher personifiziert die religiöse Toleranz. Gotthold Ephraim Lessings Toleranz-Drama *Nathan der Weise* (1779) hat dieses Motiv aufgegriffen.

Bis heute behauptet die magische Zehn ihre Strahlkraft selbst in den Niederungen plakativer journalistischer Überschriften und Werbebotschaften. Diät-Anbieter plakatieren im Internet »Die zehn größten Fehler beim Abnehmen«; unter den Online-Tipps einer Zeitschrift zu Weihnachten gibt es »Die zehn besten Geschenke für Autofahrer«, darunter die »Yoko Ono Sonnenbrille im Porsche-Design«; ein Wissenschaftsreport erklärt »Die Top 10 der gefährlichsten Kometen«; die *Süddeutsche Zeitung* pflegt wöchentlich die lehrreiche Rubrik »Zehn Dinge, die Sie noch nicht wissen über ...«; in einer Wirtschaftsbilanz zum Jahresende 2009 resümiert die Wochenzeitung *Die Zeit* unter der Überschrift »Die Illusion von der einen Welt« genau »Zehn Gipfeltreffen und internationale Konferenzen«, auf denen »eine neue globale Ordnung für Kapitalmärkte, Handel und Umweltpolitik« hätte ausgehandelt werden sollen, vom »Ersten Weltfinanzgipfel« bis zur »Weltklimakonferenz« in Kopenhagen und zum »Weltwirtschaftsforum« in Davos; Christian Felber, Publizist und Mitbegründer der gegen die Globalisierung agitierenden Organisation »Attac Österreich«, empfiehlt unter dem Buchtitel *Kooperation statt Konkurrenz* (2009) »10 Schritte aus der Krise«, darunter die altmoralisch anmutende Forderung »Konsumverhalten ändern«; Helmut Kohl legte als Bundeskanzler am 28.11.1989 einen Zehn-Punkte-Plan zur deutschen Einheit vor; ein Psychologe, der als Online-Ratgeber auftritt, erklärt »Zehn Dinge, die Erwachsene von Kindern lernen können«, zum Beispiel natürliche Neugier und Ehrlichkeit; selbst ein der biblischen Zahlensymbolik extrem fernes Medium wie *Playboy Net* wirbt für ein Internet-Abonnement von Fotos nackter Busenwunder, indem es »10 gute Gründe, dabei zu sein« nennt, unter Punkt eins den »Sofortzugang zu den schönsten Frauen der Welt«. Dass der Spielmacher einer Fußball-Elf die Trikotnummer 10 trägt, mutet neben diesem recht dreisten Missbrauch mosaischer Prägnanzästhetik schon wieder rührend, ja fast sinnvoll an.

Der Mensch liebt Listen, die sich an bestimmten Zahlen entlanghangeln. Mindestens so beliebt wie die Zehn ist die Sieben (7 Weltwunder, 7 Wochentage, 7 Helden von Theben, das verflixte siebte Jahr, die Göttinger 7, im 7. Himmel, das 7. Siegel), auch die Zwölf (12 Stämme Israels, 12 Apostel) und die Vier (4 Himmelsrichtungen, 4 Elemente, 4 kanonische Bücher des Konfuzianismus, 4 Musketiere) sind bedeutend. Ist es kindisch, sich an solchen Zahlenspielen und gezählten Listen festzuhalten?

Im Gegenteil, es ist eine ehrwürdige Kulturtechnik. Der italienische Schriftsteller und Gelehrte Umberto Eco (Jahrgang 1932) hat zum Jahresende 2009 für den Pariser Louvre eine Ausstellung zum Thema »Die unendliche Liste« kuratiert, zu der unter diesem Titel auch ein Buch von ihm erschienen ist. In einem SPIEGEL-Interview (2.11.2009) antwortet Eco auf die Frage, was ihn denn am Wesen der Liste so fasziniere: »Die Liste, das ist ein Ursprung der Kultur, sie ist ein Teil der Kunst- und Literaturgeschichte. Was will die Kultur? Die Unendlichkeit fassbar machen. Sie will auch Ordnung schaffen, nicht immer, aber oft. Und wie begegnet man als Mensch der Unendlichkeit? Wie versucht man, das Unbegreifliche zu fassen? Durch Listen, durch Kataloge, durch Sammlungen in Museen, durch Enzyklopädien und Wörterbücher. Es besteht ein Reiz darin nachzuzählen, wie viele Frauen Don Giovanni hatte. 2063 waren es, behauptet zumindest Mozarts Librettist Lorenzo da Ponte. Übrigens gibt es auch ganz praktische Listen: den Einkaufszettel, das Testament, die Speisekarte – auf ihre Weise auch Kulturleistungen.« Die Listen-»Ausbeute« der Kulturgeschichte nennt Eco »schwindelerregend«, all diese »Listen von Heiligen, Heeren und Heilpflanzen, von kostbaren Schätzen und Buchtiteln«. Dabei sei die Liste keineswegs »nur Ausdruck primitiver Kulturen«, vielmehr sei jede Liste »ein Ausschnitt aus der Unendlichkeit«, nach der der Mensch suche, um das Schwindelgefühl vor der Unendlichkeit zu meistern, letztlich sogar den »Gedanken an den Tod«.

Diesem Ziel, die Angst vor dem Unermesslichen zu bannen, dient auch ein zivilisatorischer Grundakt, mit dem wir täglich leben: das Zählen der Zeit. Die gezählte Zeit ist eine »Liste«, die an beiden Enden, am Anfang und am (Nicht-)Ende, offen für das Unendliche ist. Sie ist eine elementare Ordnung, die jedoch an ihrem Beginn und da, wo sie enden kann, vom Chaos bedroht ist. Diese Ambivalenz hat auch die Zehn-Zahl des Dekalogs.

Listen mit abgezählten Punkten schaffen Übersicht, nähren die Illusion, wir könnten die unübersichtliche Wirklichkeit letztlich beherrschen. Das alte Ägypten verehrte rund tausend Götter. Hier war Reduktion von Komplexität dringend empfohlen. Im späteren Reifestadium dieser und anderer Hochkulturen werden immer weniger Götter, wird meist dann sogar nur noch ein Gott verehrt. Auch das gehört zur Dynamik der Liste: Der Mensch sucht das Eine im Vielen, die Einheit von Denken und Sein. Die Zahl Zehn zeichnet aus, dass sie anhebt mit der Eins – dem uralten Zahlensymbol für den Anfang von allem, auch für Gott. Und dass ihr zweiter Bestandteil, die Null, zwar als gerade Zahl gilt, sich in Wahrheit aber radikal von allen anderen Zahlen dadurch unterscheidet, dass man sie weder zu einer größeren Zahl addieren noch subtrahieren noch eine größere Zahl durch sie teilen kann. Die Eins ist der Anfang, die Säule der Welt. Die Null ist einzigartig. Beide zusammen bilden – in Form der Zehn – nicht nur die Basis des Dezimalsystems, sondern die gezählte Basis eines Weltbilds. Würdiger kann eine Liste moralischer Gebote kaum gezählt werden als mit dieser Zahl.

Was sie von der Bergpredigt
unterscheidet

Die Bergpredigt enthält die wichtigste Moralbotschaft des
Neuen Testaments. Der Hauptzeuge der Bergpredigt, der
Evangelist Matthäus (5,1-10), erzählt, wie Jesus »in ganz Gali-
läa« umherzieht und irgendwann, als er die Menge Menschen
sieht, die ihm folgt, »auf einen Berg« geht, sich setzt und dann,
im Beisein seiner Jünger, zum Volk spricht. Was er dann sagt,
verdichtet sich in einer kompromisslosen Ethik in Form von
acht »Seligpreisungen«, danach in ausführlichen Geboten, die
sich auf die Zehn Gebote beziehen, um sie aber jeweils moralisch zu überbieten. Von den Seligpreisungen wurden besonders populär: »Selig sind, die geistlich arm sind; denn ihnen
gehört das Himmelreich« (nicht »die Armen im Geiste«, diese
populäre Version zielt nicht auf die – hier gemeinte – Haltung
der Demut, sondern auf Defekte im Gehirn); ferner: »Selig
sind die Sanftmütigen; denn sie werden das Erdreich besitzen«
(eine Absage an gierige Machtpolitik); schließlich: »Selig sind,
die um der Gerechtigkeit willen verfolgt werden; denn ihnen
gehört das Himmelreich«.

Entscheidend bei den nachfolgenden Belehrungen ist, dass
die Nächstenliebe des Alten Testaments zur Feindesliebe
gesteigert wird – »Ihr habt gehört, dass gesagt worden ist: ›Du
sollst deinen Nächsten lieben und deinen Feind hassen‹. Ich
aber sage euch: Liebt eure Feinde und bittet für die, die euch
verfolgen, damit ihr Kinder eures Vaters im Himmel seid.«
Und »wenn dich jemand auf deine rechte Wange schlägt, dem
biete die andere dar«. Evangelist Lukas (6,20-49), der die
Bergpredigt verkürzt referiert (bei ihm redet Jesus auf einem

»Feld«), ergänzt hier: »Wer dich bittet, dem gib; und wer dir das Deine nimmt, von dem fordere es nicht zurück. Was ihr wollt, das euch die Leute tun sollen, das tut ihnen auch.«

Allein die Inszenierung dieser »Bergpredigt« zeigt den hohen Stellenwert, den der Evangelist selbst ihr beimisst: Jesus verkündet seine Gesetze als Botschaft vom Berg, in Erinnerung an die Verkündigung der Zehn Gebote durch Mose, der auf dem Berg Sinai mit Gott gesprochen hat. Mit der wiederholten Einleitung »Ihr habt gehört, dass gesagt worden ist« bezieht sich Jesus ausdrücklich auf die Gesetze des Mose. Er überdehnt sie ins fast Phantastische, entsprechend der Steigerung seines eigenen Rangs: Anstelle von Mose, dem wichtigsten Propheten des Herrn, spricht hier Jesus, der sich, im Johannes-Evangelium, mit »Messias« anreden lässt. Dass gläubige Juden diese Anspruchssteigerung gotteslästerlich fanden, ist überhaupt nicht verwunderlich.

Allerdings ist das, was Jesus hier predigt, nicht die Sprache eines Hochstaplers der Moral, sondern gehört zu den eindrucksvollsten Passagen der ganzen Bibel, dem Dekalog durchaus ebenbürtig, wenn auch weniger alltagstauglich.

Zunächst scheint Jesus Mose nur zu bestätigen: »Denkt nicht, ich sei gekommen, um das Gesetz und die Propheten aufzuheben.« Und doch ändert er einiges an den Geboten des Mose: Er verbietet die Ehescheidung, außer wegen »Unzucht« (Untreue der Ehefrau). Bei Mose lautete die Forderung: »Wer seine Frau entlässt, der soll ihr einen Scheidebrief geben.« Jesus dagegen ist strenger: »Wer eine Frau ansieht und sie begehrt, der hat in seinem Herzen schon mit ihr die Ehe gebrochen« – er ist in die Ehe der Frau eingebrochen. Und jetzt wird Jesus, wieder einmal, unbändig: »Wenn dich aber dein rechtes Auge zum Bösen reizt, so reiß es heraus und wirf's von dir.« Ziemlich krass, Herr Jesus!

Ferner habe Mose gelehrt: »Wer seine Frau entlässt, der ist schuld, wenn ein anderer die Ehe mit ihr bricht; und wer eine Geschiedene heiratet, der bricht die Ehe.« Kühner begründet Jesus beim Evangelisten Markus das Scheidungsverbot: »Was aber Gott verbunden hat, das darf der Mensch nicht trennen.« Denn der Schöpfergott habe »Mann und Frau« als Paar »geschaffen«.

Jesus nimmt das im Alten Testament so wichtige Sabbatgebot, für dessen Verletzung dort mit der Todesstrafe gedroht wird, nicht übermäßig ernst – er heilt am Sabbat einem Kranken die Hand. Er untersagt das Schwören generell, nicht bloß den Meineid (wie Mose); und er distanziert sich auch von etlichen Tora-Vorschriften zu reiner und unreiner Nahrung.

Das Mordverbot des Mose dagegen verschärft Jesus, indem er bereits die Emotion zu zähmen versucht, die eine Gewalttat auslösen kann: »Jeder, der seinem Bruder auch nur zürnt«, muss »vor's Gericht«. Er soll sich mit seinem Gegner vertragen. Immerhin heißt es schon im 3. Buch Mose (19,16): »Du sollst deinen Bruder nicht hassen.«

Am weitesten geht Jesus über Mose hinaus, wenn er – wie gesagt – dem vom Propheten geforderten Kerngebot, Gottesglaube und Nächstenliebe, die Feindesliebe hinzufügt. Sie ist tatsächlich der Schlüssel zum Weltfrieden. Aber: Dass der aggressive Primat namens Mensch jemals so weit kommt, glauben nur Kinder und Weltfremde.

Mit der Bergpredigt »transzendiert« Jesus »die vorgegebene Tora« der Juden deutlich, so der Neu-Testamentler Jürgen Roloff (1930 bis 2004) in seinem Buch *Einführung in das Neue Testament* (2001). Aber Jesus tut dies nur, um ihre ursprüngliche Unbedingtheit wiederzubeleben. Diese Radikalisierung Jesu erklärt sich, so Roloff, aus der fiebrigen Erwartung, die »Gottesherrschaft« stehe unmittelbar bevor. Die Bergpredigt formuliert demnach eine aus chiliastischer Ungeduld, die aufs Äußerste gespannt ist, erwachsene Utopie: ein »von der unmittelbaren Gegenwart Gottes bestimmtes Miteinander« der Menschen. Zu Jesu Zeiten haben dieser ungestümen Ethik allenfalls seine Jünger zu genügen versucht. Die beinahe mönchische Entschiedenheit, mit der die Verinnerlichung und Verschärfung des Dekalogs in der Bergpredigt präsentiert werden, manifestiert die Entschiedenheit einer verschworenen Gemeinschaft, die sich dem Weltende nahe wähnt. Für die Predigt einer weltweit und alltäglich aktiven, in vielen Gesellschaften als mittragende Säule des Sozialwesens integrierte Gemeinde der Gläubigen, egal ob sie sich katholisch, evangelisch oder jüdisch versteht, ist diese Botschaft vom Berg kaum brauchbar; akzeptabel ist sie immerhin als idealer Forderungskatalog am fernen Horizont eines auf Heiligkeit angelegten Lebens. In der Tat: So müsste man »eigentlich« handeln und denken, dann bräche über Nacht der Frieden aus. Wer dies nicht schafft, ist trotzdem nicht des Teufels. Er hält sich eben an den Dekalog.

Für den vom Ende der Geschichte noch ein wenig entfernten Alltag ist dieser Dekalog des Mose weitaus praktikabler als die allzu radikale Bergpredigt. Vom Verbot, die Feinde einfach umzubringen, profitieren diese schon ausreichend. Müssen sie auch noch geliebt werden, selbst wenn hier »Liebe« eher eine Mischung aus Respekt, Anerkennung und Verständnis meint als emotionale Sympathie? Ist ein Leben realistisch vorstellbar, in dem »überhaupt nicht« geschworen wird? Soll man eine schöne Frau wirklich nicht einmal »ansehen« dürfen? An diesem Punkt möchte man in aller Bescheidenheit daran erinnern, dass der biblische König Salomo 700 Hauptfrauen und 300 Nebenfrauen hatte, darunter auch »viele ausländische Frauen«; und dass Abraham sich viel auf sein »schönes Weib« Sarai (Sarah) eingebildet hat. Soll man wirklich um jeden Preis gerechte Werke nur im Verborgenen, »nicht vor den Leuten« tun? Gewiss ist es unschön, wenn einer mit seinen guten Werken protzt, etwa wenn Sponsoren sich öffentlich allzu opulent feiern lassen. Aber ist es schon verwerflich, wenn ein Gerechter ein wenig stolz auf seine Gerechtigkeit ist und sie nicht verbirgt? Ist dieser Stolz nicht geradezu ein Ansporn, macht er nicht Hoffnung auf mehr Gerechtigkeit in der Welt? Besser, es ist einer gerecht und auch sichtlich stolz darauf, als dass er ungerecht ist. Und soll man wirklich einen rücksichtslosen Karrieristen, der reihenweise die Einfälle seiner Untergebenen als die eigenen ausgibt, nicht »verurteilen«, nur weil man leicht selbstgerecht dabei wird? Gänzlich unrealistisch, weil höchstens für bewusst mittellos lebende Wandervögel (oder Hippies) geeignet, ist die schöne Empfehlung zur Sorglosigkeit: »Sorgt nicht um euer Leben, was ihr essen und trinken werdet; auch nicht um euren Leib, was ihr anziehen werdet... Seht die Vögel unter dem Himmel an: sie säen nicht, sie ernten nicht, sie sammeln nicht in die Scheunen; und euer himmlischer Vater ernährt sie doch... Es ist genug, dass jeder Tag seine eigene Plage hat.« Ein Hauch von orientalischem Fatalismus, auch von defätistischer Tagträumerei durchweht diese Passage. Sie erinnert daran, dass Jesus eben ein besitzloser Wanderprediger war, der sich von seiner Familie getrennt und niemanden zu versorgen hatte. Ein Vorbild?

Schließlich die großen Worte: »Darum sollt ihr vollkommen sein, so wie euer Vater im Himmel vollkommen ist.« Die Vorwegnahme des Himmels auf Erden ist es, welche die Bergpredigt vom Dekalog unterscheidet. Gewiss darf ein moralischer Kodex die realen Menschen und ihre Triebe stark überfordern, er darf das Leben überwölben wie ein riesiger, unerreichbarer Regenbogen. Die Realität ist kein triftiger Maßstab für die Berechtigung moralischer Ideale. Aber hier wäre doch an den juristischen Maßstab der Verhältnismäßigkeit zu erinnern: Ein Jesus, der von den Menschen verlangt, das Gute zu tun (»Gib dem, der dich bittet«), ist respektabel; aber ein Sohn Gottes, der die Menschen auffordert, demjenigen, der einen Rock stiehlt, auch noch den Mantel hinterzuwerfen und so »vollkommen« zu sein wie Gott selbst, mag moralisch im Recht sein – jedem vernünftigen Menschen mit Lebenserfahrung dürfte er eher psychisch auffällig vorkommen. Die Bergpredigt ist ein Kanon für Mönche, Einsiedler, Wanderprediger, Heilige und Aussteiger. Eine Gesellschaft, die diese Predigt wörtlich nähme, würde unter so viel organisierter Verantwortungslosigkeit zusammenbrechen.

Jesus ist zwar der radikalere, Mose hingegen der sympathischere, realistischere Moralprediger, ohne dabei opportunistisch zu werden. Jüdische Propheten waren sie beide. Mythische Gestalten sind sie auch beide. Der historische Jesus selbst hat sich ja nie direkt »Messias« (der rettende »Gesalbte« oder Bevollmächtigte Gottes) genannt, dies ist ein christlicher Glaubenstitel, eine heilige Legende, ein tiefsinniger – Mythos.

Woher sie kommen. Mythos Mose – gab es den Mann?

Er selbst war eindrucksvoll wie Donner und Blitz. Und als Mose kurz davor stand, Gott zu begegnen, schickte Gott ihm das einzig passende Wetter: »Als nun der dritte Tag kam und es Morgen ward, da erhob sich ein Donnern und Blitzen und eine dichte Wolke auf dem Berge und der Ton einer sehr starken Posaune. Das ganze Volk aber, das im Lager war, erschrak. Und Mose führte das Volk aus dem Lager Gott entgegen, und es trat unten an den Berg. Der ganze Berg Sinai aber rauchte, weil der Herr auf den Berg herabfuhr im Feuer; und der Rauch stieg auf wie der Rauch von einem Schmelzofen, und der ganze Berg bebte sehr. Und der Posaune Ton ward immer stärker. Und Mose redete, und Gott antwortete ihm laut. Als nun der Herr herniedergekommen war auf den Berg Sinai, oben auf seinen Gipfel, berief er Mose hinauf auf den Gipfel des Berges, und Mose stieg hinauf.«

Wenig später spricht Gott, »anzusehen wie ein verzehrendes Feuer«, zu Mose. Er sagt ihm die »Zehn Worte«, die Zehn Gebote, aber auch viele andere Mahnungen und Rechtsvorschriften wie: »Wenn du einen hebräischen Sklaven kaufst, so soll er dir sechs Jahre dienen; im siebten Jahr aber soll er freigelassen werden ohne Lösegeld.«

Bis es zu dieser großartig inszenierten Verkündigung des erhabensten Sittengesetzes der Weltgeschichte kommt, hat Mose bereits sein Volk – durch die Wüste – aus Ägypten geführt. Eine lange Geschichte, die wenigstens eine kurze Rückblende erlaubt. Wer war dieser frühantike Supermann der Wüste? Sah er aus wie jene stämmige Würdegestalt »mit gedrückter Nase, einem geteilten Bart, weitstehenden Augen und breiten Handgelenken«, die Thomas Mann 1943 in der Mose-Erzählung *Das Gesetz* beschrieben hat, offensichtlich frei nach der Mose-Skulptur des Bildhauers Michelangelo? Der Künstler der Renaissance prägt bis heute das Mose-Bild – stärker als Charlton Heston, der in Cecil B. De Milles pathetischem Hollywood-Film *Die Zehn Gebote* (1956) Mose mimt; stärker auch als der jugendlich wirkende Dougray Scott in Robert Dornhelms dreistündigem Fernseh-Film *Die Zehn Gebote*, der in Deutschland vor einigen Jahren zu Karfreitag ausgestrahlt wurde.

Der Name »Mose«, in der Spätantike mit »Der aus dem Wasser Gezogene« übersetzt, stammt ursprünglich aus dem Ägyptischen, abgeleitet von »gebären, Sohn« (*msj*). Das Wort gehört zu der Namensformel »Der Gott … hat ihn geboren«, wie zum Beispiel bei Pharao »Ra-messes«: Ramses bedeutet der Sohn des Gottes Ra. Den Gott, der Mose geboren hat, verrät sein ägyptischer Name nicht – etwa weil er kein richtiger Ägypter war?

Die Kurzform »Mose« entspricht dem hebräischen »Mosche«, und Hebräisch ist die Sprache des Alten Testaments, mag auch die im 3. Jahrhundert v. Chr. von angeblich 70 jüdischen Gelehrten in Alexandria gefertigte Septuaginta (lateinisch für siebzig), die erste Übersetzung ins damals kulturell führende Griechisch, bis hin zu Luther die Wirkungsgeschichte der Bibel dominiert haben. Immerhin hat Luther sich zusammen mit Philipp Melanchthon auch am hebräischen Urtext abgearbeitet. In der griechischen Septuaginta heißt Mose »Mosääs«, woraus sich das heute gebräuchliche »Moses« ableitet.

Mose war ein Hitzkopf, der gern wütend die Fäuste ballte und schüttelte, wenn ihm wieder einmal die Worte fehlten – er war »schwer von Sprache« (bei einer Mutprobe am Hof des ägyptischen Pharao hatte er sich die Zunge versengt). Er war wohl ein Sohn hebräischer Sklaven, die im Ägypten des 13. Jahrhunderts v. Chr. auf der Suche nach Wasser und Nahrung hängengeblieben waren (vielleicht wurden sie aber auch in Palästina von ägyptischen Soldaten für Sklavendienste gekidnappt) und für den bauwütigen Pharao Ramses II. schuften mussten. Das Herrenvolk gab den Sklaven gern ägyptische Namen.

Dass eine solche Bausklaven-Abteilung sich der Fron entziehen wollte und von Ägyptern mit Streitwagen verfolgt wurde, sei »historisch nicht unwahrscheinlich«, schreibt Alttestamentler Eckart Otto. Im Zuge späterer Legendenbildung sei dann, so Otto, »ganz Israel in Gestalt der nach den Söhnen Jakobs benannten zwölf Stämme aus Ägypten« ausgezogen; dabei sei das durch umschlagende Winde in sumpfigem Terrain verursachte »Meerwunder« mit »geheimnisvollen« Attributen überhöht worden. Mose kam demnach erst nachträglich ins Spiel, sodass die Wogen schließlich auf seine Weisung hin zur Seite wichen und seine Mannen trocken durchs Meer gelangten, während die ägyptischen Verfolger ertranken. Die Winde hätten also Schicksal gespielt und die Juden gerettet: Jahwe, der Beschützer der Juden, ist ursprünglich ein Wetter- und Sturmgott, die vier hebräischen Konsonanten »Jhwh« (die Vokale dazwischen wurden nicht schriftlich fixiert) lassen sich übersetzen mit »Er weht« (auch: »Er ist da«). Der rettende Wind war also Jahwe, der Gott.

Fest steht: Der historische Mose, womöglich ein Mann des 12. vorchristlichen Jahrhunderts, hat mit den Zehn Geboten historisch nichts zu tun. Diese Gebote wurden erst rund 600 Jahre nach ihm, überwiegend im babylonischen Exil und auch in Jerusalem, nach 525 v. Chr. unter der toleranteren persischen Herrschaft und unter dem nachhaltigen Eindruck der demütigenden Exil-Erfahrung, von den Gelehrten schriftlich fixiert. Aber das ändert nichts daran, dass für das kulturelle Gedächtnis der Menschheit die biblisch-mythische Verbindung der Mose-Gestalt mit den Geboten unauflöslich bleibt. Darum zitieren wir auch die fünf Bücher Moses, den Pentateuch, als das, was sie im alten Glauben waren: die von Mose überlieferten Bücher. Wieso sollte man diese Zuschreibung etwa beim 5. Buch Mose durch »Deuteronomium« (Dtn.) ersetzen, wie es häufig geschieht? Die Bezeichnung kommt aus dem Griechischen und meint »ein zweites Gesetz«; weil bei der Übersetzung der hebräischen Bibel ins Griechische aus einer simplen »Abschrift des Gesetzes« (5. Buch Mose, 17,18) jenes »zweite Gesetz« wurde, das man aufgrund dieses Übersetzungsfehlers für so wichtig hielt, wurde es zum Titel der ganzen Textsammlung des 5. Buch Mose.

Die Mose-Geschichte dürfte, ähnlich wie Homers *Ilias* und *Odyssee* oder das mittelalterliche *Nibelungenlied*, eine Legende mit historischem Kern sein. Komplett legendär ist schon die Rettung des Kindes im wasserdicht gemachten Korb auf dem Nil, nachdem der Pharao befohlen hatte, den Israeliten, die sich stark vermehrt hatten und aus deren Reihen er ein Attentat befürchtete, die männlichen Erstgeborenen wegzunehmen und diese zu töten (das Motiv wird, bezogen auf König Herodes, im Neuen Testament variiert).

Als die levitische Sklavin ihren drei Monate alten Sohn vor den ägyptischen Häschern »nicht länger verbergen konnte, machte sie ein Kästlein von Rohr und verklebte es mit Erdharz und Pech und legte das Kind hinein und setzte das Kästlein in das Schilf am Ufer des Nils … Und die Tochter des Pharao ging hinab und wollte baden im Nil, und ihre Gespielinnen gingen am Ufer hin und her. Und als sie das Kästlein im Schilf sah, sandte sie ihre Magd hin und ließ es holen. Und als sie es auftat, sah sie das Kind, und siehe, das Knäblein weinte. Da jammerte es sie, und sie sprach: Es ist eins von den hebräischen Kindlein.«

Die Tochter des Pharaos ließ eine der hebräischen Frauen zu sich rufen, sie sagte zu ihr: »Nimm das Kindlein mit und stille es mir; ich will es dir lohnen« – die Frau war zufällig die Mutter des Kindes. »Und als das Kind groß war, brachte sie es der Tochter des Pharao, und es ward ihr Sohn, und sie nannte

ihn Mose.« Das heiße nämlich »aus dem Wasser gezogen«
(2. Buch Mose, 2,3-10).

Diese Eingangserzählung erinnert an die Sargon-Legende,
einen »zentralen Text der neuassyrischen Herrscherlegitima-
tion« (Eckart Otto), der wohl im 8./7. Jahrhundert v. Chr.
aufgeschrieben wurde und darum womöglich älter ist als
die Mose-Geschichte. Die Sargon-Legende beginnt so: »Sargon, der starke König von Akkad bin ich. Mein Geburtsort
ist Azupiranu, der am Euphrat-Ufer liegt. Meine Mutter, die
Hohepriesterin, wurde mit mir schwanger und gebar mich
im Verborgenen. Sie legte mich in ein Schilfkästchen. Mit
Bitumen dichtete sie meine Behausung ab und setzte mich
am Ufer des Flusses aus, der mich überspülte. Der Fluss trug
mich fort ... Akki, der Wasserschöpfer, zog mich heraus, zog
mich als Adoptivkind groß.« Sargon wird Gärtner, die Göttin
Ischtar verliebt sich in ihn, er wird König. Im babylonischen
Exil könnten die israelitischen Gelehrten diese Geschichte
kennengelernt und dann in ihre eigene Gründungserzählung
eingebaut haben.

Sargon ist ein uneheliches Kind, seine Mutter von hohem
Adel. Das spricht für eine Variante, die nicht von der Bibel,
aber von Thomas Mann in seiner Erzählung *Das Gesetz,* nach
außerbiblischen Quellen, genüsslich im altväterlichen Tonfall (für den die »Einheitsbibel« so gar keinen Sinn zu haben
scheint) berichtet wird: »Ramessu's, des Pharaos, zweite Tochter, ergötzte sich mit dienenden Gespielinnen in dem könig-
lichen Garten am Nil. Da wurde sie eines ebräischen Knechtes
gewahr, der Wasser schöpfte, und fiel in Begierde um seinet-
willen ... Für Pharaos Tochter war er ein Bild der Schönheit und
des Verlangens, und sie befahl, dass man ihn zu ihr einlasse in
einen Pavillon; da fuhr sie ihm mit dem kostbaren Händchen
ins schweißnasse Haar, küsste den Muskel seines Arms und
neckte seine Mannheit auf, dass er sich ihrer bemächtigte, der
Fremdsklave des Königskindes.« Wenig später wird der Liebhaber getötet, doch nach neun Monaten bringt die Tochter des

Pharaos einen Jungen zur Welt, den die dienenden Frauen erst im Schilf verbergen und dann wiederfinden.

Der im Haus des Pharaos Großgewordene, so steht es dann wieder im 2. Buch Mose, erschlägt eines Tages einen Ägypter, weil der einen Hebräer, vielleicht einen Bauleiter, verprügelt hat. Die Tat kommt dem König zu Ohren, er will Mose töten lassen. Mose flieht in die Wüste nach Midian, in die östlich vom Roten Meer gelegene Heimatregion der Midianiter, eines Stammes von räuberischen Wüsten-Nomaden (einige Quellen behaupten, sie seien die Ahnen der Araber – Midian liegt nicht weit von Medina). Dort verteidigt er an einem Brunnen die Töchter des Priesters Reguel, die von hergelaufenen Hirten belästigt werden. Der Vater der Mädchen zeigt sich dankbar und gibt Mose eine seiner Töchter zur Frau: die schöne Zippora, mit der er bald einen Sohn hat: Gershom.

Neben Zippora hat Mose noch eine dunkelhäutige Geliebte: Tharbis. Sie soll Mose später die staubige, 40 Jahre währende Exodus-Qual in der Wüste versüßt haben. Thomas Mann schreibt: »Zweifellos hatte sie schon manchen Mann erkannt, und dennoch nahm Mose sie an sich als Bettgenossin. In ihrer Art war sie ein prachtvolles Stück, mit Bergesbrüsten, rollendem Augenweiß, Wulstlippen, in die sich im Kuss zu versenken ein Abenteuer sein mochte, und einer Haut voll Würze.« Moses Familie, besonders seine Frau Zippora, hasste die »Bett-Mohrin« (Thomas Mann).

Der jüdische Historiker Flavius Josephus – er lebte im 1. Jahrhundert n. Chr., stammt aus Jerusalem, wurde aber, nachdem er die Seiten gewechselt und die Römer sogar bei der Belagerung Jerusalems beraten hatte, römischer Bürger – hat für die Flucht des Mose nach Midian eine andere Erklärung, in der auch die Gestalt der Tharbis deutlicher wird: Äthiopier sind in Ägypten eingefallen. Der Pharao bittet den Hebräer Mose, eine Truppe aus Hebräern und Ägyptern gegen diese Feinde zu führen. Mose schlägt die Äthiopier vor den Toren ihrer Provinzhauptstadt, zu denen er fast unbemerkt vorstoßen konnte, weil er nicht die übliche Route, am Nil entlang, benutzt hat, sondern einen Weg durch die raue Wüste. Die äthiopische Prinzessin Tharbis verliebt sich in den kühnen Kämpfer und wird seine Frau – sie muss aber ihre mauerbewehrte Heimatstadt den Siegern übergeben. Der Pharao fürchtet, dieser selbstbewusste Mose könne ihm bald gefährlich werden, und will ihn töten lassen. Daraufhin flieht Mose in die Wüste und gelangt nach Midian.

Warum auch immer er dorthin geeilt ist: Nach der Hochzeit mit Zippora – für Flavius Josephus ist es die zweite Frau des Propheten – hütet Mose lange das Vieh seines Schwiegervaters, bis sich ihm eines Tages am »Berg Gottes« (wohl schon der Sinai) in einem brennenden Dornbusch – treffliches Vorspiel für die spätere, feurige Gesetzesübergabe – Gott offenbart: »Ich bin, der ich bin.«

Der aus Hochheim bei Gotha stammende Dominikanermönch und Philosoph Meister Eckhart (um 1260 bis 1328) versteht diesen vielzitierten Satz als philosophische Selbstdefinition Gottes: »Gottes Wassein, seine quiditas, ist sein reines Daßsein, Ob-überhaupt-Sein, seine anitas. Gott hat kein anderes Wesen als sein Daßsein. Dieses pure Daß heißt einfach: ›Sein‹. In Gott ist Wesenheit und Überhauptsein identisch. Sein Wesen bedarf keiner Zusatzbestimmung; es ist sein Dasein. Er ist das Sein.« So fasst Kurt Flasch Eckharts Lehre in *Meister Eckhart – Philosoph des Christentums*, 2010, zusammen.

Luther übersetzt statt »Ich bin, der ich bin« »Ich werde sein, der ich sein werde« – in diesem »werden« zeigt sich, mag es sich auch um eine simple Übersetzer-Quisquilie handeln, Luthers Gespür dafür, dass dieser Gott dynamisch ist, ein Gott, der die Fülle seines Seins im Prozess der Geschichte erreicht. Keine der vergleichbaren Weltreligionen ist so dezidiert auf das »Heil« im Laufe und am Ende der Geschichte ausgerichtet wie die jüdische und – in ihrem Gefolge – auch die christliche. Der jüdische Philosoph Ernst Bloch, ein Mythologe der Hoffnung, des Ausblicks auf ein fernes, befreiendes »Noch-Nicht« und Autor des Buches *Geist der Utopie* (1918), hat denn auch die zu seinem Geschichtsentwurf passende Luther-Übersetzung übernommen.

Der jüdische Philosoph Moses Mendelssohn, der im 18. Jahrhundert das Alte Testament neu übersetzt hat, machte aus »Ich bin, der ich bin« die göttliche Selbst-Auskunft »Ich bin ewig«.

Wie auch immer – nach diesem tiefsinnigen »Outing« fährt der lodernde Dornenbusch-Jahwe fort: »So sollst du zu den Israeliten sagen: ›Ich werde sein‹, der hat mich gesandt. Der Gott eurer Väter, der Gott Abrahams, der Gott Isaaks, der Gott Jakobs … das ist mein Name auf ewig, mit dem man mich anrufen soll von Geschlecht zu Geschlecht.« Mose erhält den Auftrag, die Hebräer »aus dem Elend Ägyptens« herauszuführen – »in das Land der Kanaaniter, darin Milch und Honig fließt«. Der Auftrag der Aufträge: Nicht weniger als die kulturelle Identität der Hebräer stützt sich auf diesen Auszug aus Ägypten. Mose kehrt denn auch nach Ägypten zurück. Der Herr hat ihm zuvor versichert: »Zieh wieder nach Ägypten, denn die Leute sind tot, die dir nach dem Leben trachteten.« Sein redegewandter Bruder Aaron wird sein Pressesprecher: sein Propagandist vor allem gegenüber dem Pharao.

Mose und Aaron bedrängen den Pharao, dem Volk die schwere Arbeit am Bau für einige Tage zu erlassen, damit es sich »drei Tagereisen weit in die Wüste« zurückziehen könne, um seinem Gott (Tier-)Opfer darzubringen. Als der Pharao dieses Ansinnen ablehnt, wird er mit zehn Plagen, die Jahwe ihm schickt, unter Druck gesetzt: Mose schlägt, nach göttlicher Weisung, mit einem »Stab« in das Nilwasser, »und alles Wasser im Strom wurde in Blut verwandelt. Und die Fische im Strom starben, und der Strom wurde stinkend, sodass die Ägypter das Wasser aus dem Nil nicht trinken konnten.« So geht es »sieben Tage lang«. Als zweite Plage schickt Jahwe ihm eine Invasion von Fröschen; von ihnen wimmelt es im Nil, aber sie hüpfen auch in die Betten und Backtröge. Der Pharao gibt nach. Als aber auf einen Wink von Jahwe hin die Frosch-Plage aufhört, wird der Pharao übermütig und erweist sich abermals als verstockt. Darum folgt die dritte Plage: »Aller Staub der Erde ward zu Mücken.« Anschließend wird das Land von Stechfliegen »verheert«. Als Nächstes wird das Vieh der Ägypter – Pferde, Esel, Kamele, Rinder, Schafe – von einer »schweren Pest« dahingerafft. Da der Pharao immer noch »verstockt« ist, folgen die sechste, siebte und achte Plage: »Böse Blattern« suchen die Menschen heim, heftiger Hagel »erschlägt« die Früchte des Feldes, danach fallen Heuschrecken über Ägypten her und fressen die Bäume kahl. Die neunte Plage ist drei Tage lang »dicke Finsternis«. Und die zehnte – und letzte – Plage rafft die Erstgeborenen von Mensch und Vieh dahin: »Zur Mitternacht schlug der Herr alle (männliche) Erstgeburt in Ägyptenland vom ersten Sohn des Pharao an, der auf seinem Thron saß, bis zum ersten Sohn des Gefangenen im Gefängnis und alle Erstgeburt des Viehs … Es war kein Haus, in dem nicht ein Toter war.« Das religiöse Israel gedenkt dieser Bestrafungsorgie, vor der die Erstgeborenen der Hebräer durch Lämmerblut an den Türpfosten geschützt wurden, im Passa-Fest – und verwandelt so ein uraltes Frühlingsfest von Hirten in ein Ereignis der Heilsgeschichte.

Endlich lässt der Pharao Mose und sein Volk frei, und das für immer. »Geht hin und bittet auch um Segen für mich«, sagt der Pharao. So ziehen sie dahin: »sechshunderttausend Mann zu Fuß«, dazu die Frauen und Kinder und »sehr viel Vieh«. In der Eile müssen sie sich ungesäuertes Brot backen – fortan isst der gläubige Mosaist sieben Tage im Monat ungesäuertes Brot: als »Merkzeichen« für den Auszug aus Ägypten.

Mose, der den Pharao – Inbegriff weltlicher Herrschaft – mit Gottes Hilfe bezwang, hat nun die nötige Autorität, um sein Volk durch das Schilfmeer zu führen; es weicht für die

Israeliten zurück, ertränkt aber die ägyptischen Verfolger. Es folgt der lange Marsch – vierzig Jahre – durch die Wüste. Als Trinkwasser und Nahrung fehlen, lehnen sich die Geführten gegen ihren Führer auf. Doch Gott hilft abermals, er lässt dem Volk Manna, Wachteln und Wasser zukommen. Als das Wüstenvolk der Amalekiter auftaucht und den Israeliten nach dem Leben trachtet, erhebt Mose auf einem Hügel die Hände zum Gebet, während drunten die Heere gegeneinander kämpfen: Und solange Mose die Arme zum Himmel reckt, behält Israel die Oberhand. Kaum aber lässt er sie sinken, gewinnt der Gegner. Schließlich werden Mose »die Hände schwer«. Da nehmen Aaron und Hur »einen Stein und legten ihn hin, dass er sich darauf setzte«. Dann »stützten« sie ihm »die Hände, auf jeder Seite einer. So blieben seine Hände erhoben, bis die Sonne unterging. Und Josua überwältigte Amalek und sein Volk durch des Schwertes Schärfe.«

Auf dem Weg zum Sinai, wo Mose die Gesetze (die Zehn Gebote und die übrigen Vorschriften der Tora als »Bundesbuch«) entgegennimmt, trifft Mose erfreut seinen Schwiegervater Reguel (auch »Jetro« genannt) und Zippora, die mittlerweile zwei Söhne hat. Mose küsst den Schwiegervater, man freut sich, man isst zusammen, und Mose erzählt Reguel, was er mit Jahwes Hilfe Großartiges bewirken konnte. Reguel ist beeindruckt und gibt zu, dass der jüdische Gott »größer ist als alle Götter«. Anschließend opfern sie gemeinsam Jahwe. Reguel ist der erste »Proselyt« der Geschichte: der erste zum Judentum bekehrte Nicht-Israelit. Er verkörpert den – später auch direkter formulierten – Anspruch der jüdischen Religion auf die Bekehrung aller Erdenbürger, was allerdings nicht dazu geführt hat, dass das Judentum missionarisch tätig wurde.

Die stolzen Mose-Leute in der Wüste – was für ein elender Haufen! Das »heilige Volk« war lange versklavt und gebärdet sich wild und grob. »Vorläufig waren sie nichts als Pöbelvolk, was sie schon dadurch bekundeten, dass sie ihre Leiber einfach ins Lager entleerten, wo es sich treffen wollte«, schreibt Thomas Mann. An der Stelle tritt Mose als großer Erzieher auf, der dem Sklavenvolk die – nach der Aufgeschlossenheit für das göttlich »Unsichtbare« und nach der Erfindung der Schrift – drittwichtigste Grundlage der Kultur beschert: Hygiene. Reinheit ist einer der Leitbegriffe der Tora: Wer zu einem Brandopfer, das dem Herrn etwa einen Ziegenbock weiht, hinzutritt »und hat eine Unreinheit an sich, der wird ausgerottet werden vor meinem Antlitz. Ich bin der Herr« (3. Buch Mose, 22,3). Es gibt reine und unreine Tiere, reine und unreine Mahlzeiten, und wer einen Toten »anrührt«, der nicht sein Verwandter ist, »macht sich« ebenso »unrein« wie einer, der »irgendein Gewürm« anfasst.

Neben dem Bekenntnis zum Jahwe-Gott und zu seinen elementaren Verordnungen – wie dem Sabbat-Gebot – ist die Vorschrift, sauberer zu sein als andere und nur Entsprechendes zu essen, ein substanzielles Motiv hebräischer Auserwähltheit.

Über den Auszug der Hebräer aus Ägypten berichtet aber nicht nur die Bibel. Auch der römische Historiker Tacitus (etwa 55 bis 116 n. Chr.) befasst sich damit. In seinen *Historiae* stellt sich dieser Auszug allerdings recht nüchtern dar: Ägypten wird von einer Seuche heimgesucht, die körperliche Missbildungen zur Folge hat. Pharao Bokchoris befragt das Orakel, das ihm befiehlt, das Land von jener fremden Rasse (*genus*), die den Göttern verhasst sei, zu »reinigen«. Die Juden werden in die Wüste gejagt.

Mose hält den Haufen zusammen und setzt den Jahwe-Glauben als Gegenreligion (*novus ritus*) zur ägyptischen und midianitischen Vielgötterei durch. Damit festigt er auch den eigenen Führungsanspruch, bringt die Vertriebenen nach Palästina und gründet Jerusalem. Tacitus charakterisiert die neue Religion so: »Die Ägypter verehren viele Tiere und monströse Bilder; die Juden kennen nur einen Gott und diesen nur mit dem Geist. Sie betrachten solche, die Bilder von Gott nach menschlichem Vorbild herstellen, als unfromm: Das höchste und ewige Wesen ist für sie undarstellbar und unendlich.«

Seine Geburt und sein Name legen es schon nahe: Mose ist zumindest ein halber Ägypter. Mit diesem rätselhaften Befund hat sich auch Sigmund Freud 1939, im biblischen Alter von 82 Jahren, im Londoner Exil auseinandergesetzt. In seinem letzten Werk *Der Mann Moses und die monotheistische Religion* vertritt Freud die These: Mose war ein Ägypter, der sich im 14. Jahrhundert v. Chr. von Pharao Amenophis IV., der sich »Echnaton« nannte, zum bilderfeindlichen Aton-Kult bekehren ließ. Aton, dargestellt durch die »Aton« genannte Sonnenscheibe, war für Echnaton der einzige Gott: jener erhabene Schöpfergott, der durch Sonnenenergie, Licht und Zeit »alles Bestehende erschafft« und am Leben hält. Dieser Aton-Kult, den der mit Nofretete verheiratete Echnaton (das »e« wurde vermutlich als »a« ausgesprochen) in den rund 15 Jahren seiner Herrschaft gegen die große Götterschar der bestehenden Religion – und ihrer zahlreichen Priester! – durchzusetzen versuchte, ist die erste monotheistische Religion der Weltgeschichte. Sie kam wohl zu früh: Nach Echnatons Tod wurde, unter dem schwachen Jünglings-Pharao Tutanchamun, der alte Polytheismus rehabilitiert (siehe auch Seite 175).

Doch Mose – so meint Freud – sei dem Aton-Kult treu geblieben und habe ihn den Hebräern in der Wüste vermittelt. Mit deren Gott Jahwe, einem Wetter-, Vulkan- und Kriegsgott, sei die Aton-Idee dann verschmolzen. Blitz und Feuer, Jahwes Elemente, sind vom ägyptischen Sonnengott nicht allzu weit entfernt. Im Psalm 104 lesen wir: »Herr, mein Gott, du bist schön und prächtig geschmückt. Licht ist dein Kleid, du breitest den Himmel aus wie einen Teppich… du hast den Mond gemacht.« Zumindest eine partielle Verbindung von ägyptischen und jüdischen Ideen ist nicht unwahrscheinlich: Kanaan war in der Echnaton-Phase ägyptisch verwaltet. Woraus man allerdings auch eine sehr triviale Erklärung dafür herleiten könnte, dass der Jude Mose einen ägyptischen Namen trug.

Die dieser Verschmelzung vorausgehende Auseinandersetzung zwischen Jahwe-Anhängern und Aton-Anbetern habe, so Freud weiter, einen Religionskrieg ausgelöst – die Juden zogen ihren rustikalen Kriegs- und Sturmgott dem vergeistigten Aton vor und stellten sich damit gegen Mose. Im Verlauf dieses Religionskrieges wurde Mose ermordet. Gleichwohl hat dann die Aton-Motivik nachträglich, auch durch die bald folgende Verklärung des toten Mose, die Vorstellung von Jahwe veredelt.

Dieser hebräische »Vatermord« an Mose habe bei den Juden allgemein zu einem Trauma geführt, das zugleich die Idealisierung der Mose-Gestalt beschleunigt und den Mythos der »Erbsünde« begründet habe. Demnach wäre die später vom Apostel Paulus entwickelte Theologie der »Erbsünde« die Wiederkehr jenes alten, inzwischen verdrängten Schuldbewusstseins, das aus der Ermordung des Mose resultierte. Mose war ja ursprünglich als »Messias«, als Erlöser konzipiert. Der christliche Jesus wäre dann ein »Ersatzmann« (Freud) für Mose – nur logisch, dass er auch ermordet werden musste wie Mose. Und dass er – wir sind hier schließlich bei Freuds Vaterkomplex! – der »Sohn« des Vatergotts sein musste. Wer Altes und Neues Testament nebeneinander hält, kann sich indes tatsächlich nicht dem Eindruck entziehen, dass die Jesus-Gestalt ein fernes Echo der Mose-Gestalt darstellt – zu ähnlich sind die Rolle des Verkünders der göttlichen Gesetze auf einem heiligen Berg oder der rhetorische Gestus des in beiden Testamenten häufigen Appells »fürchtet euch nicht«; auffällig ist auch die Identität mancher Motive: Mose ist vierzig Tage und Nächte auf dem Berg bei Gott, Jesus fastet vierzig Tage und Nächte in der Wüste; Jesus hat zwölf Jünger, Israel zwölf Stämme. Ist Jesus am Ende nur eine Mose-Kopie, die dem bereits verkrusteten Jahwe-Kult neue Impulse geben sollte? Die hebräische Form seines Namens deutet darauf hin: »Jehoschua« enthält in Kurzform den Namen »Jahwe«, der Jesus-Name bedeutet eigentlich »Jahwe rettet«. Er rettet – in Jesus – sein Volk, aber vielleicht auch ein wenig sich selbst, seinen Kult.

Der Berliner Ägyptologe Rolf Krauss (Jahrgang 1943) versucht zu beweisen, dass hinter wesentlichen Zügen der Mose-Gestalt der ägyptische Empörer Amun-masesa steckt. Daraus habe dann ein »national-religiöser Dichter«, der »Jahwist«, den Gründungsmythos der jüdischen Religion und des »heiligen Volkes« gebastelt. »Als der Jahwist über den ägyptischen Empörerkönig Amun-masesa alias Moses stolperte, musste er dem gebürtigen Ägypter eine hebräische Abstammung andichten«, so Krauss in seinem Buch *Das Moses-Rätsel* (2001). Einen gebürtigen ägyptischen König hätten die Juden nicht als Freiheitshelden akzeptieren können. In der Forschung hat sich diese originelle Theorie allerdings nicht durchgesetzt. Immerhin bestreitet nicht einmal Krauss, der so vieles an der Mose-Geschichte »erdichtet« findet, dass es den Propheten Mose wohl wirklich gegeben hat.

Nach dem glücklichen Durchzug durchs Schilfmeer ruft Mose: »Herr, wer ist dir gleich unter den Göttern? Wer ist dir gleich, der so mächtig, heilig, schrecklich, löblich und wundertätig ist?« Daraus folgt: Der Prolog des Dekalogs, der bei den Juden das erste Gebot darstellt – »ich bin Jahwe …« – und der verbietet, andere Götter neben Jahwe zu verehren, schließt nicht von vornherein die Existenz dieser anderen Götter aus – sonst wäre der Vergleich mit ihnen, bei dem Jahwe so »löblich« abschneidet, ja sinnlos. Noch im 8. Jahrhundert v. Chr. werden in Palästina auch der Gott Baal und die Fruchtbarkeitsgöttin Aschera verehrt – Letztere erscheint manchmal sogar als Jahwes Gattin, etwa auf einer Krug-Inschrift des 8. Jahrhunderts v. Chr., die von »Jahwe und seiner Aschera« spricht.

In dieser frühen Phase seiner Entwicklung ist der jüdische Glaube zwar exklusiv auf Jahwe gerichtet, aber noch keine echte Ein-Gott-Religion, kein Monotheismus. Experten bezeichnen ihn als »Henotheismus«: als Glauben an einen Gott, der aber nicht allein ist. Allerdings sind die anderen Götter Jahwe unterlegen. Zum klaren Monotheismus entwickelte sich der Jahwe-Glaube wohl erst im babylonischen Exil des frühen 6. Jahrhunderts v. Chr. – es gab, nach den drei Deportationen judäischer Bevölkerung durch die Assyrer im 8. Jahrhundert v. Chr., zwischen 598 und 582 drei weitere Deportationen von Juden durch die Babylonier. Um 586 v. Chr. hat die babylonische Großmacht den großen Tempel und die Stadt Jerusalem zerstört und das David'sche Königtum aufgelöst. Jahwe musste diese jahrzehntelange politische Schwäche des Volkes, den Verlust von Tempel und Königtum – und für viele auch den Verlust der Heimat – kompensieren. Die Israeliten glaubten an seine Allmacht auch, um in der Anlehnung an sie die eigene Ohnmacht zu überspielen und in der Fremde die nationale und geistige Identität zu wahren. Es ist schon bemerkenswert: Sie blieben ihrem Jahwe trotzig treu, obwohl im alten Orient die Gottheit des Siegers vom Verlierer übernommen werden musste. Dass Jahwe vergeistigter auftritt als die Götter der Ägypter, Babylonier und endlich der Römer, ist kein Wunder: Man musste ihn auch ohne prachtvollen Tempel verehren, vor allem im Medium des Wortes; und sein irdischer Fürsprecher war kein König oder Kaiser, sondern ein Intellektueller: der Prophet Mose.

Einerseits darf Mose Gottes Gesetze, die »Zehn Gebote«, in Empfang nehmen, und zwar gleich zweimal. Die erste Tafel-Edition hat er, im Zorn auf sein von Jahwe abgefallenes, um das Goldene Kalb tanzendes Volk, zerschmettert. Aber weil Gott »barmherzig und gnädig« ist, erhält Mose neue Gesetzestafeln. Doch der charismatische Führer darf – andererseits – das Gelobte Land nur noch sehen, nicht mehr betreten.

Nachdem er es von einem Berg (!) aus, über den Jordan hinweg, geschaut hat, muss er sterben. Die betreffende Passage im 5. Buch Mose (34,1-9) ist großartige Prosa: »Und Mose stieg aus dem Jordantal der Moabiter auf den Berg Nebo, den Gipfel des Gebirges Pisga, gegenüber Jericho. Und der Herr zeigte ihm... das ganze Land Juda bis an das Meer im Westen und das Südland und die Gegend am Jordan, die Ebene von Jericho, der Palmenstadt, bis nach Zoar. Und der Herr

Mose-Skulptur von Michelangelo, aus Marmor gefertigt zwischen 1513 und 1526: Die Stummelhörner beruhen auf einem Übersetzungsfehler des Hieronymus.

sprach zu ihm: Dies ist das Land, von dem ich Abraham, Isaak und Jakob geschworen habe: Ich will es deinen Nachkommen geben. Du hast es mit deinen Augen gesehen, aber du sollst nicht hinübergehen. So starb Mose, der Knecht des Herrn, daselbst im Lande Moab nach dem Wort des Herrn. Und er begrub ihn im Tal, im Lande Moab gegenüber Bet-Peor. Und niemand hat sein Grab erfahren bis auf den heutigen Tag. Und Mose war hundertundzwanzig Jahre alt, als er starb. Seine Augen waren nicht schwach geworden, und seine Kraft war nicht verfallen. Und die Israeliten beweinten Mose im Jordantal der Moabiter dreißig Tage, bis die Zeit des Weinens und Klagens über Mose vollendet war. Josua aber, der Sohn Nuns, wurde erfüllt mit dem Geist der Weisheit; denn Mose hatte seine Hände auf ihn gelegt. Und die Israeliten gehorchten ihm und taten, wie der Herr es Mose geboten hatte.« Die partiellen Wiederholungen bestimmter Textteile wie »im Lande Moab« verweisen auf die ursprüngliche Mündlichkeit dieser Tradition, vermitteln aber zugleich den fast musikalischen Reiz eines Refrains, einer Litanei. Diese Texte sind nicht bloß Historie und religiöse Lehre, sie sind auch Literatur.

Woran ist Mose gestorben? Der Theologe und Archäologe Ernst Sellin (1867 bis 1946) behauptet in seiner *Einleitung ins Alte Testament* (1910), Mose sei als »Märtyrer« gestorben, von den eigenen Leuten erschlagen, für deren Sünden (vor allem für den Tanz um das Goldene Kalb) er mit diesem Tod gebüßt habe. Freud hat sich dieser These angeschlossen. Nach 40 Jahren mehr oder weniger irrer Wüstenwanderung, nach ständiger spiritueller Überforderung und zumal nach der mörderischen Strafaktion für das Anbeten des Stier-Gotts während der vierzigtägigen Abwesenheit Moses – es fielen »an jenem Tag gegen 3000 Mann« – wäre eine weitere Rebellion gegen Mose durchaus verständlich, und diesmal wäre sie dann für den Führer schlecht ausgegangen. Es gibt auch die mystische Version, Mose sei gerichtet worden »durch den Mund Gottes«, einen göttlichen Kuss. Zur Strafe dafür, dass er schließlich doch immer wieder mal seinem Gott misstraut hat? Oder weil ein mystischer Asket, ein auf sich zentrierter Geist einfach nicht an das Ziel seiner Sehnsucht gelangen darf – schon aus dramaturgischen Gründen?

Das Ideal des Asketen könnte erklären, wieso ausgerechnet des Allerhöchsten Musterknabe am Ende so abgestraft wird. Mose hat ja viel erlitten und erreicht, aber einen essenziellen Verzicht muss er noch leisten, um mit dem Schlussbild eines überragenden Asketen verewigt werden zu können. Michelangelos Mose-Skulptur, die in der römischen Kirche San Pietro in Vincoli steht, hat diesen ernsten Rätselblick in die Ferne, ins Gelobte Land und auf den baldigen eigenen Tod wunderbar eingefangen. Es ist der Blick des Geistes. Für den Geist gibt es kein Grab.

Jahrhunderte später wird das Johannes-Evangelium dieses Motiv vertiefen: »Der Geist ist's«, sagt Jesus zu seinen Jüngern, »der lebendig macht; das Fleisch taugt dazu nicht. Die Worte, die ich euch geredet habe, die sind Geist und sind Leben.« Was waren das für Worte? »Wer mein Fleisch isst und mein Blut trinkt, der hat das ewige Leben und ich werde ihn am Jüngsten Tag auferwecken.« Das gilt nur für die Glaubenden. »Niemand kann zu mir kommen, wenn es ihm nicht vom Vater gegeben ist.« Wer glaubt, wird ewig leben, auch wenn er stirbt – eine kühne Botschaft. Vorbereitet hat diese Kühnheit der Visionär Mose, der Kühnheit allerdings mit Realismus zu verbinden verstand.

Für die seltsam anmutenden Stummelhörner, die Michelangelos Mose über der Stirn trägt, gibt es übrigens eine kuriose Erklärung: Der Gelehrte, Kirchenvater und Klostergründer Hieronymus, der im 4. Jahrhundert n. Chr. die Bibel ins Lateinische übersetzt hat, in die »Vulgata«, hat die hebräische Bezeichnung für das »strahlende Antlitz« des Mose missverstanden und daraus ein »gehörntes Antlitz« (*cornuta*) gemacht. Ein Beleg für die These, dass Hieronymus nicht allzu gut Hebräisch konnte.

Wer sie Mose gesagt hat –
die Frage nach Gott

Nach dem Tod von Mose übernimmt General Josua die Führung bei der Landnahme der Israeliten. »Und es stand hinfort kein Prophet in Israel auf wie Mose, den der Herr erkannt hätte von Angesicht zu Angesicht.« Gott hat mit Mose »geredet«, aber jetzt teilt er sich seinem Volk, mit dem ihn ein ewiger »Bund« verknüpft, über die Gesetze mit, die er Mose diktiert hat. Bis heute besteht für die Israeliten das Gespräch mit Jahwe in der Hauptsache aus den Versuchen, die Tora richtig und auch zeitgemäß zu deuten.

Wie ernst müssen all die Gebote Jahwes genommen werden? Und: Müssen sie nur ernst genommen werden, weil Jahwe sie Mose diktiert hat? Was sind sie wert, wenn man nicht an Jahwe glaubt? Wer ist Jahwe, wer ist Gott – gibt es ihn überhaupt?

Im 5. Buch Mose (11,13-17) sagt Gott zum Propheten, warum »ihr alle die Gebote halten« sollt, »die ich dir heute gebiete«. Und er fährt fort: »Werdet ihr nun auf meine Gebote hören, … dass ihr den Herrn, euren Gott liebet und ihm dienet von ganzem Herzen und von ganzer Seele, so will ich eurem Lande Regen geben zu seiner Zeit, Frühregen und Spätregen, dass du einsammelst dein Getreide, deinen Wein und dein Öl, und will deinem Vieh Gras geben auf deinem Felde, dass ihr esset und satt werdet. Hütet euch aber, … dass ihr abfallet und dient andern Göttern und betet sie an, und dass dann der *Zorn* des Herrn entbrenne über euch und schließe den Himmel zu, so dass kein Regen kommt und die Erde ihr Gewächs nicht gibt und ihr bald ausgetilgt werdet aus dem guten Lande, das euch der Herr gegeben hat.«

Gott spendet den Gläubigen segensreichen Regen, oder er »schließt« den Himmel zu, bis das ungläubige Volk verhungert ist oder auswandern muss. Dieser zugleich fürsorgliche und drohende Jahwe ist, wie schon gesagt, zunächst ein Wettergott. Und dass er für Regen sorgt, erinnert daran, dass diese Religion ein Wüstenprodukt ist. Nichts wird dort sehnlicher erwartet als der nächste Regen. Und: »Nichts versperrt dort den Blick zum Himmel«, wie der Berliner Wissenschaftsjournalist Gerhard Staguhn (Jahrgang 1952) in *Gott und die Götter* (2003) schreibt. Die karge Umgebung der steinigen Wüste ist die ideale Kulisse für die Hinwendung zu einem fernen, unsichtbaren Allein-Gott, der immer mal wieder Askese fordert – psychische Selbstverwüstung.

Als einer, der Mose im Gebirge bei Blitz und Donner und bebender Erde erscheint, ist Jahwe zugleich Berg-Gott, Feuer-Gott, Vulkan-Gott – schließlich Schöpfer-Gott. Aber dann ist er vor allem der Gott, der Mose die Gesetze angemessenen Verhaltens verkündet, der mit dem ersten Repräsentanten seines auserwählten Volkes spricht; und der durch diese langen Gespräche mit ihm und die Worte des Gesetzes – also durch Sprache – mit diesem Volk ein spezielles Bündnis eingeht. Die Tier-Opfer, die dabei ebenso penibel besprochen werden wie die Einrichtung des Altars und andere Dinge, sind das auch anderswo wichtig genommene religiöse Inventar. Das Eigentliche, das aufregend Neue am Jahwe-Glauben ist die Dominanz des Gesprächs, der wörtlichen Rede: »Ich bin der Herr.« So wird Jahwe, indem er eine bestimmte Moral durchsetzt, zugleich der Gott des Dialogs, des ewigen Dialogs mit seinem irdischen »Knecht«. Gott spricht, der Knecht hört, antwortet – und Gott hört ebenfalls und reagiert. Die in diesem Ur-Dialog vermittelte Moral ist selbst dialogisch: die »Grundweisung« (Thomas Mann) eines zivilisierten, vom Recht geprägten Miteinanders der Menschen, was sowohl für die Menschen einer bestimmten Gesellschaft gilt als auch für die »Völker der Erde«, wie Mann formuliert.

Der jüdische Religionsphilosoph und Theologe Martin Buber (1878 bis 1965) hat »das dialogische Prinzip« zum Kern des jüdischen Glaubens erklärt. Buber, der in Wien geboren wurde und in Frankfurt am Main lehrte, bevor er 1938 durch die Nazis vertrieben wurde (er ging nach Jerusalem), hat in seinem Hauptwerk *Ich und Du* (1923) entwickelt, wie in dieser Religion das irdische Ich durch das Du Gottes, von dem es angesprochen wird, erst zur Person wird. Das »heilige Grundwort« einer »wirklichen Gegenseitigkeit« heißt »Ich-Du«. Gott als »das ewige Du« darf nicht zum »Etwas« verdinglicht werden, er muss als »reine Beziehung« in das Leben »eingetan werden«. Sonst besteht Gefahr, dass »die unablässig wachsende Es-Welt« den Menschen »überwuchert«, dass im verabsolutierten »Ich-Es«-Verhältnis »das eigene Ich« sich »entwirklicht«, dass die Materie »sich anmaßt, das Seiende zu sein«. In der »Zwiesprache« zwischen Mensch und Gott konstituiert sich die dialogische Moral unter den Menschen. Dialogisch in diesem Doppelsinn sind vor allem die Zehn Gebote, sofern in ihnen das solidarische, gerechte Miteinander der Menschen – wie wir beim Durchgang durch diese Gebote immer wieder feststellen konnten – auf die Beziehung zwischen dem Schöpfergott und dem nach seinem »Ebenbild« geschaffenen Geschöpf, zwischen dem »Herrn« und dem, der sich zu ihm bekennt, zurückgeführt wird.

Das aber bedeutet: Ohne diesen Gott verlieren die Zehn Gebote ihre dialogische Tiefendimension, ihre absolute Verbindlichkeit. Als Gebote einer von Gott unabhängig gedachten, gesellschaftsaktiven praktischen Vernunft wären sie jedermann zumutbar und insofern auch verbindlich – dies aber nicht unbedingt und über jeden Zweifel erhaben. Wir können den Zusammenhang auch umkehren: Dieser Gott »ist« nur, wenn die Menschen ihre dialogische Personalität, die er in ihnen sozusagen wachgeküsst hat, ernsthaft und aufrichtig leben. Wie ein Kind, das nur dann seine sprachliche Kompetenz entwickelt, wenn es möglichst früh von Mutter oder Vater angesprochen wird, entwickelt auch die Menschheit als Ganze nur deshalb das sprechende Ich-Bewusstsein, weil Gott in einer anfänglichen Permanenz, einer *creatio continua* (einem anhaltenden Schöpfungsprozess) »Du« zu ihr sagt. Dass die Menschen überhaupt, als einzige Lebewesen der Natur, in dieser Weise eine ausdrücklich dialogische Moral der wechselseitigen Anerkennung und der Rücksicht auf die Rechte ihrer Mitmenschen entwickeln können – was in Wahrheit ihre Kulturfähigkeit ausmacht –, ist der wichtigste Gottesbeweis. Denn die Pointe dieser Moral besteht gerade darin, dass der Mensch von seinem Selbst absieht, dass er es hingibt, dass er von Ehrsucht, Habsucht und Machtgier ohne Zwang Abschied nimmt, obwohl sie doch aus der natürlichen Selbst-Bezogenheit logisch folgen. Eine solche Moral kommt sozusagen aus dem Jenseits, sie kann nicht ausschließlich eine von diesem Selbst gemachte und beschlossene Moral sein. Davon kann man nur ausgehen, wenn man den Sündenfall des Menschen außer Acht lässt und dem Raubtier mit dem aufrechten Gang eine durchweg gute Natur andichtet, wie es der Aufklärer Jean-Jacques Rousseau getan hat. Die Exzesse der beiden Weltkriege und der Nazi-Verbrechen im 20. Jahrhundert, aber auch das Scheitern der sozialistischen Experimente haben bewiesen, dass der von Natur aus gute Mensch, der aus humanistischer Autonomie heraus sein rücksichtsvolles Mitsein mit den anderen zum Zentrum seines Handelns wählt, ein schöner Mythos ist.

Mit dem Begriff »Gottesbeweis« ist hier ein tiefer Zusammenhang gemeint, der plausibel ist, gedanklich naheliegt, ohne dass er im Sinne empirisch exakter Wissenschaft zwingend »bewiesen« werden kann. Der Gedanke einer wechselseitigen Begründung von Gottesglaube und altruistischer Moral leuchtet ein, diese Erkenntnis ist aber nicht durch streng logische Deduktion oder experimentelle Empirie belastbar.

Eine Beweisführung solcher Art scheint dagegen der Mainzer Philosoph Norbert Hoerster (Jahrgang 1937) zu verlangen,

wenn er die Frage »Ist Gott unverzichtbar für die Moral?«
klar negativ beantwortet. Er meint: »Die Hypothese der Existenz Gottes« sei »gar nicht geeignet, die gewünschte allumfassende Moralbegründung zu leisten«. Sein Argument: »Damit
wir die Hypothese überhaupt aufstellen können, müssen wir
unbedingt bereits einen gewissen Maßstab von Gut und Böse
haben. Denn ohne diesen Maßstab wäre die Annahme, dass
der existente göttliche Normgeber auch vollkommen gut ist,
leer und sinnlos.«

Den absolut guten Gott erst vorauszusetzen, um ihn dann
als einzig möglichen Schutzherrn der Moral zu fordern; und
um am Ende gar aus der moralischen Praxis wieder zurück-
zuschließen auf die Existenz eines solchen Gottes: Das hält
Hoerster für einen unredlichen Zirkelschluss. Er zweifelt
sowohl daran, dass der Glaube an Gott notwendig das moralische Verhalten der Menschen stützt – er räumt dies allenfalls
für »manche Menschen« ein –, als auch daran, »dass jemand,
nur um seine Moral zu stärken, den Entschluss fasst, an Gott
zu glauben«, und »dass ihm, wenn er den Entschluss fasst, der
Glaube an Gott tatsächlich auf diesem Weg gelingen wird«
(*Wozu Gott?*, hrsg. von Peter Kemper u. a., 2009).

Hoerster ist kaum zu widerlegen, wenn man den Zusammenhang von moralischem Gesetz und Gottesglaube so
begreift, dass ein suchender Mensch allein um der Moral willen alle theoretischen Zweifel an der Möglichkeit göttlicher
Existenz über Bord wirft. So mag es in manchem Katechismus
stehen, aber so ist es nicht einmal bei Fjodor Dostojewski
(1821 bis 1881) gemeint, wenn der russische Schriftsteller in
dem Roman *Schuld und Sühne* (1866; auch erschienen unter
dem Titel *Verbrechen und Strafe*) den reumütigen Mörder
Raskolnikow, der aus Geldnot eine Pfandleiherin und deren
Schwester getötet hat, sagen lässt: »Wenn es keinen Gott gibt,
dann ist alles erlaubt« (was so viel heißt wie: »Im Grunde alles
erlaubt«). Es geht hier um eine intuitive Gewissheit, um die
Einsicht in die tiefe Wechselwirkung zwischen moralischem

Verhalten und der Überzeugung, ein letztlich nicht autonomes Geschöpf Gottes zu sein und als Geschöpf Gottes dieses nicht-egoistische Verhalten den anderen Geschöpfen desselben Gottes schuldig zu sein. Raskolnikow, der acht Strafjahre in Sibirien absitzt, will seine Schuld sühnen. Dafür braucht er eine echte, freie Zustimmung zu Gottes Existenz, und nicht eine durchschaubare Um-zu-Kalkulation im Sinne von: Ich bekenne mich jetzt zu Gott, und dann wird mir verziehen. Nein: Raskolnikow ist aufrichtig erschüttert und aufgewühlt, er fühlt sich schuldig, weil ihm die felsige Größe Gottes klargeworden ist – ohne diese göttliche Substanz, weiß er plötzlich, ist alles nur auf Treibsand gebaut. Das ist eine Einsicht, eine seelische Umkehr, keine berechnende Überlegung.

Natürlich lässt sich nicht einfach aus Gott das Gesetz und aus der Wünschbarkeit der Geltung dieses Gesetzes wiederum die Existenz Gottes »ableiten« (Hoerster). Hoerster kritisiert hier wie ein Schattenboxer. So, wie er es unterstellt, argumentieren seine Gegner gar nicht. Sogar der aufgeklärte Vernunft-Kritiker Immanuel Kant hat – in seiner *Kritik der praktischen Vernunft* (1788) – dafür plädiert: »Es ist moralisch notwendig, das Dasein Gottes anzunehmen.« Nun kann ich etwas aus Vernunftgründen »annehmen«, ohne es theoretisch »abzuleiten«. Kant spricht von einem »reinen Vernunftglauben«, keiner rein logischen Herleitung. Hier steht Glaube zur Debatte – aber ein vernünftig zu rechtfertigender Glaube.

Hoerster suggeriert, dass ein vernunftbegabter Mensch ohne jedes moralische Vorwissen eine bestimmte Moral-Idee aus einer – von jeglicher Vorbewertung unbelasteten – Gottes-Idee theoretisch zwingend zu erschließen versucht, etwa so, wie er aus der Fallgeschwindigkeit des in die Tiefe stürzenden Steins dessen Gewicht erschließt. Aber das ist eine fiktive Frage-Situation. Die klassische Hermeneutik, die Kunst der Textinterpretation, verfährt gar nicht voraussetzungslos, sie kennt durchaus legitime Zirkelschlüsse nach dem Motto: Ich habe ein Vorwissen von der literarischen Qualität und dem

Sinn eines bestimmten Textes, und dieses Vorwissen erprobe ich im kritischen Durchgang durch eben diesen Text. Ohne dieses Vorwissen würde ich die falschen Fragen an den Text stellen und ihn womöglich auch falsch verstehen.

Auch die Religion ist so ein Text, den wir immer schon irgendwie kennen. Dieses Vorwissen ist kein Fehler, sondern eine gedankliche Himmelsleiter, so etwas wie Gnade. Dass wir bereits einen »gewissen Maßstab von Gut und Böse« haben, wenn wir Gottes Güte thematisieren und das eine mit dem anderen verknüpfen, ist unstrittig, dadurch wird diese Verknüpfung aber nicht unsinnig. Niemand sagt ja, aus dem einen könne man das andere »ableiten«. Es geht darum, dass das eine – Gottes Existenz – das andere – eine haltbare Moral – sinnvoll ergänzt und kräftigt, ja recht eigentlich erst zur Fülle seiner Möglichkeiten führt. Ohne die Liebe, die Gott gibt und fordert, wäre dieser Gott seltsam physikalisch-kalt; und ohne die unbedingte Beziehung zu Gott, der sie über alle Relativierungen und Schwächeanfälle hinaushebt, stünde die Liebe letztlich im Kampf ums Dasein auf verlorenem Posten.

Die Liebe zu den anderen Menschen braucht diesen Gott nicht zu ihrer Begründung, ihr arterhaltender Vorteil ist auch für sich erkennbar; aber sie braucht diesen Gott als geistige Kraftquelle, als ermutigende Überhöhung, als strahlendes Vorbild der eigenen Selbst-Hingabe, als Wappen ihrer außergewöhnlichen Großmut, als Fenster ins Unendliche, das von aller kleinlichen Aufrechnerei befreit ist. Man kann den spirituellen Enthusiasmus, der den metaphysischen Abgrund der Liebe in dieser Weise fühlt und wahrnimmt, nicht mit dem Lineal des mürrischen philosophischen Seminarleiters vermessen.

Dass die Kirchen im Namen dieser Moral und dieses Gedankens auch manches Unheil angerichtet haben, etwa bei der Verfolgung und Ermordung von Ketzern und Hexen, ist auch kein Gegenbeweis zu diesem Gedanken, wie Hoerster meint. In ihrer oft sehr diesseitigen Ordnungspolitik haben die Kirchen es eben immer wieder versäumt, die Gesetze insgesamt – und nicht nur Teile davon – ernst zu nehmen und sie auf den Schöpfergott zurückzubeziehen. Sogar Ketzer und Hexen sind Gottes Ebenbilder und haben Zurechtweisung, aber auch Barmherzigkeit verdient. Der »Herr« zürnt und verzeiht.

Für Kant ist der Glaube an die »Existenz Gottes« eine theoretisch nicht beweisbare, aber aus Gründen der reinen praktischen Vernunft dennoch erforderliche Annahme, die er auch »Postulat« nennt. Postulate dieser Art sind auch zwei andere Ideen: die Freiheit des Willens und die Unsterblichkeit der Seele. Das bedeutet: Wenn es sinnvoll sein soll, dass der Mensch moralisch so integer sein will wie nur möglich, dann darf dies kein einsames Psycho-Drama eines verschrobenen Heiligen sein; dann muss dem in der Menschheit irgendetwas Objektives, Allgemeingültiges korrespondieren; dann muss dieser ewigen Anstrengung ein »höchstes ursprüngliches Gut« (Kant) entsprechen, das sie rechtfertigt und wie auch immer entgilt – in einer »Ding-an-sich«-Sphäre, die wir nicht erkennen können.

Das »höchste Gut in der Welt«, sagt Kant, sei »nur möglich, sofern eine oberste Ursache der Natur angenommen wird, die eine der moralischen Gesinnung gemäße Kausalität hat«. Dieser »Urheber« der Natur ist »durch Verstand und Willen« ausgezeichnet. Und das ist Gott (Kant trocken: »d. i. Gott«). Nur dieser Gott kann – im Jenseits – sittliche Vollkommenheit und Glückseligkeit zusammenführen. Im realen Leben driften Moral und Glück oft auseinander. Ohne diese objektive Verankerung wäre das im Prinzip unbegrenzt zu denkende Gutsein-Wollen ein einsiedlerisches Abenteuer. Gewiss kann man sich auch in der Spielhölle absolut autonomer Vernunft – die Welt, die sich absolut setzt, gehört nach biblischer Meinung dem Teufel – die Redlichen und Guten vorstellen, die keinen Gott brauchen; aber sie hätten letztlich keinen geistigen Rückhalt für extreme Herausforderungen.

Der evangelische Theologe Dietrich Bonhoeffer (1906 bis 1945), der kurz vor Kriegsende im Konzentrationslager

Flossenbürg von den Nazis hingerichtet wurde, glaubte nicht an den reinen Jenseits-Gott, er schrieb: »Gott ist mitten in unserem Leben jenseitig.« Die »Widerstandskraft« im Kampf gegen das NS-Regime habe er erst in der »Notlage« gefunden, so Bonhoeffer Ende 1942: Gott gebe einem diese Kraft »nicht im Voraus, damit wir uns nicht auf uns selbst, sondern allein auf ihn verlassen«. Wer moralische Haltung in extrem antimoralischer Umgebung allein auf sein stolzes Selbst gründet, hat weniger Chancen, dieses Ethos auch durchzuhalten, als derjenige, der in sein Selbst-Verhältnis Gottes Gesetz sozusagen eingebaut hat. In seiner *Ethik*, die postum 1949 gedruckt wurde, wirft Bonhoeffer, in der Form eines fiktiven »Schuldbekenntnisses«, der Bekennenden Kirche vor, sie sei »des Bruchs aller zehn Gebote« »schuldig« geworden. Wir können das so verallgemeinern: Gerade das eherne, sehr praktisch formulierte Gesetz des Alten Testaments mit seinem ausdrücklichen Rückbezug auf den Satz »Ich bin der Herr« ist eine moralische Stütze in schlimmen Tagen. Wer den Gottesdienst den kirchlichen Feiern überlässt, statt Gott als das definitiv gesprochene Wort des Anstands »mitten« in seinem Leben zu hören und zu beantworten und dies wichtiger zu nehmen als das eigene Ego, der droht ethisch zu scheitern und sein wahres Selbst, das für die Liebe offene Selbst, zu verfehlen. Das gilt gerade auch für politische Umstände wie jene, die Bonhoeffer zum moralischen Helden werden ließen. Ohne Gott dies nicht durchgestanden zu haben – davon wäre er nachträglich überzeugt gewesen, wenn er denn noch die Chance gehabt hätte, über die Jahre 1933 bis 1945 nachzudenken.

Der Glaubenssatz, dass Gott »ist«, tritt auf als eine der vielen möglichen Antworten auf die Grundfrage des Denkens: Warum ist überhaupt Seiendes und nicht vielmehr Nichts? Dies ist – so Heidegger in seiner Vorlesung »Einführung in die Metaphysik« (1958) – »dem Range nach« die erste Frage überhaupt. Die Bibel beantwortet sie folgendermaßen: Soweit es nicht Gott selbst ist, ist alles, was ist, durch diesen Gott geschaffen – und es ist deshalb, weil er es so wollte. Wer dieses glaube, ohne sich ständig »der Möglichkeit des Unglaubens« auszusetzen, sei, so Heidegger, in der Regel einer gewissen »Bequemlichkeit« erlegen in der »Verabredung mit sich, künftig an der Lehre als einem irgendwie Überkommenen festzuhalten«.

Diese Einschätzung mag für die fünfziger Jahre genau richtig gewesen sein. Heute ist es eher ein Ausdruck jener denkerischen »Bequemlichkeit«, der unter Intellektuellen meist unstrittigen »Verabredung« zu folgen, dass der biblische Gott die Grundfrage unserer Existenz nicht beantworten könne, dass man sich da besser an Friedrich Nietzsches Diktum halte, Gott sei »tot«, und im Übrigen schaue, was Genforschung, Verhaltensforschung und Hirnforschung so alles über die Herkunft der Gottes-Idee ermitteln. Dass diese Wissenschaften schon allein durch die Methode ihres Fragens an deren Gegenstand vorbeirasen wie der Sturmvogel an der Klippe, wird dabei selten reflektiert. Der britische Biologe Richard Dawkins (Jahrgang 1941) versucht in seinem Bestseller *Der Gotteswahn* (2007) zu zeigen, »warum es mit ziemlicher Sicherheit keinen Gott gibt«. Dieses »es gibt« setzt eine bestimmte Verstehensweise von »ist« oder »Sein« voraus. Das aber wird bei Dawkins gar nicht hinterfragt. Er meint, der Sinn von »es gibt« verstehe sich aus dem alltäglichen Gebrauch dieser Floskel für das, was man so »real« nennt.

Dazu noch einmal Heideggers Metaphysik-Vorlesung: »Wir sagen ›Gott ist‹. ›Die Erde ist‹. ›Der Vortrag ist im Hörsaal‹. ›Dieser Mann ist aus dem Schwäbischen‹. ›Der Becher ist aus Silber‹. ›Der Bauer ist aufs Feld‹ … ›Er ist des Todes‹ … ›In Russland ist Hungersnot‹ … ›Der Hund ist im Garten‹. ›Über allen Gipfeln/ist Ruh‹. Jedes Mal wird das ›ist‹ anders gemeint.« Beim Hund etwa heiße es, er treibe sich im Garten herum; bei Goethes Vers »Über allen Gipfeln/ist Ruh« meine das »ist« weder platte Vorhandenheit noch das berüchtigte »Herrschen« der Ruhe, sondern ein Walten und Schweben, das sich nicht fixieren lasse. »In den ›ist‹ eröffnet sich uns das Sein in vielfältiger Weise«, so Heidegger. Es könne etwa bedeuten: wirklich gegenwärtig, ständig vorhanden, stattfinden, herstammen, bestehen, sich aufhalten, gehören, verfallen, stehen für, sich befinden, herrschen, auftreten. Letztlich gehe es aber um einen Sinn-Horizont »im Umkreis« von »Anwesenheit« und »Bestand«.

Wer also, wie Dawkins, nach Gottes Existenz in der Weise fragt, dass er den Sinn von »Existenz« schon voraussetzt, der fragt naiv. Was kann er bedeuten, der Satz: Gott ist?

Einige dieser möglichen Bedeutungen kamen schon vor: Gott »ist«, sofern er zum Menschen, seinem Geschöpf, sagt: Ich bin der Herr; er »ist« als Dialog mit dem Menschen, der dessen Dialog-Fähigkeit erst begründet und im geschichtlichen Prozess der weltlichen Verwerfungen permanent frei hält; er »ist« als »mitten« im Leben, auch in extremer Not anwesende Liebe, die hilft und aufleuchtet, wenn wir selbstlos handeln; er »ist« als »Postulat« moralischer Lebensführung, als Idee eines Vernunftglaubens, der aber über die Seinsweise dessen, an den er glaubt, nur Negationen aussagen kann (wie: er ist kein Standbild, kein innerweltlich Seiendes), weil die Sphäre des der menschlichen Wahrnehmung unzugänglichen »Dings an sich« keine positiven Prädikate erlaubt.

Das Wort »Gott« – mittelhochdeutsch *got*, angelsächsisch *god*, gotisch *gudis* – heißt ursprünglich nicht mehr als »das angerufene Wesen«, das im Zauberspruch des Schamanen oder Priesters beschworene Allerhöchste und Allumfassende, das höchste, meist himmlisch vorgestellte Wesen eines Stammes-, Fruchtbarkeits-, Berg- oder Wetterkultes, zuweilen auch als Kollektiv der (männlichen wie weiblichen) Gottheiten verehrt. Ursprünglich ist das Wort für dieses Wesen (oder diese Wesenheiten) weder maskulin noch feminin, sondern sächlich: »das Gott«. Beim »Abgott«, der Bezeichnung für den falschen Gott, ist die Unsicherheit der geschlechtlichen Zuordnung noch deutlicher; diese changiert im Mittelhochdeutschen zwischen *daz abgot*, *diu abgot* und *der abgot*.

Vor diesem Hintergrund kann sich die feministische Aufregung über den männlichen »Macho«-Gott beruhigen: »Das« Gott hat kein Geschlecht. Dass es im Alten Testament stets »Herr« heißt und etwa beim Ehebruchsverbot der nach der fremden Frau greifende Mann der Haupttäter ist, verrät bloß die historische Herkunft der Bibel aus einer ländlich-patriarchalisch, ursprünglich stammeskulturell und dann monarchisch geprägten Gesellschaft der Halbnomaden und Kleinbauern. Natürlich müssten wir da, wo die Bibel »Herr« sagt, einen geschlechtsneutralen Titel einsetzen – das wäre theologisch korrekt, aber traditionsferner Humbug. Jeder weiß doch, dass es sich um einen historischen Text handelt, und kann sich die zuweilen penetrante Männlichkeit der Texte im Sinne heutiger Gleichberechtigung von Mann und Frau umformulieren.

Welche Seinsweise hat also »das« Gott? Nehmen wir Aristoteles und seinen eifrigsten Förderer im lateinischen Mittelalter, Thomas von Aquin, zusammen, so »ist« dieses Gott das höchste Gute (*summum bonum*), also das letzte Ziel allen menschlichen Strebens. Das ist zunächst gar nicht moralisch gemeint. Wer etwas will, will dies, weil er es nicht hat, weil er einen Mangel spürt; und weil er denkt, dass es ihm besser geht, wenn er erreicht, was er will. Er würde das Gewollte nicht wollen, wenn er nicht fände, dass dieses Gewollte irgendwie gut für ihn wäre. »Gut« kann hier Materielles meinen, aber auch eine Nettigkeit, eine gerechte Sache, etwas Schönes oder eine Erkenntnis. In all diesem Guten lockt ein uns unbekanntes, allerhöchstes, intensivstes Gutes, das den Endzweck unseres Daseins umfassend repräsentiert – das *summum bonum*. Zunächst einmal ist es jedoch nicht mehr als eine Idee.

Platon und Aristoteles konstruieren eine Stufenordnung des Seins, die den Aufstieg der dunklen Materie zu immer höheren Formen und schließlich zur höchsten Reinheit der Idee (*eidos*) einem göttlichen Geist (*nous*) unterstellt, ohne sich diesen Geist als Schöpfergott zu denken: Er ordnet die als ewiger Stoff immer schon vorliegende materielle Welt. Dieser Gott ist ein vernünftiger Weltbaumeister, dessen Wirken sich Aristoteles analog zur Prägung des menschlichen Körpers durch die Seele zurechtlegt. Die Seele ist Ursprung der spontanen Bewegung des Körpers, sie gibt seinem Tun die Zwecke vor und sie formt sein Wesen aus: den Charakter dieses individuellen Menschen. Wenn bei Aristoteles Gott als »unbewegter Beweger«, als »Ursache seiner selbst« auftritt, ist also nicht nur der erste Anstoß für alle messbaren Bewegungen im Kosmos gemeint; es geht um die höchst komplexe Prägung des Ganzen in seiner wesentlichen Gestalt.

Wenn der erste »Gottesbeweis« des Thomas von Aquin von »Bewegung« spricht, ist auch formende, qualitative Veränderung (etwa von der Kälte zur Wärme, von der Jugend zur Reife) und Prägung in diesem Sinne gemeint. In der berühmten *Summa theologiae* des Thomas heißt es: »Es ist unmöglich, dass dasselbe – in derselben Hinsicht und derselben Weise – zugleich das Bewegende (das Verändernde) und das Bewegte ist oder dass es sich selbst bewegt. Alles, was bewegt wird, wird notwendig von etwas anderem bewegt. Wenn also das, von dem es bewegt wird, selbst bewegt würde, müsste dieses selbst von etwas anderem bewegt werden; und dieses andere wieder von etwas anderem. Dies aber kann nicht unbegrenzt so weitergehen: weil es sonst kein erstes Bewegendes gäbe; und in der Konsequenz auch nichts anderes, das bewegt, weil die an zweiter Stelle Bewegenden selbst wiederum nur anderes bewegen, wenn sie von einem ersten Bewegenden angestoßen werden, wie der Stock, der anderes bewegt, dies nicht tut, wenn er nicht von einer Hand bewegt wird«. Darum ist der Regress »zu einem allerersten Bewegenden« zwingend, das »von nichts anderem bewegt wird«, sondern sich selbst bewegt: »Und das erkennen alle als Gott.«

Thomas von Aquin folgt hier in wesentlichen Zügen der Argumentation des Aristoteles. Der entscheidende Unterschied zu Aristoteles ist der Übergang vom alles formenden und

»bewegenden« Weltbaumeister und Weltenlenker, der die zu formende Materie vorfindet, zum Schöpfer des Alls aus dem Nichts, zur *creatio ex nihilo*. Der biblische Schöpfer-Gott ist reiner Geist, aber gleichwohl hat er alles Materielle geschaffen und hält es »in Form«.

Jener antike Philosoph, der als Erster den Geist (*nous*) ins Zentrum des Seins gerückt hat, um es von dort her zu deuten, war Parmenides von Elea (ca. 540 bis 483 v. Chr.). In einem Lehrgedicht von ihm steht der fast schon legendäre Satz: »Dasselbe nämlich sind Denken und Sein.« Werdendes lässt sich irgendwie auf das Nichts ein – es geht ja über vom Noch-Nicht ins Nicht-Mehr – und kann daher nicht als Beständiges gedacht werden. Nur das bleibende Sein ist des Gedankens wert, ja: dass es gedacht wird, macht eigentlich das Denken aus. Parmenides sagt, das »es ist« sei in allem das Identische, nur darauf komme es an. Das Besondere des Denkens besteht darin, dass es das All des Seins umfassen kann, dass es in gewisser Weise dieses All »ist«; und das Besondere des Seins ist es, als solches – allumfassend – gedacht werden zu können, im Unterschied zum Wahrgenommen-Werden der vielen Einzeldinge. Nur der Geist erkennt diese »Wahrheit«, die dem Scheinhaften der bloßen »Meinung« (*doxa*) entgegensteht. Platon und Aristoteles haben ihre Lehren von den »Ideen« und von der »Vernunftseele« hier festgemacht. Wenn Aristoteles in dem Buch *Über die Seele* schreibt, »die Seele« sei »in gewisser Weise alles Seiende« (*ta onta … panta*), so knüpft er sogar direkt an Parmenides an.

Thomas von Aquin zitiert diesen Satz des Aristoteles in der *Summa theologiae* (quaestio 14, articulus 1), um die These zu stützen, dass »vollendetes Wissen« und »Selbst-Erkenntnis« zu Gottes Substanz gehören; und dass dieser erkennende Geist Gottes, dieser *intellectus divinus*, die Dinge schafft (*causa rerum*) – insofern, als »aus seinem Geist (*intellectu*) die Wesenformen (*formae*) in alle Kreaturen strömen«. Von jeglicher Art der technischen Herstellung ist der Begriff der Welterschaffung oder »Schöpfung« also weit entfernt. Es geht um Wesensprägung. Sie ist nicht statisch zu denken, sondern als permanente prozesshafte Beziehung – so wie der Geist nur »ist«, indem er Sein denkt, sich auf alles, was ist, bezieht. Indem die mittelalterliche Scholastik auch dieser Tradition folgt, verfeinert sie platonisch-aristotelisch die alttestamentarische Rede vom »Geist Gottes«, der – so der Schöpfungsbericht im 1. Buch Mose – »auf dem Wasser« schwebt und spricht: »Es werde Licht!«; und der noch in den »sieben Geistern Gottes« nachhallt, von denen angesichts des himmlischen Gottes-»Throns« in der »Offenbarung des Johannes« die Rede ist.

Das Johannes-Evangelium, weniger bildversessen als die »Offenbarung«, ist sicherlich schon direkt von der griechischen Geist-Philosophie beeinflusst. Es beginnt mit den grandiosen Sätzen: »Am Anfang war das Wort, und das Wort war bei Gott, und das Wort war Gott … Alle Dinge sind durch das Wort gemacht.« Wichtig dabei ist die Verschiebung des Schlüsselbegriffs vom rein kontemplativen »Denken« (*noein*) der Vernunft (*nous* oder *noos*) bei Parmenides und Aristoteles zum »Wort« (*logos*) bei Johannes: Der griechische *logos* heißt zwar auch »Vernunft«, meint diese Vernunft aber primär als »Ausspruch, gesprochene Lehre« Gottes. Der in die konkrete geschichtliche Situation hineinsprechende »Herr« des Alten Testaments ist hier noch mitgedacht.

Von der spätmittelalterlichen Mystik bis zu Hegel wird diese Identifikation von Gott und Geist immer inniger und substanzieller. Meister Eckhart sagt: »Vernunft ist der Tempel Gottes.« Von Gottes Geist hat die Seele ein »Tröpflein Vernünftigkeit« abbekommen, ein »Fünklein«. Die »Seele der Seele«, ihr Kern, hat Anteil am »reinen und vollen« Sein Gottes, jener vollkommenen »Vernunft«, die im »Erkennen ihrer selbst« selig lebt. Dennoch kann die menschliche Vernunft, die stets »etwas« erkennen will – etwas Bestimmtes also –, ihn, der »namenlos« ist, nicht erkennen. Er ist »ein überschwebendes Sein und ein überseiendes Nichts«. Also, empfiehlt der Meister, »entsinke völlig deinem Du-Sein und zerfließe in seinem Sein. Dein ›Dein‹ soll in seinem ›Sein‹ so ganz ein ›Mein‹ werden, dass du mit ihm in Ewigkeit erkennst seine ungewordene Seinsheit und seine unsagbare Nichtheit.« Gott ist zugleich offenbar und verborgen: Dem, der ihn als bestimmtes Seiendes fassen möchte, entzieht er sich; aber der, der das »ist« in allem Seienden als Eines, als Identisches denkt und sich in dieses vom Seienden sozusagen losgelöste Sein versenkt, indem er auch von seinem Ego absieht – dem »wird ein Licht offenbar in der Seele«.

Der Philosoph Georg Wilhelm Friedrich Hegel (1770 bis 1832) hat diese mystische Identifikation von göttlichem und menschlichem Geist weitergedacht. Er hat sie vor allem vom bleibend gedachten Sein ins dynamische Werden erweitert. Nach dem Sieg der Franzosen über Preußen, um 1806, rühmte Hegel Napoleon, der gern auf einem Schimmel ritt, als »Weltgeist zu Pferde«. Die raschen, dramatischen Veränderungen jener Jahre haben das historische Denken sozusagen richtig auf Trab gebracht. Gott als absoluter Geist »ist«, indem er sich im konkreten Wirklichen – Natur, Staat, Geschichte – entäußert und darüber zu einer wahren, neuen, komplexeren Einheit mit sich findet. Die von Hegel so stark betonte Dimension der Entwicklung und Selbstentfaltung des Geistes stellt hier das Neue dar. Die Entwicklung des Geistes wie der Geschichte vollzieht sich im Dreischritt von »Thesis« (Vater), »Antithesis« (Sohn) und »Synthesis« (heiliger Geist), also trinitarisch. Ernst Bloch hat diesen Dreischritt in seiner *Tübinger Einleitung in die Philosophie* (1963) für das Einzelbewusstsein so formuliert: »Ich bin. Aber ich habe mich nicht. Darum werden wir erst.« Die Hegel'sche Synthese ist zugleich religiös, erkenntnistheoretisch, lebensgeschichtlich und universalgeschichtlich angelegt. Die als Prozess und nicht als statische Hierarchie gedachte Überwölbung der subjektiven Entwicklung durch den objektiven Geist – den rechtlich geordneten Staat – und dessen Historie ist der Sinn des Seins. Gott ist der absolute Geist dieses ganzen Prozesses.

Gott ist bei Hegel »Geist« wie in der Metaphysik zuvor, aber einer, der erst zu sich, zu seiner wahren Freiheit kommen muss, der sich im Individuum wie in der Geschichte zu sich selbst emporarbeitet. Ein eigentlich pantheistischer Gott: Sein Sein findet »mitten« im sich ständig wandelnden Leben statt, nicht in irgendeinem Jenseits. Und das Prinzip der wechselseitigen »Anerkennung« der Freien, das zum Leben des Staatsbürgers wie zu dem des selbstbewussten Arbeiters gehört wie das Wasser zum Fisch, ist die moralische Konkretion dieses absoluten Geistes. Bei Hegel sind Gott und Moral fast wieder so eng aufeinander bezogen wie der redende Gott und das von ihm verkündete Gesetz im Alten Testament. Und das trotz der tiefen Kluft zwischen erzählender Bibel und philosophischem System.

Nachdem die Entwicklung des Geistes zu sich selbst in ihr vorläufiges Endstadium gefunden hat – in den preußischen Rechtsstaat und in die philosophische Selbsterkenntnis des Absoluten durch das Hegel'sche System –, gibt es, so Hegel, keine wesentlichen »Entgegensetzungen« mehr, deren Überwindungen neue Epochen einläuten könnten. Darum lassen sich zwar noch weitere Entwicklungen, Höhepunkte und auch Rückfälle, erwarten, aber keine wesentlichen Umbrüche und Aufbrüche mehr. Die Menschheit hat, meint Hegel, fortan kein »Chaos mehr in sich«, was er begrüßt, Friedrich Nietzsche aber zum Hassgesang auf den lauen, selbstzufriedenen »letzten Menschen« (in *Also sprach Zarathustra*) reizt. Diese These variiert rund 150 Jahre später der US-Politikwissenschaftler Francis Fukuyama (Jahrgang 1952). In seinem Buch *Das Ende der Geschichte* (1992) behauptet er, nach dem Ende der großen Konfrontation von Kommunismus und Kapitalismus und nach dem Fall der Berliner Mauer werde es kein substanziell neues politisches System mehr geben, das sich radikal von der erfolgreichen Mischung aus Demokratie, freier Marktwirtschaft und Rechtsstaat unterscheidet. Der Titel der amerkanischen Originalausgabe, *The end of history and the last man*, macht bereits klar, dass Fukuyama in dem vermeintlichen Sieg der liberalen Demokratie die Gefahr sieht, dass die Menschheit den leidenschaftlichen »Kampf um Anerkennung« (Hegel) dem Postulat der größtmöglichen Bequemlichkeit unterordnet; und damit Nietzsches Schreckensvision vom »letzten Menschen« Wahrheit wird.

Hegels Gott »ist« also, indem er wird. »Ist« dieser Gott denn wirklich und wahrhaftig? Nein, Hegel fängt das irdische Echo der großen göttlichen Posaune ein, mehr nicht. Aus Transzendenz wird – fast ganz – Immanenz, das Jenseits dient dem Diesseits als Überhöhung ins Wesentliche. Was dieser Gott bewirkt, wird auf imponierend umfassende und dialektisch raffinierte, wenn auch oft schwer verständliche Weise von Hegel dargestellt. Aber dieser Gott hat jene Unnahbarkeit und Unbegreiflichkeit, die ihn im Alten Testament umhüllen wie Donner, Blitz und Beben, völlig verloren: »Rede du mit uns«, sagt das Volk am Fuß des Sinai zu Mose, »wir wollen hören; aber lass Gott nicht mit uns reden, wir könnten sonst sterben« (2. Buch Mose, 20,19). Hegels Gott »zerschmettert« niemanden mehr, wie es der mosaische androht: Er ist der ranghöchste, im philosophischen Oberseminar geadelte Mitarbeiter der weltgeschichtlichen Fortschrittsmaschine. Nichts Numinoses, nichts erschreckend Auratisches, nichts befremdlich Heiliges, nichts zornig Tobendes, bloß noch profane Vernünftigkeit, Versöhnung der Gegensätze.

Diese Zivilisierung Gottes setzt sich dann nach Hegel – auf positive Art und Weise – fort: Das kühle Verhältnis zum Vernunft-Gott, das Descartes noch im 17. Jahrhundert auf der Basis der rationalen Selbstvergewisserung »Ich denke, also bin ich« aufbaute, wird wieder emotionaler, indem es, zum Beispiel bei dem Theologen und Philosophen Friedrich Schleiermacher, im »Gefühl des Unendlichen« versinkt. Der Hegel-Schüler Ludwig Feuerbach, der Descartes durch die

Replik »Ich fühle, also bin ich« korrigiert, schreibt in seinem religionskritischen Hauptwerk *Das Wesen der Religion* (1851): »Die Grunddogmen des Christentums sind erfüllte Herzenswünsche.« Es sei eben »gemütlicher, sich von Gott geliebt zu wissen, als sich selbst zu lieben« – was ja impliziere, dass man die »Kraft der Selbsttätigkeit« und Selbstbefreiung aufbringe. Gegen diese Gemütlichkeit rebelliert wiederum der dänische Theologe Sören Kierkegaard (siehe auch Seite 263), ohne indes die Abwanderung Gottes in die menschliche Innerlichkeit zu stoppen. Er spricht zwar noch von »der Ewigkeit Forderung« an die Seele und attackiert den »letzten Menschen« ähnlich energisch wie Nietzsche, aber worum es dabei im Grunde geht, das ist die unerbittliche Aufforderung an das Individuum, wahrhaftig »ein Selbst« zu werden.

All dies belegt die schleichende Verwandlung der Theologie in Anthropologie seit etwa 1800. Diese tendenzielle Einebnung der Vertikale gelangte im Existenzialismus des 20. Jahrhunderts, bei Jean-Paul Sartre ebenso wie bei Heidegger, in jenes graue Watt, das nach diesen Nachzüglern alter philosophischer Kühnheit durch empirische Einzelwissenschaften wie Psychologie, Ethnologie, Verhaltensbiologie und Hirnforschung übernommen – und weiter verflacht – wurde. Eine Wiederauferstehung des einst so leuchtend lodernden Gottes fand dabei nicht statt.

Der Schritt von der Hegel'schen Historisierung Gottes zur endgültigen Vermenschlichung des ehemals gefürchteten Unnahbaren (der häufige Ausspruch »Fürchtet euch nicht!« setzt ja die Furcht voraus) ist nicht sehr groß. Je menschlicher dieser Gott dabei wird, desto heftiger und auch plausibler wird der Verdacht, er sei am Ende wirklich nur von Menschen gemacht. Wo dieser Verdacht zur Gewissheit wird, naht der »Tod Gottes«, den Nietzsche meint (siehe auch Seite 249).

Trotzdem ist Gott nicht »tot«. Der Philosoph und Kulturhistoriker Rüdiger Safranski (Jahrgang 1945) schreibt in dem Essay »Gott ist doch nicht tot« (2004), der »Glaube an den

Menschen« sei »womöglich leichter« gewesen, »als man noch den Umweg über Gott nahm«. Und er begründet seine These: »Weil der Mensch die Moral, die Entscheidung über Gut und Böse also, in einem Fundament verankert sehen möchte, das tiefer und umfassender ist als er selbst. Eine Moral, von der man weiß, dass man ihr Erfinder ist, hat nicht dieselbe unbedingte, transzendierende Bedeutung.« Noch heute gelte, so Safranski, die alte Einsicht: »Der Mensch ist ein Wesen, das transzendieren, das heißt: über sich hinausgehen kann; ein Wesen, zu dem es gehört, dass es sich nicht selbst gehört.«

Im Menschen, meinte Goethe so schön, schlägt die Natur die Augen auf und bemerkt, dass sie da ist. Safranski ergänzt: »Im Menschen ist die Natur gesteigert zur Selbstsichtbarkeit und damit zur Selbsttranszendenz. Daraus erwächst das große Staunen darüber, dass es das Sein gibt und nicht das Nichts.«

Für René Descartes (1596 bis 1650) steckte in dieser Selbsttranszendenz der entscheidende Gottes-Erweis. In der dritten seiner *Meditationen über die Metaphysik* (1642) heißt es: »Unter dem Namen Gott verstehe ich eine bestimmte unendliche, unabhängige, höchster Einsicht fähige, allmächtige Substanz, von der sowohl ich selbst, als auch alles andere, was es auch sei, geschaffen ist … Dies alles ist in der Tat so viel, dass es, je sorgfältiger ich es berücksichtige, desto weniger von mir allein hervorgebracht« sein kann. »Obwohl die Idee der Substanz allein deshalb in mir ist, weil ich eine Substanz bin, wäre, weil ich endlich bin, die Idee einer unendlichen Substanz deshalb doch noch nicht in mir, wenn sie nicht von irgendeiner Substanz, die tatsächlich unendlich ist, herrühren würde.«

Damit begründet Descartes, »dass Gott notwendig existiert«. Diesen »Gottesbeweis« – den Rückschluss von der Idee des Unendlichen auf dessen Existenz – hatte der Benediktinermönch Anselm von Canterbury bereits im 11. Jahrhundert vorgezeichnet.

Zu meiner »Selbsttranszendenz« gehören die Erfahrung meiner Endlichkeit, meiner Abhängigkeit von allem, was, wie

Descartes sagt, nicht »von mir allein hervorgebracht« sein kann, sowie die Einsicht, dass die »Idee der unendlichen Substanz«, also die Idee eines ewigen Gottes, in meinem Kopf sich ausmacht wie der Besucher aus einer anderen Dimension der Wirklichkeit. Religiöses Bewusstsein fängt auch heute mit Demut an, mit der zur skeptischen Bescheidenheit zwingenden Erkenntnis, dass der Mensch eben nicht über sich und die Welt verfügen kann wie über ein technisches Gerät, das er konstruiert hat – mögen auch philosophische Aufklärung, Medienmoderne, umfassende Computerisierung von Handel und Wandel, einzelwissenschaftlicher Fortschritt (Genforschung!) und das stetig wachsende Tempo der zivilisatorischen Neuerungen das Gegenteil suggerieren. Wir verfügen nicht komplett über uns selbst, sofern nicht wir es waren, die auf die Idee gekommen sind, den Ur-Sprung des Noch-Nicht-Seienden aus dem Nichts in die Materie, in die Existenz des Weltalls, der Erde und dann auch in die Evolution der Lebewesen zu wagen, befördert durch den »Urknall« aus winzigsten Elementen (oder wodurch auch immer).

Ausgerechnet der Philosoph Ludwig Wittgenstein (1889 bis 1951), der die klassische Gottes-Philosophie zum bloßen »Sprachspiel« erklärt hat und vielen als der wirkungsvollste Demonteur des metaphysischen Denkens gilt, bestätigt diese Art von religiösem Bewusstsein. Zwar glaubte er durchaus, die Existenz Gottes könne nicht bewiesen werden. Aber er räumte ein, dass es wesentlich zur Ethik gehöre, »unsere Grenzen anzuerkennen« – auch die Grenzen der Vernunft. Wir Menschen seien »in gewissem Sinne abhängig, und das, wovon wir abhängig sind, können wir Gott nennen; Gott wäre in diesem Sinne einfach das Schicksal oder, was dasselbe ist, die – von unserem Willen unabhängige – Welt«. An die Einheit der ganzen »Welt« können wir letztlich nur glauben: Wir können sie ja nicht – als Ganze – wahrnehmen und erkennen.

Fassen wir zusammen: Wir stehen täglich vor dem wunderbaren, schrecklichen Rätsel, dass wir nicht wissen, warum überhaupt etwas existiert. Wir wissen, es gab Ursubstanzen, aus denen dann, unter abenteuerlich günstigen Umständen, die Evolution ein so wunderliches Wesen wie den Menschen entstehen ließ. Über das Wie dieser Entstehung ist mittlerweile viel bekannt. Aber das »Wieso überhaupt?« bleibt im Dunklen. Oder wie Wittgenstein es formuliert hat: »Nicht wie die Welt ist, ist das Mystische, sondern dass sie ist.«

An Gott glauben, heißt insofern erst einmal dies: aus dem »großen Staunen« (Safranski) heraus zu glauben, dass das Rätsel des Seins überhaupt und dann auch das unserer menschlichen Existenz einen guten Anfang hatte; dass wir auch nach diesem Anfang nicht heldenhafte Herren unserer selbst sind, sondern entweder Angst haben müssen oder Dankbarkeit für das wichtiger finden, was man früher »Schicksal« genannt hat; und dass jenem Geheimnis, das uns und den Kosmos täglich so sanft und unheimlich umhüllt wie der Nachthimmel die Erde, letzlich eher zu trauen als zu misstrauen ist; weil am Ende doch stimmt, was Gott am Ende des sechsten Schöpfungstags bemerkt – »und siehe, es war sehr gut«; und dass der Mensch, dessen Vernunft sich zeigt, indem er spricht, keinen Fehler macht, wenn er das letzte Geheimnis seiner Existenz und alles Existenten als Dialog-Partner begreift und annimmt.

Warum sollte der Urgrund von allem weniger klug sein als das von ihm Gegründete? Und warum sollte dieser Ur-Kluge eigentlich nicht in der Lage sein, mit Hilfe menschlicher Fürsprecher zu uns zu reden? Und so glauben wir schließlich, dass der moralische Sinn dieser Rede in den Zehn Geboten enthalten ist.

Der Nicht-Name »Gott« heißt in diesem Zusammenhang: Das von uns Menschen personalisierte – und damit vielleicht auch verkannte – Geheimnis der Existenz, diese elementare Tatsache, dass es Sein (und uns) überhaupt gibt, bleibt in Bezug auf ihre Verstehbarkeit grundsätzlich außerhalb unserer Planungshoheit, bleibt unverfügbar, fern und für sich. Wir nennen diese Tatsache »Gott«, um damit zu sagen: Wir vertrauen auf die Güte des Ich und Welt »Umgreifenden« (Karl Jaspers). Wer diese Güte, um die menschliche Moral zu verbessern, sozusagen einbürgert, ihr die echte Transzendenz kappt und sie zu einer Art von besonderem anthropologischen »Grundwert« verharmlost, der ist ihr potentieller Totengräber. Ihre umwerfende Faktizität muss fremd bleiben: nicht von dieser Welt. Nur als transzendenter Seinsgrund, nicht als Unbedingtheits-Einlage des Ethik-Unterrichts, sichert sie die Freiheit des Menschen gegen diese Welt.

Menschlich gedacht bedeutet das: Eines Gottes wäre es nicht würdig, wenn er sich von Menschen verehren ließe, die dies nicht aus freiem Entschluss täten. Humane Autonomie schließt das gläubige Zurücktreten vor dem unermesslichen Urgrund von allem nicht aus, sie setzt es voraus und wird dadurch vor Dünkel bewahrt. Und diese Autonomie verhindert auch nicht Gottes »Vorsehung«, falls es sie denn überhaupt gibt: Wir sind ja gerade in unserer Freiheit »vorgesehen«.

»Ist« Gott also? Ja, als geglaubte Gutartigkeit unseres tiefsten Existenzgeheimnisses. Gewiss haben wir keine Kenntnis über den Modus, in dem dieses Überirdische das Sein des Seienden – und dessen Lesbarkeit für unsere Erkenntnis – ermöglicht (»schöpft«). Insofern ist das, was wir eigentlich ziemlich hilflos »Gott« nennen, wesentlich ein verborgener Gott, ein *deus absconditus,* wie Luther sagt, indem er den Propheten Jesaja zitiert: »Fürwahr, du bist ein verborgener Gott«(Jesaja, 45,15). Ob er über Jesus tatsächlich zum definitiv geoffenbarten Gott (*deus revelatus*) mutiert ist, lassen wir offen. Wer die erste Absurdität – dass diese Welt einen guten Gott zum Grunde haben soll – glaubt, der muss ja nicht gleich zur nächsten Absurdität springen – nämlich dass dieser Gott unabhängig von seiner Schöpfung auch noch als menschlicher Sünder, als sein eigener »Sohn«, auf uns zugegangen ist, um unsere Seelen zu retten. Das kann einen denkenden Menschen überfordern. Jesus als zweiter Mose – mag hingegen genügen.

Da »Gott« auch die Chiffre für die überirdische Herkunft jenes unheimlichen Natur-Geschenks ist, das wir Geist nennen; und da wir ohne den Geist nicht frei wären; und da wir aus der letztlichen Gutartigkeit des Seins auch für den Menschen eine Urpflicht zum Gutsein ableiten (auch als logische Folge des Staunens: was ich bestaune, will ich schützen), drängt sich eine Frage besonders auf: Wieso gibt es eigentlich außer Tod und Krankheit noch das mutwillig und überflüssig Böse in dieser Welt? War und ist das Ur-Geheimnis, »das Gott«, zu schwach, das Böse zu verhindern? Eine Schlüsselgestalt der Bibel, die zu einer möglichen Antwort auf diese entscheidende Frage der »Theodizee« – so nennt man die Rechtfertigung Gottes gegen den Vorwurf, er sei auch für das Böse verant-wortlich – Wichtiges beiträgt, ist Judas, »der Verräter«.

Wieso das von ihnen und Jesus gepredigte Gute den Bösewicht braucht. Exkurs über Judas

Im Jahr 2006 ist erstmals eine apokryphe Schrift publiziert worden, die in den siebziger Jahren des vorigen Jahrhunderts in Mittelägypten gefunden worden, aber seitdem verschollen war. Es ist das sogenannte Judas-Evangelium, das wohl im 2. Jahrhundert n. Chr. in einer frühchristlichen Gemeinde aufgeschrieben wurde und jetzt von Spezialisten, die den teilweise verdorbenen Papyrus-Codex aus dem 4. Jahrhundert n. Chr. restauriert haben, entziffert wurde. Darin wird Judas, der Verräter, als wahrer Held gezeichnet. Angenommen, dieses gewiss schon im 1. Jahrhundert n. Chr. – also zur selben Zeit, in der das Markus-Evangelium fixiert wurde – konzipierte Judas-Evangelium hätte sich durchgesetzt; und die Christenwelt glaubte mehrheitlich, Judas habe »als Einziger« von allen Jüngern Jesu dessen messianische »Wahrheit erkannt« und sei von »den Zwölfen« zu Tode gesteinigt worden, also eigentlich ein Märtyrer – die nachbiblische Kulturgeschichte wäre eines ihrer dramatischsten Motive beraubt gewesen. Ohne Schatten kein Licht, ohne das Böse nichts Gutes: Ohne Judas, den Verräter, den geldgierigen Finsterling, gibt es keinen strahlenden Helden namens Jesus.

Dieser Jesus verliert – als Opfer des verräterischen Weggefährten – sein Leben und wird dadurch zum »Heiland« der sündigen Menschheit; zugleich aber stempelt er den Verräter, den »falschen Bruder«, wie Althistoriker Paul Veyne (Jahrgang 1930) ihn nennt, zum verächtlichsten aller Menschen. Über diesen Archetyp des abtrünnigen Intimus schreibt der Evangelist Matthäus, es wäre für ihn besser gewesen, »er wäre nie geboren«. Ein Urteil, das in zahlreichen Gedichten, legendenhaften Erzählungen und Passionsspielen (zwischen Brixen und Oberammergau) lange Zeit prägend fortgewirkt hat und erst in der Aufklärung des 18. Jahrhunderts in Frage gestellt wurde.

Die Spannung zwischen dem anbetungswürdigen Anführer und einem seiner besten Gefolgsleute – der zum abscheulichen Verräter an der großen gemeinsamen Sache und damit auch seines Herrn wird – ist ein wichtiges Element vieler außerbiblischer Abenteuer- und Helden-Epen. Nähme man sie der Bibel, sie wäre erzählerisch ärmer. Die aus dem Judas-Evangelium folgende Übertragung der Schurkenrolle auf alle anderen Jünger ist dramaturgisch schwächer: Eine diffuse, abtrünnige Bande von Schurken bleibt ohne Gesicht; ästhetisch ungleich effektvoller ist es, wenn das Böse individuell sichtbar und greifbar wird in einem einzigen Bösewicht, der als übermächtiger Horrorbote des Satans die Gemeinschaft der Guten um sich schart und so erst zu einer solchen formt.

Neben dem kirchlichen Dogma mag die erzählerische Dramaturgie sogar einer der Gründe dafür sein, dass die klassische Judas-Figur über Jahrhunderte hinweg so unangefochten die christlichen Legenden, Parabeln und Dramen beherrschen konnte. Der eine Schuft, der Sündenbock, der vom Teufel Besessene, der Betrüger, der hässliche Verräter – ihn braucht das Publikum, das die Schieflage einer Welt begreifen möchte, deren Schöpfer doch alles so gut gemeint hat. Man brauchte Judas, die exemplarische Verkörperung des Bösen, als Erklärung für den Tod des Menschensohns, so wie man später die Juden brauchte als Erklärung für das Wüten der Pest.

So einhellig das Bild des treulosen, bestechlichen, heuchlerisch küssenden, vom Teufel getriebenen Ex-Jüngers die meisten Texte dominiert, die zwischen dem 2. und 18. Jahrhundert die Judas-Geschichte variieren, so unterschiedlich fällt die Antwort auf die wohl spannendste Frage dieser Geschichte aus: Was war das Motiv des Verrats? Die dreißig

Silberlinge, die der Verräter Matthäus zufolge als Blutgeld bekommen hat, verweisen auf das allerniedrigste Motiv: Geldgier. Die Summe entsprach etwa dem zeitgenössischen Preis für einen Sklaven; ein relativ bescheidener Lohn also, nicht zuletzt angesichts der Tatsache, dass Judas ja der Kassenwart der Jesus-Jünger war und so eine vergleichsweise schäbige Bezahlung kaum als Bereicherung empfunden haben dürfte. Er wirft den Auftraggebern nach erledigter Arbeit das Geld ja auch vor die Füße.

Geldgier greift als Motiv für den moralischen Abgrund, den der falsche Bruder einer verschworenen Gemeinschaft aufreißt, zu kurz; eher bedient sie zusätzlich den Ekel und die Verachtung, die man dem Verrat an sich schuldet, sie gehört sozusagen zur theatralischen Ausstattung des Bösewichts. Das Motiv funktioniert ähnlich wie das gelbe Gewand, die derben Gesichtszüge und das fuchsrote Haar, die dem Judas in vielen mittelalterlichen Darstellungen das schauerliche Aussehen der schieren Niedertracht geben sollen.

Auf dem berühmten Fresko-Gemälde von Giovanni Canavesio, das um 1492 für eine Kapelle in La Brigue entstanden ist, sticht die Abscheulichkeit dieses Menschen dem Betrachter besonders ins Auge: Judas erhängt sich darauf mit einem rustikalen Strick an einem Baum, Augen und Mund sind weit aufgerissen, die Haare zottelig, ein geschwänztes, ziegenbockartig gehörntes Teufelstier reißt ihm die Seele, einen menschenähnlichen Winzling, aus dem aufgeplatzten Bauch, dessen Gedärme und Organe sich über das ärmliche Gewand des Schurken ergießen.

Der Verräter, so will diese Darstellung uns lehren, ist schon aus ästhetischen Gründen abzulehnen. Er stört jede Harmonie, das gottgewollte Gefüge jeder geordneten Gemeinschaft mehr als der gemeine Dieb oder Mörder, weil er – als ehemaliger Mitbruder – im Unterschied zu diesen ja das geheime Wissen dieser Gemeinschaft teilt und eine ganze Weile mitverwaltet hat. Dem Dieb oder Mörder, der an seiner Seite gekreuzigt wird, kann Jesus verzeihen – dem Verräter Judas aber nicht.

Die Psychologie des in alle Ewigkeit verfluchten, dämonischen Verräters beschäftigt die Literatur der Jahrhunderte stets intensiver als etwa die Psychologie des guten Menschen. In der lateinischen Legendensammlung *(Legenda aurea)* des Jacobus de Voragine aus der zweiten Hälfte des 13. Jahrhunderts wird, ausdrücklich als »apokryphe Geschichte«, der böse Charakter des Judas mit seiner Kindheit und einer familiären Verstrickung erläutert, die sich an den antiken Ödipus-Stoff anlehnt: Die Eltern des Judas, Ruben und Cyborea, legen den frisch geborenen Sohn in einen Binsenkorb und überlassen ihn dem Meer – aus Angst, der Traum der Schwangeren, sie werde einen »bösen« Volksverderber zur Welt bringen, könne sich bewahrheiten. Die Königin der Insel Scharioth entdeckt den Korb am Strand und adoptiert den Findling.

Mit dem echten Sohn der Königin, der bald darauf geboren wird, gerät der heranwachsende Judas ständig in Streit. Für seine »Bosheit« schlägt ihn die Königin »oftmals sehr«. Als sie ihm in der Wut offenbart, dass er ja nur ein Findling sei, tötet er seinen vermeintlichen Bruder. Er flieht und wird schließlich Hofmeister im Palast des Pilatus. Im Streit um Äpfel, die er für Pilatus aus dem Garten des Ruben stiehlt, erschlägt er Ruben – seinen Vater. Pilatus gibt ihm Rubens Gattin Cyborea zur Frau – seine eigene Mutter. In dem Moment, wo ihm das Ungeheuerliche seines Tuns klar wird, sucht er im Gefolge Jesu Vergebung für seine Sünden.

Diese Judas-Legende wird von dem Prediger und theologischen Schriftsteller Abraham a Sancta Clara (1644 bis 1709) in seiner Schrift *Judas, der Erzschelm, für ehrliche Leute* (1686) ausschmückend nacherzählt. Hier fährt Judas nach dem entscheidenden Verrat an Jesus und nach der Selbsttötung zur Hölle, wo er neben Luzifer persönlich sitzt. Dort hat er es vergleichsweise komfortabel, verglichen mit dem Höllenaufenthalt, den ihm Dante in seinem großen Vers-Epos *Die Gött-*

liche Komödie (1327) zumutet, wo Luzifer, in Gestalt eines dreiköpfigen, sechsäugigen, ekelhaft triefenden und Blut spuckenden Ungeheuers, die (körperlich vorgestellte) Judas-Seele zusammen mit den Seelen der legendären Verräter Brutus und Cassius zermalmt, und zwar ewig.

Die Psychologie dieser Judas-Variante ist klar: Judas ist nicht böse aus Geldgier, sondern er ist auch geldgierig, weil er zutiefst böse und verdorben ist. Die Geldgier ist nicht viel mehr als die typische hässliche Begleiteigenschaft eines Menschen, der von Anfang an des Teufels war, verworfen wie Ödipus, der sich nach der Ermordung seines Vaters und der Heirat seiner Mutter mit einer Haarspange blendet und auf eine einsame Insel zurückzieht, was – bedenkt man, dass er vorher König von Theben war – einem Selbstmord zu Lebzeiten gleichkommt.

In dieser Version wird Judas also zum Verräter des Jesus, weil er gar nicht anders kann, als böse zu sein. Er verkörpert geradezu das Prinzip des Bösen – und zwar in jeder Phase seiner Lebensgeschichte. Schon im Mutterleib ist er der Verfluchte, der Antichrist, dessen Selbsttötung, dieses unwürdige Baumeln am Baum, die Kreuzigung des Jesus in farcenhafter Verzerrung spiegelt.

Die Maler Giotto und Hieronymus Bosch haben dieses Nebeneinander der Selbsttötung des Judas und des Kreuzestodes Jesu eindrucksvoll inszeniert. Erst der Barockmaler Peter Paul Rubens nahm endgültig das menetekelhaft Krasse aus diesem Bild satanischer Verworfenheit, indem er – auf dem Gemälde »Das letzte Abendmahl« von 1632 – Judas optisch wieder in den Kreis der Jünger integrierte (siehe auch Seite 147). Während Jesus das Brot segnet und die übrigen Jünger auf ihn und den Lichtstrahl von oben schauen, wendet der vorn sitzende Judas der frommen Gemeinschaft den Rücken zu. Mit aufgerissenen Augen sieht er aus dem Bild heraus, als suche er den Blick des Betrachters – einen möglichen Verbündeten des geplanten Verrats. Ein Hund zu seinen Füßen deutet an: Hier sind wohl auch niedere Instinkte im Spiel.

Das Bild kreist um die Ambivalenz, um das schillernd Rätselhafte und Vieldeutige des Verrats und distanziert sich, ähnlich wie Rembrandts fast gleichzeitig entstandenes Bild mit dem Titel »Judas bringt die Silberlinge zurück«, von der Karikatur des Bösen, die frühere Darstellungen beherrscht hat. Der Blick, den der Rubens'sche Judas dem Bildbetrachter zuwirft, sagt nicht nur erschrocken: O je, und ich gehöre bald nicht mehr zu ihnen! Er enthält auch Skepsis, eine zweifelnde Wachheit, die das Segnen des Brotes und das geheimbündlerische Zusammenglucken der anderen Jünger womöglich für sektenhaften Spuk hält. Hier ist auch der Maler des Bildes ein Verräter.

Erst das 18. Jahrhundert bringt eine Wendung in der Judas-Tradition. Aus der Inkarnation des Teufels, dem Zerrspiegel des Mensch gewordenen Gottes, wird der politisch und persönlich Enttäuschte, der den Auftrag des Messias von Anfang an anders verstanden hat als Jesus selbst. Judas wird entlastet – und zwar zum ersten Mal in dem Vers-Epos *Der Messias*, das Friedrich Gottlieb Klopstock 1748 veröffentlichte, damals noch Hauslehrer in Langensalza.

Klopstocks Judas ist ein schöner, ungeduldiger Mann. Hoffend glaubt er an eine irdische Herrschaft des Messias, die die Juden von den Römern befreit und ihm selbst Einfluss und Wohlstand beschert. Durch seinen Verrat will er Jesus zwingen, seine wahre Herrlichkeit zu offenbaren und den Auftrag zu erfüllen, König der Juden zu sein und damit das Erlösungsgeschehen zu ermöglichen. Dieser Judas glaubt mehr an Jesus als dieser an sich selbst.

Auf dieser neuen, Judas entlastenden Deutung beruhen nahezu alle Darstellungen des Stoffs in der Folgezeit. Goethe plante ein Drama über Ahasver, den »ewigen Juden« und Türhüter des Pilatus; Judas sollte darin als enttäuschter Patriot auftreten, der Jesus also nicht aus Gewinnsucht verrät. In *Aus meinem Leben. Dichtung und Wahrheit* (1811 bis 1814) kommt Goethe auf dieses Projekt zurück und lässt Judas

Judas-Darstellung »Das letzte Abendmahl« (1632)
von Peter Paul Rubens: Nur der Verräter
schaut aus dem Bild heraus.

gegenüber Ahasver die »misslungene Tat« (den Verrat) gestehen. Er, Judas, »sei nämlich, so gut als die klügsten der übrigen Anhänger, fest überzeugt gewesen, dass Christus sich als Regent und Volkshaupt erklären werde, und habe das bisher unüberwindliche Zaudern des Herrn mit Gewalt zur Tat nötigen wollen, und deswegen die Priesterschaft zu Tätlichkeiten aufgereizt, welche auch diese bisher nicht gewagt.« Wahrscheinlich, ergänzt er, »wäre alles gut abgelaufen, wenn der Herr sich nicht selbst ergeben hätte.« So sei, meint Goethe, dem »armen Ex-Apostel« nichts anderes übrig geblieben, »als in der Eile sich aufzuhängen«.

Heinrich Heine hat – im vierten Teil seiner *Reisebilder* (1830/31) – das längst verblasste Bild des Habgierigen noch einmal reaktiviert, in einer kurzen Bemerkung anlässlich eines von ihm geschilderten Besuchs im Dom von Lucca. Er bezeichnet Judas (»der mit dem roten Barte«) als »ökonomischen Apostel«. Der habe »den Beutel« geführt, und »die Gewohnheit der Geldgeschäfte hat ihn abgestumpft gegen alle uneigennützigen Nardendüfte der Liebe«. Er, »der Groschenwechsler«, habe »den Heiland« verraten. Heine fährt fort: »So hat das Evangelium auch symbolisch, in der Geschichte des Bankiers unter den Aposteln, die unheimliche Verführungsmacht, die im Geldsacke lauert, offenbart und vor der Treulosigkeit der Geschäftsleute gewarnt. Jeder Reiche ist ein Judas Ischariot.«

Die Judas-Variationen nach Heine verfolgen diese Spur allenfalls in den antisemitischen Schriften der Nazi-Zeit. Im Übrigen interessiert man sich mehr für die Verfeinerung der psychologischen Motivforschung. Dabei geht es zumal um diesen offenkundigen Widerspruch der Judas-Geschichte: Wenn sein Verrat den göttlichen Heilsplan erst möglich gemacht hat, wie frei konnte er da überhaupt agieren – und also schuldig werden? Nur wenn er frei handeln konnte, ist Judas eine tragische Figur und nicht bloß das willenlose Instrument göttlicher Fügung.

Der Schriftsteller und Philologe Walter Jens (Jahrgang 1923) stellt – in dem Bericht *Der Fall Judas* (1975) – auf dem Hintergrund dieser Debatte den fiktiven »Antrag auf Seligsprechung des Judas«. Darin argumentiert ein Franziskanerpater, nur Judas sei es zu verdanken, »dass in Erfüllung ging, was im Gesetz und bei den Propheten über den Menschensohn steht. Hätte er sich geweigert, unseren Herrn Jesus Christus den Großen Priestern zu übergeben, er wäre an Gott zum Verräter geworden. Ohne Judas kein Kreuz, ohne das Kreuz keine Erfüllung des Heilsplans.« Zum Schluss seines Plädoyers stellt der Pater den »Antrag«, Judas »seligzusprechen«. »Der Sohn der Hölle ist in Wahrheit der Beauftragte Gottes und der Bruder unseres Herrn Jesus gewesen. Ich denke, wir haben viel wiedergutzumachen an Judas.«

Von hier aus ist es nicht allzu weit zu der Spekulation, die der Argentinier Jorge Luis Borges (1899 bis 1986) in einer seiner Erzählungen *(Die Sekte der Dreißig)* wagt. Dort meint ein Theologe namens Runeberg: »Gott ward voll und ganz Mensch, aber Mensch bis zur Ruchlosigkeit, Mensch bis zur Verworfenheit und zum Abgrund. Zu unserer Errettung... wählte er ein allerniedrigstes Schicksal: Er wurde Judas.«

Da fehlt nur noch jene Konsequenz, die das Judas-Evangelium nahelegt: Wenn Gott Judas wurde, dann ist der Teufel am Ende in Jesus gefahren.

Was folgt aus alldem für unser Theodizee-Problem? Gott, der (das/die) Unergründliche, lässt das Böse nicht nur deshalb zu, weil die menschliche Freiheit die Möglichkeit zum Bösen notwendig einschließt; er lässt es auch zu, weil er das Gute will. Ohne das Böse gibt es nämlich auch das Gute nicht. Die These, solche Spekulationen seien angesichts von Ungeheuerlichkeiten wie dem Holocaust obsolet, der gute Gott sei zwar noch nicht beim verheerenden Erdbeben zu Lissabon im Jahr 1755, doch spätestens dann in Auschwitz 1944/45 verschieden, ist legitim als Ausdruck einer tiefen moralischen Empörung. Trotzdem ist sie nicht richtig. Die Freiheit zum

Bösen enthält auch die Freiheit zum »radikal Bösen« – in seiner Schrift »über das radikal Böse in der menschlichen Natur« (1792) unterscheidet Kant die wesensnotwendige menschliche »Anlage zum Guten« vom »Hang zum Bösen«, der als eher »zufällige« Abweichung vom Sittengesetz gleichwohl von der Freiheit nicht getrennt werden kann, ihr, wie Kant sagt, »anklebt«.

Außerdem zehrt ja gerade die moralische Empörung über die massenhafte Verfolgung und Tötung unschuldiger Menschen von jenem Maßstab, den in Europa zuerst das ewig »Kurzgefasste« der mosaischen »Grundweisung« (Thomas Mann) fixiert hat – im Namen Gottes. Thomas Mann schrieb seine Mose-Erzählung *Das Gesetz* im US-Exil übrigens als Antwort auf »Hitlers Krieg gegen das Sittengesetz«. Gott ist nicht in Hitlers Konzentrationslagern gestorben. Er hat uns erst die Kriterien dafür gegeben, derartige Lager und Mord-Rasereien bis in alle Ewigkeit zu ächten.

Was sie mit
anderen Kulturen verbindet

Islam

Im Vorderen Orient der letzten sechshundert Jahre v. Chr.
waren einige Gebote des biblischen Dekalogs mehr oder weniger Gemeingut. Das sind die elementaren Prinzipien eines aus-
kömmlichen sozialen Miteinanders – Tötungsverbot, Eltern
respektieren, nicht stehlen, nicht lügen und verleumden, nicht
in bestehende Ehen einbrechen, die rechtliche Stellung des
Nächsten, die vor allem seinen Hausstand und sein Ansehen
umfasst, nicht antasten. Diese Prinzipien festigten sich mit
dem Übergang vom ruhelosen Nomadenleben zur Kultur der
anhaltenden Sesshaftigkeit – erst in den Dörfern, dann in den
Städten. Denn: Ohne solche Regeln versinkt jedes urban ver-
dichtete Zusammenleben im Chaos.

Die sozialen Grundregeln, die bei den Zehn Geboten erst
nach den fundamentalen Glaubensgeboten auftreten, treffen
wir darum auch in den meisten Hochkulturen an, allerdings
in interessanten Varianten.

Dem Judentum und dem Christentum steht der Islam am
nächsten. Er entstand erst im 7. Jahrhundert n. Chr., hat aber
viele altorientalische Traditionen aus vorchristlicher Zeit
bewahrt und fortentwickelt. Der Koran, die »Lesung«, die
Mohammed (um 570 bis 632 n. Chr.), der »Gepriesene« und
»Gesandte Gottes«, als direktes Gotteswort vom Erzengel
Gabriel entgegengenommen hat, bezieht sich mehrfach auf
die Bibel der Juden und Christen. Allerdings ist die treffen-
dere Übersetzung für Koran »Vortrag« oder »das Aufgesagte«,

insofern als Mohammed selbst ja nicht lesen und schreiben konnte; er hat die Botschaft gehört und dann weitergesagt. Der Koran besteht aus 114 gereimten Abschnitten (»Suren«) und enthält, wie die Bibel, jede Menge Mahnungen, Rechtsvorschriften, aber auch Geschichten wie die erfolgreiche Flucht der Juden aus Ägypten, die Geburt Christi oder die Verkündigung des letzten Gerichts. In Sure 9,111 heißt es, Gott habe den Gläubigen das Paradies versprochen und dieses Versprechen habe er »gegeben in Tora, Evangelium und Koran«.

Die ältesten biografischen Geschichten über Mohammeds Leben hat der Prediger Ibn Ishaq (um 704 bis 767) gesammelt. Eine dieser Geschichten erzählt, wie Mohammed, in der Einsamkeit auf der halben Höhe eines Berges, durch »eine Stimme aus dem Himmel«, die sich als die Stimme des Erzengels Gabriel zu erkennen gibt, zum »Gesandten Gottes« berufen wird. Als Mohammed nach Hause kommt und seiner Frau Chadidscha davon berichtet, bestärkt diese ihn: »Sei froh und halte durch! … Ich hoffe, dass du der Prophet dieser Nation sein wirst.« Sie berichtet dann einem gebildeten Verwandten von Mohammeds Berufung. Dieser Verwandte »war eines Tages Christ geworden, er hatte die Schriften gelesen und bei denen, die an Tora und Evangelium glauben, Wissen erworben«. Der Verwandte jubelt »heilig, heilig!« und meint, falls diese Geschichte stimme, sei »das Gesetz, das zu Mose gekommen ist, nun auch zu ihm (Mohammed) gekommen, fürwahr, er ist der Prophet dieser Nation.«

An dieser Geschichte ist besonders bemerkenswert, dass der erste Zeuge von Mohammeds Berufung eine Frau ist; und dass der erste religiös kompetente Zeitgenosse, der die Glaubwürdigkeit von Mohammeds Berufung begutachtet, ein Christ ist. Das haben einige Hochburgen des muslimischen Glaubens, die heute Christen verfolgen (Irak) oder unterdrücken (Saudi-Arabien), anscheinend vergessen.

Eine andere, berühmte Geschichte aus dem Leben Mohammeds erzählt von einer ziemlich bizarren »Himmelsreise« des

Propheten. Mohammed liegt vor der Moschee in Mekka und schläft. Ein Engel weckt ihn. Da steht ein weißes, pferdeartiges Reittier mit Flügeln an den Hufen. Auf diesem Tier fliegt der Prophet, geführt vom Engel, nach Jerusalem. Auf dem Platz über dem Tempelberg trifft er Mose, Jesaja, Jesus und andere Propheten. Er betet mit ihnen und klettert dann auf einer Leiter zu den sieben Himmeln empor. An einer Ecke des Tempelberg-Felsens sei noch heute der damals entstandene Fußabdruck Mohammeds zu erkennen, sagt man. Im ersten Himmel, von wo aus Mohammed einen Blick in die Hölle werfen darf, wo er unter anderem Frauen sieht, die an ihren Brüsten aufgehängt sind, weil sie ihren Männern uneheliche Kinder geboren haben, trifft er Adam.

Im zweiten Himmel begegnet Mohammed dann (wieder) Jesus und Johannes dem Täufer, im dritten Josef. Im sechsten Himmel trifft er Mose, im siebten Abraham (Ibrahim). Eine andere Geschichte weiß, dass Mohammed im siebten Himmel mit Gott zusammenkommt – der schreibt ihm und seinen Anhängern täglich fünfzig Gebete vor. Auf dem Rückweg lässt sich Mohammed von Mose beraten. Der findet, fünfzig Gebete am Tag seien zu viel. Mohammed muss noch einmal zurück zu Gott und neu verhandeln. Am Ende einigt er sich mit dem Allerhöchsten auf fünf Gebete am Tag. So ist es denn bis heute die Regel.

Vom Christentum trennt den Islam Etliches. Zunächst einmal der Glaube, Jesus sei gekreuzigt worden – die Muslime sagen, Gott habe ihn irgendwann zu sich genommen. In der Sure 112,1–4 wird deutlich die wichtigste Abgrenzung zum Christentum markiert: »Er, Gott, ist Einer. Gott, der Beständige, der nicht gezeugt hat noch gezeugt wurde. Nicht einer ist ihm gleich.« Die Muslime bekennen sich zwar zum selben Gott wie Christen und Juden, aber die Verszeilen »der nicht gezeugt hat noch gezeugt wurde« polemisieren gegen die christliche Lehre, Jesus von Nazareth sei Gottes »Sohn«. Und der Nachsatz »nicht einer ist ihm gleich« wendet sich gegen die damit verbundene Lehre von der Trinität. Wenn keiner dem Gott gleicht, dann sind auch Vater, Sohn und Heiliger Geist als drei »wesensgleiche« Personen der christlichen Dreieinigkeit undenkbar. Da Jesus nicht Gottes Sohn ist, gilt es dem Islam als Ketzerei, wenn die Christen, da sie ja den gekreuzigten Jesus in ihren Kirchen zeigen, in gewisser Weise doch behaupten, sie könnten Gott abbilden. Je näher die bildende Kunst im Islam dem religiösen Bereich, etwa im Raum der Moschee, kommt, desto mehr konzentriert sie sich auf skripturale und ornamentale Schönheit, desto rigoroser vermeidet sie figürliche Darstellungen von Menschen, erst recht von Gott und seinen Propheten einschließlich Mohammed. Ein ausdrückliches Verbot, lebende Wesen, zumal Menschen und Propheten, bildlich darzustellen, gibt es zwar nicht im Koran, aber es hat sich im 8. Jahrhundert n. Chr. entsprechend den in dieser Zeit gesammelten Aussprüchen des Propheten (»Hadith«) weitgehend durchgesetzt.

Immerhin tolerieren und respektieren die Muslime die Juden und Christen als »Schriftbesitzer«, auch wenn sie ihnen im Staat höhere Ämter verweigern. Das spanische Andalusien war nach 711 n. Chr. etwa 500 Jahre lang arabisch-islamisches Kalifat. Im Unterschied zu den Muslimen durften die Christen dort nicht auf Pferden reiten, nur auf Eseln, mussten Steuern zahlen (für Muslime galt nur die Almosenpflicht) und in der Kleidung (durch eine Art Judenstern) kenntlich machen, dass sie Christen waren. Der Islam wirft Juden und Christen vor, sie hätten Gottes ursprüngliche Botschaft verfälscht; erst der Koran habe diese Verfälschungen korrigiert. Im Gegenzug war für die Christen des Mittelalters der Islam bloß eine »christliche Sekte«.

Vom Judentum trennt die Wüstensöhne weniger: Dass die Juden einen exklusiven »Bund« mit Gott geschlossen haben und sich darum als auserwählt empfinden, können Muslime natürlich nicht akzeptieren. Dass sie einen Messias, einen »Gesalbten« aus dem Hause Davids erwarten, der von Gott gesandt wird, um eine neue Epoche – oder Endzeit – des Heils zu eröffnen, halten Muslime schon deshalb für einen Irrglauben, weil Mohammed für sie definitiv der letzte »Gesandte« ist, den Gott auf die Erde geschickt hat. In der Sure 1,6–7 wird der »Weg« der Muslime, denen Gott »Gnade erwiesen« hat, vom Schicksal derer abgehoben, die den »geraden Weg« verschmäht hätten – die einen seien Gottes »Zorn« verfallen, die anderen »irregegangen«. Die einen – das sind wahrscheinlich die Juden; die anderen, die sich nur verirrt haben, die Christen. Die Juden werden schärfer verurteilt als die Christen, obwohl das, was die Christen glauben, dem Islam an sich ferner steht als das Alte Testament. Mohammed hatte wohl eine besondere Abneigung gegen die Juden. Ibn Ishaq und andere Quellen überliefern seine Anordnung: »Tötet jeden Juden, der unter eure Macht fällt.« Die Männer des jüdischen Stammes Quraiza ließ Mohammed enthaupten, nachdem und obwohl sie sich ihm ergeben hatten. Wenn Menschen im Grundsätzlichen nicht seiner Meinung waren, ließ Mohammed sie töten. Insgesamt achtzig politisch und religiös begründete Morde werden ihm nachgesagt. Für einen Propheten Gottes wären das ein paar zu viel.

Aber auch Mose war nicht gerade zimperlich im Umgang mit vermeintlichen Feinden. Als die wandernden Juden zur Oase Kadesch gelangen, befördern sie deren männliche Bewohner ohne Ausnahme ins Jenseits. Und als er, nach vierzig Tagen Gottesmeditation auf dem Berg Sinai, die heidnische Bescherung im Tal, das Anbeten des Goldenen Kalbs samt Wein, Weib und Gesang bestraft, befiehlt er seinen Gefolgsleuten: »Jeder lege sein Schwert an. Jeder erschlage seinen Bruder, seinen Freund, seinen Nächsten.« Und es fielen, sagt die Bibel kühl, »an jenem Tag gegen dreitausend Mann«. Mose führt, ähnlich wie Mohammed, einen »heiligen Krieg« gegen Völker, die nicht an Jahwe glauben, seien es nun »Hetiter«, »Amoriter« oder »Perisiter«. Er hat dabei ein gutes Gefühl, weil es ja eigentlich Jahwe selbst ist, der diese Ungläubigen aus dem Weg räumt.

Immerhin gilt: Die heiligen Schriften sind ein Schatz, den die Muslime sich in gewisser Weise mit den Juden und Christen teilen. Sie haben ja nicht nur den Urvater Abraham (Ibrahim) gemeinsam und dessen Sohn Ismael – den Abraham mit seiner zweiten Frau Hagar zeugte, einer Magd-Sklavin aus Ägypten; Ismael ist der Ahnherr der arabischen Stämme (mit »zwölf Fürsten«); Abrahams erste Frau Sara gebar ihm Isaak, den Ahnherrn der zwölf jüdischen Stämme. Ferner haben sie gemeinsam den Propheten Mose, alttestamentarische Helden wie Noah, Salomo und David, schließlich sogar Maria als Jesu Mutter. Allerdings ist Jesus für die Muslime nur ein Prophet. Er wird übrigens als Muslim bezeichnet, weil er dem Islam, was so viel heißt wie »Ergebung in Gott«, angehört habe. Im Gegenzug bestreiten die Christen, ebenso wie die Juden, den Propheten-Status von Mohammed.

Dass Mohammed nicht lesen konnte, halten Christen für eine Schutzbehauptung: Die Muslime wollten damit plausibel machen, dass Mohammed den Koran eben nur von Gott persönlich, über den Erzengel Gabriel, vernommen haben konnte, um das Vernommene dann nach und nach verschiedenen Sekretären zu diktieren. Einem Mohammed, der des Schreibens und Lesens mächtig gewesen wäre, hätte man leichter unterstellen können, er habe seine Lehre bloß aus der Bibel abgekupfert.

Zweifellos betont der Islam die einzigartige Erhabenheit des einen Gottes gegenüber allen anderen Personen und Dingen viel entschiedener als das Christentum. Diese wunderbare Entschiedenheit hat der Islam mit dem Alten Testament gemeinsam. Allerdings bringt diese gemeinsame Entschiedenheit auch eine gemeinsame Härte mit sich: vor allem gegen Andersgläubige. An die Strenge des Alten Testaments erinnert der Islam nicht zuletzt in seinem Rechtsbewusstsein. Steinigungen und Straf-Tötungen werden in beiden Religionen zuhauf angedroht.

Moralische Gebote sind im Islam, als Richtschnur gottgefälligen Verhaltens, von Rechtsverordnungen nicht so klar zu trennen wie in Judentum und Christentum. Sie werden auch nicht in der formalen Strenge eines Dekalogs aufgelistet. Und sie werden nicht, wie es die Bibel (ehre die Eltern, »auf dass du lange lebest«) häufig versucht, mit Gründen aus menschlicher Vernunft zusätzlich gestützt, sondern sie gelten als wahr und gerecht allein deshalb, weil Gott sie angeordnet hat. So wie Gott die Lüge verboten hat, hätte er sie ebenso gut befehlen können – im Islam darf der Mensch allein deswegen nicht lügen, weil Gott das Verbot der Lüge geoffenbart hat.

Inhaltlich entsprechen die meisten moralischen Gebote des Islam denen der Bibel, wobei das, was im Koran steht, ergänzt wird durch tradierte Rechtspraxis, Brauchtum und islamische Lehrbücher des Mittelalters. Die wichtigsten islamischen Gebote sind, unter anderem nach der 17. Sure: »Setze neben Gott keinen anderen Gott«; »Erweist den Eltern Güte«; »Gib dem Verwandten, ebenso dem Armen und dem Reisenden«; »Lasst euch nicht auf Unzucht ein«; »Tötet niemanden – es sei denn zu Recht«; »Wandle nicht in Übermut auf der Erde«. Es wird auch untersagt, zu lügen oder jemanden durch Betrug um sein Vermögen zu bringen (ausdrücklich geschützt ist das Vermögen der Waisen – Mohammed war ein Waisenkind wie Mose). Besitzgier und Hass, Hochmut und Geiz (zumal den Armen gegenüber) werden im Koran regelmäßig geächtet. Verbindlich empfohlen werden: Geduld, Nachsicht, Dankbarkeit, Beharrlichkeit, Gerechtigkeit, freundliches Grüßen, Almosen-Geben, die Ehe als »feste Verpflichtung« betrachten (ein Mann hat bis zu vier Ehefrauen: »wenn ihr fürchtet, so viele nicht gerecht zu behandeln, dann nur eine«; eine Frau darf aber nicht mehrere Männer haben), fünfmal täglich zu Gott beten, kein Schweinefleisch essen, kein Glücksspiel spielen und keine berauschenden Getränke konsumieren, im Fastenmonat Ramadan tagsüber nicht essen, einmal im Leben nach Mekka wallfahrten. Als die fünf Hauptpflichten (»Pfeiler«), die aber nicht die Grundregeln der Moral abdecken, gelten das Glaubensbekenntnis zu dem einen Gott, das tägliche Ritualgebet, die Almosengabe, das Fasten im Ramadan sowie die Mekka-Reise. Allerdings ist das Pilgern nach Mekka nur für die Muslime Pflicht, die sich diese Reise auch leisten können.

Ambivalent wie im Alten Testament ist das Tötungsverbot. Einerseits darf ein Mensch nicht getötet werden, « es sei denn zu Recht«. Was aber heißt »zu Recht«? Es darf getötet werden im Glaubenskrieg für den Islam – und der ist auch als Angriffskrieg legitim, wer dabei fällt, gilt als Märtyrer; im Christentum dagegen werden nur die als Märtyrer bezeichnet, die für den Glauben getötet werden. Heiden dürfen, wo immer sie sich befinden, gewaltsam bekämpft (und notfalls getötet) werden, denn Heidentum ist schlimmer als Mord. Im Blick auf »Ungläubige«, diese »verderblichen Existenzen«, heißt es martialisch: »Tötet sie, wo immer ihr auf sie stoßt.« Es ist wie bei Jahwe: Allah selbst ist es, der in diesen Notfällen vernichtend »Vergeltung« übt an dem, der ihn beleidigt. Getötet werden darf auch bei harmloserem Gesetzesbruch (dazu gehört, wenn ein Muslim zum Christentum übertritt), im Rahmen der Blutrache (für das Opfer muss »Blutgeld« bezahlt werden) und bei Notwehr. Im Koran heißt es: »Wer einen umbringt, nicht um zu vergelten oder weil dieser Verderben auf der Erde anrichtete, dem soll es so gerechnet werden, als habe er alle Menschen umgebracht. Wer aber eines einzigen Menschen Leben rettet, dem soll es so gerechnet werden, als habe er das Leben aller Menschen erhalten.«

Der Koran kann ebenso wenig als Leitschrift für Pazifisten dienen wie das Alte Testament. Wie Mose nach dem Auszug aus Ägypten durch das großzügige Beseitigen von Nahrungskonkurrenten und Bewohnern begehrter Oasen um sich schlägt, so ähnlich erobert auch der von Gott berufene ehemalige Kaufmann Mohammed im Jahr 630 n. Chr. Städte und Landstriche – mit Soldaten und brutaler Gewalt. In seiner Geburtsstadt Mekka gehörte Mohammed, zunächst wohl nur ein Kamelhirt, nach der Heirat der 15 Jahre älteren Kaufmanns-Witwe Chadidscha der dortigen Oberschicht an. Als

Kaufmann hatte er reichlich Gelegenheit, auch nach Palästina zu reisen, wo er die Lehren der Juden und Christen genauer studieren konnte als in Arabien. Seine Prediger-Tätigkeit wurde in Mekka zwar toleriert, aber es gab auch Misstrauen und Widerstände (darunter körperliche Misshandlungen) unter den Anhängern des vorislamischen Polytheismus – was einige früh bekehrte Muslime dazu brachte, nach Äthiopien auszuwandern. Einer Geschichte zufolge gab es einen dreijährigen Boykott der maßgeblichen Clans von Mekka gegenüber zwei anderen Clans, in denen es bereits zahlreiche Muslime gab – mit ihnen durften keine Ehe-Verträge abgeschlossen und keine Geschäfte gemacht werden.

Auslöser dafür, dass Mohammed und sein Gefolge nach Medina gingen, war vielleicht dieser Boykott, vielleicht aber auch der Tod Chadidschas. Anders als in Mekka durfte Mohammed im ärmeren Medina nicht nur Prediger und Religionsstifter sein, sondern auch richterliches und militärisches Oberhaupt der Stadtgemeinschaft. Als er auf seinem Kamel in Medina einreitet, ist der erste Bewohner der Stadt, der ihn sieht, ein Jude. Ein Jude erblickt als Erster Mohammed: den neuen Mose.

In Medina rechtfertig Mohammed die regelmäßigen Überfälle seiner Bürger auf Karawanen der Mekkaner. Schon das ist »Dschihad«, heiliger Krieg: Kampf um Beute für die eigenen Leute; der Begriff meint aber auch den Kampf um die Herrschaft des Gläubigen über seine Begierden und den Kampf gegen die sogenannten »Ungläubigen«.

Medina wurde auch von Kämpfern aus Mekka angegriffen. Aber das war nicht der Grund dafür, dass Mohammed nach Mekka zurückwollte. Es war für ihn eine Sache der Ehre, an dem Ort, aus dem er stammte und wo er nicht voll anerkannt worden war, irgendwann zu triumphieren. Was ihm eines Tages auch gelang – mit Waffengewalt. Einen Tag nach der Eroberung Mekkas soll Mohammed eine Rede gehalten haben, in der er festlegte, ein Muslim dürfe in dieser Stadt kein »Blut vergießen«. Er fügte hinzu: »Auch mir ist es nicht erlaubt, außer jetzt in dieser Stunde, weil Gott erzürnt ist über das sündige Volk dieser Stadt.« Endlich zurück in der Stadt seiner Geburt, hat sich Mohammed bei den Widerspenstigen dort auch das Gehör für seine Lehre erstritten. Diese kriegerische Art der Missionierung erinnert an die späteren christlichen Kreuzzüge zur »Befreiung« Jerusalems aus Muslim-Hand. Aber die Christen brauchten – nach dem Tod Jesu – fast tausend Jahre, bis sie ähnlich aggressiv waren, wie es der Islam schon zu Beginn seiner Erfolgsgeschichte gewesen ist.

In Mekka nimmt Mohammed die Kaaba in Besitz, ein Heiligtum aus vorislamischer Zeit. *Kaaba* (arabisch) heißt »Würfel«. Es ist – durch Mohammeds Neu-Definition – das zentrale Heiligtum des Islam geworden, Ziel der wichtigsten Pilgerreise der Muslime, das sie in einer festlichen Prozession sieben Mal umschreiten müssen. Die Spuren früherer Kulthandlungen ließ Mohammed beseitigen. In das Haus der Einkehr, das Abraham und Ismael errichtet haben sollen, ist ein schwarzer Meteorit eingelassen – der Bote aus dem Kosmos, eine Gottesgabe.

In vorislamischer Zeit wurde dieses Heiligtum wohl als Zentrum eines heidnischen Fruchtbarkeitskultes genutzt, dessen höchster Gott ein grüner (phallischer?) Baum gewesen ist. Ein Mann namens Isaf und eine Frau namens Na'ila haben sich, so eine Erzählung, in der Kaaba geliebt und wurden deshalb von Gott in Stein verwandelt. Vor den steinernen Figuren, die in der Nähe einer Quelle standen, brachten die heidnischen Besucher der Stätte Opfer dar. Möglicherweise hat die Geschichte einen historischen Kern, aber sie hat auch eine Symbolik für die Muslime: Der vervollständigte Name der Frau heißt »Tochter des Hahns«, jener des Mannes »Sohn der Begierde« – das soll wohl abschreckend wirken. Möglich, dass dieses liebende Paar zu einem Fruchtbarkeitskult gehörte und von dessen Anhängern verehrt wurde – dass in Mekka mindestens fünf Götter, darunter zwei Göttinnen, angebetet wurden, möglicherweise zusammen mit dem christlichen Gott, wissen auch verschiedene muslimische Quellen zu berichten. Es ist nicht auszuschließen, dass die Kaaba eine Weile eine christliche Kirche gewesen ist.

In Mekka glänzt Mohammed als Herrscher mit einem großen Heer. Er legt die Steuern fest, liebt gutes Essen, angenehme Gerüche und schöne Frauen. Nach dem Tod seiner ersten Frau hat er sich einen stattlichen Harem zugelegt, Ehefrauen und Konkubinen im Sklavenstatus. Seine Lieblingsfrau heißt Aischa, sie ist die Tochter eines alten Freundes. Als er sie heiratet, ist sie fast noch ein Kind (neun Jahre oder etwas älter). Die Liebe zu Frauen – das Paradies schaut Mohammed »zu Füßen der Mütter« – gibt der Prophet in reduzierter Form an seine Gefolgsleute weiter. Dass sie bis zu vier Frauen heiraten dürfen, allerdings auch versorgen müssen, ist zu dieser Zeit kein Zeichen besonderer sexueller Freizügigkeit. Im Gegenteil: Es ist eher einschränkend gemeint: nicht mehr als vier! Mohammed will die Sache aufs ökonomisch und psychologisch Verantwortbare begrenzen. Denn: Es herrschen kriegerische Zeiten mit vielen Schlachten und Gemetzeln, also mit notorischem Männermangel. Es herrscht Frauenüberschuss, drückend ist das Problem, alleinstehende Frauen, auch Witwen, zu versorgen – also muss ein Mann mehrere Frauen übernehmen. Hier geht es deshalb nicht um eine sexuelle Lust-Veranstaltung, sondern vor allem um eine pragmatische Lösung zu Zeiten ohne staatliche soziale Sicherungssysteme.

So gesehen, ist es erstaunlich, dass Mohammed die Tötung neugeborener Mädchen, die damals häufig geschieht, ebenso verbietet wie die Verheiratung eines Mädchens gegen dessen Willen. Den Zölibat, die unter christlichen Mönchen und seit dem Mittelalter auch unter einfachen Priestern verbreitete Pflicht zur Ehelosigkeit, lehnt Mohammed ab: »Sooft ihr das Werk des Fleisches verrichtet, so oft gebt ihr ein Almosen.«

Wie im Buddhismus ist Tierliebe teilweise Pflicht – während sich Jesus, anders als Mose, kaum um Tiere kümmert.

Mohammed verhält sich zu Tieren geradezu zartfühlend: Eines Tages muss der Prophet dringend fort zum Gebet. Auf dem einen Ärmel seines Gewands hat sich eine Katze schlafend niedergelassen. Mohammed schneidet den Ärmel halb ab – er will die geheimnisvolle Ruhe des Tieres nicht stören.

Mohammed ist ein eifriger Krieger, aber nach dem Sieg über Mekka – seinem größten Triumph – zeigt er sich milde gegen seine Feinde von früher. Auch der bekehrte Ungläubige wird geschont. Der islamische Gottesstaat, in dem Politik und Religion, Gesetz und religiöse Weisung eine Einheit bilden, erstreckt sich unter seinen Nachfolgern bis Syrien, Ägypten, Persien, Südspanien, schließlich Ungarn. Im 16. Jahrhundert geraten auch große Teile Indiens unter den Halbmond, 1683 wäre dies um ein Haar auch Wien passiert.

Mohammed denkt, dass Jesus (»Issa«) als Prophet beim Jüngsten Gericht auftreten wird. Doch wird der schon zum Islam gehörige Jesus, so eine Version von vielen, vorher endgültig den muslimischen Glauben annehmen, heiraten und neben Mohammed in Medina begraben.

Buddhismus und Konfuzianismus

Buddha, der »Erwachte« oder »Erleuchtete«, war ein wohlhabender nordindischer Prinz, der von 563 bis 483 v. Chr. – vielleicht aber auch hundert Jahre später – gelebt hat. Als er 16 war, heiratete er. Aus der Ehe ging ein Sohn hervor. Auf Geheiß des Gottes Brahma – von den drei Hauptgöttern des Hinduismus derjenige, der das Priestertum begründete – verließ er die Familie und wurde zum mittellosen Wanderprediger und Menschenfreund mit Gefolge: ein Berufener – eher wie der asketische Jesus, weniger wie der sinnenfreudige Mohammed. Buddhas Erweckungserlebnis ist eine dreifache Leid-Erfahrung: das Zusammentreffen mit einem zitternden Greis, einem Fieberkranken und einem Toten – Alter, Krankheit und Tod sind die drei wichtigsten Versionen der Vergänglichkeit. Buddha lehrt, wie das Leid dieser Welt ertragen werden kann.

Alles Irdische ist voll Leid, weil »unbeständig« und ewigem Wandel unterworfen. Beständigkeit ist eine Illusion. Diese Erkenntnis ist der erste Schritt auf dem Weg zum »Hafen des Friedens«, zum erlösenden »Leer-Werden« (»Nirvana«) der Seele, die den »Durst« nach Dasein und Besitz ebenso überwinden muss wie die Illusion, das eigene Selbst, das kompakte Ich sei ein verlässlicher Haltepunkt im Strom der Ereignisse, Kraftfelder, Dinge, Leidenschaften. Nirvana ist das Verschwinden des Ich-Wahns in der Meditation, welche die strikte Trennung von Subjekt und Objekt in der Betrachtung des Seins oder der »All-Seele« (»Brahman«) einschmilzt, aber auch und vor allem im Verzicht auf Begehren und Besitzgier, die als Hauptursachen von Hass, Gewalt und Krieg gelten.

Die Grundmotive buddhistischer Moral sind: das Begehren als sinnlos durchschauen und so überwinden; das raffgierige Ego zurücknehmen; die Dinge loslassen; Hektik und Unruhe durch Achtsamkeit ersetzen; Vergänglichkeit betrachten und akzeptieren; mitfühlend und großzügig sein; die eigene Seele in jedem Körperteil spüren; Hass, Zweifel und Trägheit bekämpfen, wo es nur geht; das Heftige, Üppige und vermeintlich Großartige meiden; bescheiden sein; in der »heilenden Hinwendung zu allen Wesen« (Michael von Brück in: *Einführung in den Buddhismus*, 2007) daran mitwirken, dass möglichst viele Lebewesen vom Leid befreit werden.

Das Erlöschen des Ich-Wahns verspricht auch Befreiung aus der karmischen Verkettung von Handlung und Folge: Die Lehre, jede Handlung (»Karma«) sei die Folge der Handlungen (und Fehlleistungen) in einem früheren Leben und somit auch die Ursache der künftigen Handlungen im nächsten Leben, setzt den Glauben an den Kreislauf der Existenzen von Geburt zu Tod und neuer Geburt voraus; dieser Glaube heißt auf Pali, der mittelindischen Sprache des frühen Buddhismus, »Samsara«.

Mit dem Begriff »Seelenwanderung« ist diese Lehre aber nur halbwegs korrekt definiert. Die berühmte »Wiedergeburt« der Seele betrifft die durch die Handlungen des individuellen Lebens jeweils angesammelte energetische Charakterprägung, sie bildet ein Potential, das in den neuen Körper im Sinne der vorherigen Prägung einfließt. Die Konstanz einer stabilen Individualseele, die Europäer gern mit dem Bild der »Seelenwanderung« verbinden, kann hier schon deshalb nicht gemeint sein, weil der Buddhismus die Vorstellung von einer solchen Konstanz des Selbst gerade überwinden möchte – sie ist für ihn eine der Ursachen des weltweiten Leidens.

Die Zehn Gebote, wie das Alte Testament sie predigt, kennt der Buddhismus nicht. Das ist insofern erstaunlich, als er sich primär praktisch, als Wegweisung auf dem Heilspfad, versteht und weniger als Lehre von einem Gott oder dem Anfang und Ende der Welt – die numerisch gegliederte Lehre von der Linderung des Leids läge da sehr nahe. Immerhin gibt es sie als die Lehre von den fünf Hindernissen auf dem Weg zur Gelassenheit: Zweifel, Unruhe, Trägheit, Begehren, Bosheit; und als entsprechende Lehre von den fünf »Vorschriften«: kein Leben verletzen; nicht stehlen; nicht lügen; kein sexuelles Fehlverhalten üben; keine Rauschmittel nehmen. Zusätzlich gilt: Wer Mitleid zeigt und gibt, sammelt karmische Verdienste. Daneben gibt es die berühmte Lehre vom achtstufigen Pfad auf dem Weg zur Befreiung vom individuellen Leid. Unter dem leitenden Ideen-Trio »Weisheit«, »Sittlichkeit« und »Vertiefung« empfiehlt der »achtfache Pfad« die rechte »Einsicht« (vor allem in die Vergeblichkeit der Selbst-Sucht), die rechte »Absicht« (als gesinnungsmäßige Anwendung der Einsicht), die rechte »Rede«, die rechte »Tat« (als sittliches Handeln aus dieser Grundhaltung heraus), den rechten »Lebenserwerb« (niemanden geschäftlich betrügen), die rechte »Anstrengung« (als unermüdliche Bemühung um den Pfad), die rechte »Achtsamkeit« (als umfassendes Bewusstsein der sorgenden Aufmerksamkeit gegenüber dem Leben) und endlich die rechte

»Versenkung« (als Meditation über die Einheit der Gegensätze und das Sein der »All-Seele«).

Zu diesem eigentümlichen Tugendkatalog, der Theorie und Praxis, Metaphysik und Moral in einem so faszinierenden wie vagen Gesamt-Lebensgefühl vereint, gehört im Frühbuddhismus die Überzeugung: Alle beseelten Lebewesen hängen am Leben und haben ein gleiches Recht darauf, dem Tod entgehen zu wollen. Darum sind wir Menschen verpflichtet, in diesem Punkt mit allen beseelten Lebewesen solidarisch zu sein – und alle fühlenden Wesen, neben den Menschen vor allem die Tiere, zu achten und zu schützen. Bäume, Sträucher und Gräser verdienen vor allem um dieser Lebewesen willen Schutz, weil sie diesen Lebewesen als Nahrung dienen. Pflanzen darf der Mensch demnach entwurzeln oder beschneiden, wenn er Häuser bauen oder Nahrung erwirtschaften will. Aber das geisterhafte Leben, das die Pflanzen zur Blüte treibt, muss rituell in aller Höflichkeit gebeten werden, den angestammten Ort zu räumen. Der Eingriff in die Natur muss gesühnt werden – durch das demütige Bewusstsein und die Bereitschaft, den Pflanzen einen anderen Platz anzubieten.

Eine solchermaßen behütete Natur bedankt sich: Buddhistischen Mönchen, die zu intensiv über das Leiden an der Vergänglichkeit nachgedacht haben und deshalb sterben wollen, wird empfohlen, mit der Betrachtung von Gärten und Wasserspielen ihre Schwermut zu bekämpfen. Ihnen kann die Natur Glücksgefühle schenken.

Die konfuzianische Lebenslehre des alten China ist in vielem dem indischen Brahmanismus und Buddhismus verwandt, und doch gibt es signifikante Unterschiede. Konfuzius (»Meister Kong«, um 551 bis 479 v. Chr.) war ursprünglich Scheunen-Aufseher, dann wurde er Bauminister und Justizminister, ehe er auf Ämter verzichtete und Wanderlehrer wurde. Das, was er sagte und predigte, wurde erst etwa hundert Jahre nach seinem Tod aufgeschrieben – eine Parallele zu Jesus –, und diese Lehre zielt nicht auf irgendeine endzeitliche Erlösungsperspektive, sondern schlichter auf die rechte Ordnung für die Dinge dieser Welt. Mit buddhistischer Kontemplation oder auch den mystischen Weisheiten des legendären Philosophen und Heiligen Lao-tse (er dichtet von »des Geheimnisses noch tieferem Geheimnis«) hatte Konfuzius nichts im Sinn.

Im Wesentlichen verkündet Konfuzius eine ständische Ethik, deren Tugenden zum Teil aber durchaus jedermann abverlangt werden können. Der »höhere«, »vornehme«, erst recht der »fürstliche« Mensch bemüht sich um »Schicklichkeit« bis hinein in die physische Gestik; er versucht mit Höflichkeit, Anmut und Gelassenheit die fremde wie die eigene Würde zu wahren und das der allumfassenden Ordnung korrespondierende Gleichgewicht der Seele zu finden. Er strebt nicht, wie der Buddhist, nach der Erlösung von der Welt, sondern nach der harmonischen Einfügung des eigenen Lebens in diese Welt. Die wichtigste Tugend dabei ist die Pietät (*hiao*), eine schwer übersetzbare Mischung aus Achtung, Respekt, Ehrfurcht und Demut, die ursprünglich das Verhältnis des Bauern zum Lehnsherrn charakterisiert, dann aber auf das allgemeine Betragen gegen Eltern, Lehrer und Vorgesetzte übertragen wird.

Die Pietät der Kinder gegenüber den Eltern ist »die absolut primäre aller Tugenden«, wie der Soziologe Max Weber (1864 bis 1920) in seiner bedeutenden Studie über den Konfuzianismus schreibt (in: *Gesammelte Aufsätze zur Religionssoziologie*, 1920). Im Zweifelsfall steht sie über allen anderen Tugenden. Weber erzählt dazu eine kleine Geschichte, die er in einer Pekinger Zeitung des Jahres 1882 gefunden hat: »Ein Sohn war in der Trunkenheit gegen die ihn scheltende Mutter handgreiflich geworden. Diese engagiert einige Männer, lässt den Sohn fesseln und trotz inständiger Bitte aller Beteiligten lebendig begraben. Die Mitbeteiligten werden wegen formeller Inkorrektheit bestraft, aber sofort begnadigt. Eine Bestrafung der Mutter kommt gar nicht in Frage.«

Konfuzius lehrt, man könne einen Mann eigentlich erst dann beurteilen, wenn man wisse, in welcher Art er um seine

Eltern trauert – also in der Regel ziemlich spät. Die Pietät gegenüber den Eltern ist wichtiger als die sonst hochgehaltene Tugend der Aufrichtigkeit. Auch die Notlüge darf aus Pietät stattfinden. Pietät ist nicht zuletzt deshalb so wichtig, weil sie das Vorbild für alle anderen Unterordnungsverhältnisse abgibt und eine Probe liefert auf die unbedingte Disziplin, deren der Erwachsene sich zu befleißigen hat. Disziplin ist oberste Standespflicht unter Fürsten, Soldaten wie Bürokraten.

Zu Lebzeiten von Konfuzius entspricht der Hochschätzung der Eltern noch keine besonders strikte Ehe-Moral. Konfuzius soll einen Beraterposten beim Fürsten von Lu verloren haben, weil ein Nachbarfürst, eifersüchtig auf den tollen Berater, dem Fürsten von Lu »eine Kollektion schöner Mädchen zum Präsent machte« (Max Weber) – mit der Bedingung, Konfuzius zu entlassen. Konkubinen waren neben der einen legitimen Ehefrau zugelassen; lediglich die Gleichstellung der Konkubinen-Söhne mit den legitimen männlichen Erben wurde verhindert.

Die Frauen generell werden dann auch im Konfuzianismus recht nüchtern betrachtet: Eine – eventuell durch den Harem bedingte – Übermacht der weiblichen »Yin«-Substanz über das männliche »Yang«-Prinzip gilt als bedrohlich; Frauen seien, meint der Meister, so schwierig zu behandeln wie Dienstboten: Joviale Freigebigkeit führe auf beiden Seiten zu ungutem Distanzverlust, Strenge aber mache sie übel gelaunt. Die »rechte Mitte« – ein zentraler Wert dieser Ethik – ist hier wie anderswo ein beherrschtes Wohlwollen.

Im Übrigen herrscht »das urwüchsige Austauschprinzip des bäuerlichen Nachbarverbandes: wie Du mir, so ich Dir – die Reziprozität« (Max Weber). Die Feindesliebe, die ein radikal sanftmütiger Mystiker wie Lao-tse empfiehlt, widerspricht der Staatsräson der gerechten Vergeltung: Konfuzius erklärt die blutige, meist tödliche Rache für die Tötung von Eltern, älteren Brüdern und Freunden zur Mannespflicht. Der tendenzielle Pazifismus des Konfuzianismus, der sich schon aus seiner außerordentlichen Wertschätzung von Vernunft, Bildung (Lernen ist ein Gebot der Moral!), Harmonie und Ordnung ergibt, hat sich erst im Lauf der Jahrhunderte entfaltet. Ein Kaiser der Ming-Dynastie (1368 bis 1644) hat den Satz aufgeschrieben: »Nur wer k e i n Menschenblut zu vergießen trachtet, kann das Reich zusammenhalten.« Er war nicht der einzige Kaiser, der so dachte.

Mesopotamien, Ägypten und Griechenland

Mesopotamien heißt »Zwischenstromland« und bezeichnet die vorderasiatische Kultur zwischen den Flüssen Euphrat und Tigris, erweitert um angrenzende Landschaften der ostiranischen Gebirge und der syrisch-arabischen Wüste. Von den sumerischen, babylonischen und assyrischen Kulturen, die in diesen einst fruchtbaren Regionen vor mehr als viertausend Jahren geblüht haben, gingen die – neben den Einflüssen der ägyptischen und altgriechischen Kultur – entscheidenden altorientalischen Impulse für das aus, was wir heute (noch) das kulturelle »Abendland« nennen.

Für unsere Frage nach der Herkunft und Aktualität der Zehn Gebote sind zwei Gesichtspunkte relevant: Welche Parallelen – mit interessanten Abweichungen – haben diese Kulturen zu jener der altjüdischen Zehn Gebote hervorgebracht? Und wie groß ist die Bedeutung des babylonischen Exils vieler gebildeter Juden für die einzigartige Rückbindung der alttestamentarischen Ethik an den ersten wirkmächtigen Allein- und Schöpfergott der Geschichte? Echnatons Sonnen-Aton, der ägyptische Vorgänger von Jahwe, war ja fast so schnell von der Bühne der Historie verschwunden, wie er sie betreten hatte.

Obwohl es im 8. Jahrhundert v. Chr. mehrere Deportationen judäischer Bevölkerung durch die Assyrer gegeben hat, ist die erste Eroberung Jerusalems durch den babylonischen

König Nebukadnezar II. im Jahr 598/597 v. Chr. – verbunden mit der ersten Deportationswelle in die sprichwörtliche »babylonische Gefangenschaft«, ihr folgten zwei weitere – das entscheidende Drama der altisraelischen Geschichte und Religionsgeschichte. Die Weltmacht Babylon zerstörte damals Jerusalem und seinen Tempel, entmachtete das dortige Königtum und zwang große Teile der jüdischen Elite (Priester und Schriftgelehrte) ins babylonische Exil, das etwa fünfzig Jahre gedauert hat. Unter dem zweifachen Druck – Verlust der Heimat, des Königtums vom Hause Davids und der angestammten Kultstätten – hat sich der jüdische Jahwe-Glaube zugleich vergeistigt und patriotisch verdichtet. Dieser Glaube wurde der letzte Bürge der geistlich-politischen Identität der Juden in der Fremde. Die Ent-Fremdung war der entscheidende Schritt zur Selbstfindung der Juden – laut Hegel ein Grundgesetz der Entfaltung des Selbstbewusstseins überhaupt. Der Abschied vom Jerusalemer Tempel förderte den Wortgottesdienst in der schlichten Synagoge. Die Beschneidung, die Reinigungsvorschriften und vor allem das Sabbat-Gebot wurden so wichtig wie niemals zuvor, weil sie – für die Babylonier wenig auffällige, schwer kontrollierbare – Erkennungszeichen jüdischer Selbstbehauptung waren.

Das berühmteste Gesetzeswerk Mesopotamiens, das wohl auch die Ausgestaltung der jüdischen Tora beeinflusst hat, ist der Kodex Hammurapi. Diese legendäre Gesetzessammlung des babylonischen Königs Hammurapi (um 1810 bis 1750 v. Chr.) wurde zuerst Mitte des 19. Jahrhunderts in den Ruinen von Ninive, der ehemaligen Hauptstadt der Assyrer, entdeckt: In einer Tontafel-Sammlung, die dem letzten großen assyrischen Herrscher Assurbanipal, der auch »Sardanapel« genannt wurde, gehört hat, konnte man etliche Abschriften von Teilen dieser Gesetzessammlung identifizieren. Nach Hammurapis Regentschaft waren diese Gesetze, mehr als tausend Jahre lang, immer wieder kopiert worden. Assurbanipal regierte etwa von 668 bis 631 v. Chr., der Name ist nicht sein

Geburtsname, sondern sein Herrschertitel: Er bedeutet »Assur ist Erschaffer eines Erbsohns«.

Zu Beginn des 20. Jahrhunderts sorgte der Name Hammurapi (auch »Hammurabi«) für eine weitere archäologische Sensation: Französische Ausgräber fanden in Susa, der Hauptstadt des ehemaligen Reichs Elam (im Südwesten des heutigen Iran gelegen), eine prachtvolle, über 2 Meter 20 hohe Stele aus Basalt und Diorit, beschriftet – in altbabylonisch-akkadischer Keilschrift – ausschließlich mit den Gesetzen des Hammurapi. Sie stand ursprünglich in Babylon, im Tempel des babylonischen Schöpfer- und Nationalgottes Marduk. Die Elamiter hatten sie dort erbeutet. Heute befindet sich die Stele im Pariser Louvre-Museum; kulturgeschichtlich ist sie einer der kostbarsten Funde aus der Alten Welt.

Dass die Juden im babylonischen Exil auch mit Vorschriften konfrontiert wurden, die von diesen alten Gesetzen mitgeprägt waren, ist sehr wahrscheinlich. Es gibt frappierende Parallelen zwischen den 631 Vorschriften der mosaischen Tora und den 282 Vorschriften der Hammurapi-Tafel. Beide Textsammlungen regeln kasuistisch typische Alltagskonflikte, die sich um Besitz, Heirat und Scheidung, um Delikte wie Diebstahl und Ehrverletzung, um Sklavenhaltung, Handelsfragen, Pacht, Schulden drehen.

»Gesetzt, ein Kind hat seinen Vater geschlagen, so wird man ihm die Hände abschneiden«, gebietet ein Gesetz aus dem Kodex Hammurapi. Im 2. Buch Mose (21,15) heißt es: »Wer Vater oder Mutter schlägt, der soll des Todes sterben.« Oder: »Gesetzt, ein Mann hat einen minderjährigen Freigeborenen gestohlen, so wird er getötet«, lautet ein anderes Gesetz im Kodex Hammurapi. Im 2. Buch Mose (21,16) lesen wir: »Wer einen Menschen raubt, sei es, dass er ihn verkauft, sei es, dass man ihn bei ihm findet, der soll des Todes sterben.« Wieder Hammurapi: »Gesetzt, ein Mann hat eine Freigeborene geschlagen und hat bei ihr eine Fehlgeburt veranlasst, so wird er zehn Sequel Silber für den Fötus zahlen. Gesetzt,

selbige Frau ist gestorben, so wird man seine Tochter töten.«
Bei Mose wird die Leibesfrucht, wenn sie im Streit »abgeht«,
ebenfalls mit Geld aufgewogen, falls aber bei diesem Streit
»ein dauernder Schaden« körperlicher Art angerichtet wird,
so muss Gleiches mit Gleichem vergolten werden: »Leben um
Leben, Auge um Auge, Zahn um Zahn.«

Der sumerische Kodex der Stadt Eschnunna, ungefähr
ein Jahrhundert älter als der Kodex Hammurapi, enthält die
Regel: »Wenn ein Ochse einen anderen Ochsen durchbohrt
hat, sodass er stirbt, sollen die Besitzer der Ochsen den Wert
des lebenden Ochsen und den Körper des toten Ochsen zwischen sich teilen.« Im 2. Buch Mose (21,35) wird dieser Fall
ähnlich geregelt: »Wenn jemandes Rind eines anderen Rind
stößt, dass es stirbt, so sollen sie das lebendige Rind verkaufen
und das Geld teilen und das tote Rind auch teilen.«

Die Todesstrafe wird im Kodex Hammurapi in 25 Fäl-
len angedroht, darunter sind die klassischen Delikte falsche
Beschuldigung, Mord, falsches Zeugnis, Diebstahl (falls der
Dieb den Schaden nicht materiell wiedergutmachen kann),
Hehlerei, aber auch Tempelraub, Zauberei, Entführung, Verletzung der Beurkundungsregeln oder der Schankordnung. Für
Diebstahl und falsche Beschuldigung gibt es sehr detaillierte
Sanktionen, diese Verfehlungen galten als besonders verwerflich. Wer jemanden des Mordes bezichtigte, dies aber nicht
beweisen konnte, wurde selbst hingerichtet. Kaufleute wurden
oft der Hehlerei, Schankwirtinnen der Prostitution verdächtigt. Entsprechend streng wurden diese Berufsgruppen regle-
mentiert. Wer von dem minderjährigen Sohn eines Freien ohne
schriftliche Abmachung einen Wertgegenstand erwarb, konnte
getötet werden. Schenkte eine Wirtin weniger Bier aus, als der
Gast bezahlt hatte, oder beherbergte sie gesuchte Schurken, so
wurde sie ertränkt.

Ein Mann durfte in der Regel nur eine Frau heiraten, der
Ehevertrag war allein Sache der beiden Elternpaare. In besonderen Fällen – etwa bei anhaltender Krankheit der ersten Frau,

auch wenn sie wegen eines Vergehens von ihrem Mann zur Sklavin degradiert worden war – durfte der Mann eine zweite Frau heiraten. Eheliche Untreue des Mannes wurde nicht ausdrücklich geahndet. Führte er aber ein offen lasterhaftes Leben und wurde dies durch ein Gericht bestätigt, so konnte die Frau ihre Mitgift nehmen und zu ihren Eltern zurückkehren. Eheliche Untreue der Frau wurde nur direkt bestraft, wenn der Mann die Liebenden in flagranti ertappte: Dann wurde sie an ihren Liebhaber gefesselt und mit ihm ertränkt. Der Ehemann konnte den beiden aber auch verzeihen und auf das Ertränken verzichten. Wurde die Untreue der Frau von einem Bürger angezeigt, konnte sie sich dem – auch sonst häufig beanspruchten – Urteil des Flussgottes (*ordalium*) unterwerfen: Sie wurde in den Fluss geworfen, und wenn sie ertrank, galt ihre Schuld als erwiesen; überlebte sie, wurde der Ankläger bestraft. Die Todesarten, die man sich für Rechtsverletzer ausgedacht hatte, waren meist qualvoll: Die Missetäter wurden ersäuft, bei lebendigem Leib verbrannt, zu Tode geschleift oder auch gepfählt. Gefängnisstrafen kannte man hier ebenso wenig wie im antiken Israel.

Generell gelten die Gesetze Hammurapis als besonders hart, härter als die – fragmentarischer überlieferten – Gesetze aus sumerischer Zeit. Unter Hammurapi wurden die Stadtstaaten Mesopotamiens geeint und zu einem großen Staat geformt. Mag sein, dass sich die Strenge der Gesetze aus dem Zwang erklärt, der neuen Staatsautorität gegenüber den vielen Stämmen und Städten Nachdruck zu verleihen. Und sie sollte wohl auch Eindruck machen. Ob sie im Alltag konsequent umgesetzt wurde, bezweifeln Historiker zu Recht.

Die mosaischen Gesetze ahnden Verbrechen an Personen fast genauso unnachgiebig wie der Kodex Hammurapi. Bei Diebstahl und Sachschäden fallen sie jedoch milder aus – diese Delikte können meist materiell entgolten werden. Babylon behandelt Menschen tendenziell wie Sachen, beide werden mit ausgeprägt kaufmännischem Eifer geschützt. So erlaubt Ham-

murapi es dem Mann zum Beispiel ohne weiteres, im Schulden-
fall Frau und Kind zu verpfänden (bis zu drei Jahren!).

Nachdem Hammurapi Babylon unterworfen hatte und dort
König geworden war, verzichtete er darauf, sich vergöttlichen
zu lassen. Das war ein Bruch mit einer jahrhundertealten orien-
talischen Tradition. Obwohl er behauptete, vom Mondgott
Sin gezeugt worden zu sein, verstand er sich eben nicht als
Gott, sondern als Mittler zwischen Göttern und Menschen,
als »Sohn der Götter«, als ihr »Gesandter«. Das Königtum
ist himmlisch, nicht der König als Person. Der König hat die
Pflicht, so steht es auch im Epilog der Gesetzessammlung, ein
»gerechter« Herrscher zu sein. Auf der Stele, der sein Kodex
liebevoll und feierlich eingemeißelt ist wie ein literarisches
Kunstwerk, ist auch der Sonnengott Schamasch zu sehen, der
Hüter der Wahrheit und Gerechtigkeit. Er unterstreicht sichtlich die richterliche Autorität des Königs.

In diesem Punkt unterscheidet sich das Alte Testament
deutlich von den übrigen altorientalischen Gesetzeswerken,
mit denen es inhaltlich und formal etliche Berührungspunkte
aufweist: Für das Alte Testament »sind die Begründung und
Durchsetzung des Rechts vom König weitgehend unabhängig« (Jan Christian Gertz). Wie es in Psalm 75 klar heißt:
»Gott ist Richter, der diesen erniedrigt und jenen erhöht.« Der
König richtet nicht höchstselbst und erweist sich damit als
gerecht, sondern er richtet Gottes Volk mit Gottes Gerechtigkeit. »Gott, gib dein Gericht dem König«, sagt Psalm 72.
Diese »Theologisierung des Rechts« (Jan Christian Gertz) ist
wohl vor allem die Folge des jüdischen Exils in Babylon: Es
fehlte der Gemeinschaft die eigene staatliche Verfasstheit, der
eigene König – und statt den Entführer- und Unterdrücker-
König zum Rechts-Hüter auszurufen, rief man lieber den
eigenen Gott an, der Mose die Tora diktiert hatte. So konnte
man in der Fremde besser seine kulturelle Eigenart behaupten.
Jahwe stützt aber sein Volk nicht nur im Exil, er katapultiert es
generell in schwindelnde Höhe: Die Gebote der Tora haltend,

»werdet ihr«, sagt Mose im Auftrag des Herrn, »als weise und verständig gelten bei allen Völkern, dass sie … sagen müssen: Was für weise und verständige Leute sind das, ein herrliches Volk! Denn wo ist so ein herrliches Volk, dem ein Gott so nahe ist wie uns der Herr?« (5. Buch Mose, 4,6).

Es ist nicht allein wichtig, dass niemand rundum »so gerechte Ordnungen und Gebote« hat wie die mosaischen; genauso bedeutsam ist, dass die durch die Ordnungen garantierte Nähe zu Jahwe das betreffende Volk vor anderen Völkern auszeichnet. Die jüdischen Schriftgelehrten haben Derartiges wohl auch nach der Exil-Phase formuliert, um die politisch geschwächten Israeliten moralisch zu stützen und politisch zusammenzuhalten. Gegen Ende des 6. Jahrhunderts v. Chr. wurde Jerusalem von einem Vasallen wie Serubbabel regiert, dem Statthalter der neuen persischen Großmacht.

Vielleicht hat der babylonische Einfluss die jüdische Tendenz zur Vergeistigung des ehemaligen Berg-, Blitz- und Stammesgottes Jahwe auch noch auf andere Weise befördert. Aus Babylon, dem »Tor der Götter«, war gewiss zu jener Zeit noch nicht jenes altbabylonisch-akkadische Denken verschwunden, das den »Geist« zum bedeutendsten Teil der menschlichen Persönlichkeit erklärt: »Geist« (*ilu*) heißt wörtlich »Gott«. Dieser Geist erlöst den Menschen aus seiner kreatürlichen Jämmerlichkeit und Enge, auch aus seiner Einsamkeit im Kosmos und lässt ihn teilhaben am Göttlichen. Der jüdische Alleingott Jahwe hat den in Mesopotamien auf mehrere Götter verteilten Adelstitel »Geist« auf sich konzentriert. Erst als Geist, dessen Licht im Prinzip jedem sich selbst erkennenden Menschen leuchtet, kann Jahwe dann Universalgott der Menschheit sein. Das war er als himmlischer Stammesheld, der die Juden aus der ägyptischen (und assyrischen) Gefangenschaft befreite, noch nicht.

Der altägyptische Himmel und sein Gegenpart, die Unterwelt, sind von rund tausend Göttern bevölkert. Diese Kultur hat sich fast gleichzeitig mit der mesopotamischen und von dieser beeinflusst zur Hochkultur entwickelt – mit Schrift, Mathematik, Astronomie, bildender Kunst und Architektur, einer differenzierten Gesetzgebung und Verwaltung sowie einer sehr komplexen, bilderreichen Theologie. Auch hier lässt sich beobachten, wie die Systematisierung einer moralisch-rechtlichen Ordnung einer religiösen Tendenz zur Vergeistigung der Gottesvorstellung entspricht.

Etwa Mitte des zweiten Jahrtausends v. Chr. kamen mehr und mehr jene Bekenntnisse und Sentenzen auf, die unter dem Sammelnamen *Ägyptisches Totenbuch* überliefert sind, Texte, die den Toten auch als eine moralische Lebensbilanz auf ihre Reise durch das Jenseits mitgegeben wurden. Im 14. Jahrhundert v. Chr. korrespondiert dieser ethischen Vertiefung der Lebensdeutung ein Ereignis, das als Geburt des Monotheismus in die Weltgeschichte Eingang gefunden hat. Indem Pharao Amenophis IV. (1351 bis 1335 v. Chr.) sozusagen über Nacht den Sonnengott Aton zum »einzigartigen Gott ohne seinesgleichen« erklären ließ, brach er im dritten Jahr seiner Regentschaft eine theologische Revolution vom Zaun. Er wechselte seinen Namen und hieß fortan Echnaton, »Strahl des Aton«. Aton – die sonnige Himmelsscheibe – wurde zwischenzeitlich nur noch als Thron des Sonnengotts Re verstanden, ehe er selbst wieder als Sonnengott galt. Dieser Aton wandelte sich mit der Glaubenskehre des Pharaos: Er wurde zum alle anderen Gottheiten weit überragenden, praktisch allein relevanten Gott des Lichtes, das die Welt durchdringt und überall Leben ermöglicht. Er hatte keine Göttergattin und teilte dem Herrscher, dem »Sohn Gottes«, keine Wünsche mit: Er blieb stumm. Echnaton allein war sein Prophet. Dieser verlegte seine Hauptstadt nach Mittelägypten und gründete die Stadt Achetaton, den »Licht-Ort des Aton«.

Echnaton selbst schrieb einen Hymnus auf Aton als den Gott der Liebe zu allen Geschöpfen. Aton gilt darin als Schöpfer und Erhalter der Welt. Die sonst in der altägyptischen Religion so wichtige Unterwelt wird in Echnatons berühmtem

»Sonnengesang« nur noch knapp erwähnt: »Einzig bist du, wenn du aufgegangen bist, / in all deinen Erscheinungsformen als lebendiger Aton ... du schaffst Millionen von Gestalten aus dir allein.« Der Pharao, der sich selbst als »Sonnenschattenkapelle« Atons bezeichnete, ließ die Tempel aller anderen Götter im Land schließen und schickte viele Steinmetze durch die Provinzen, die die Abbilder konkurrierender Götter zerstören sollten. Vor allem die Bildzeichen für Amun sollten vernichtet werden. So hieß der »Verborgene«, der vorher der oberste Gott war und mit dem Windhauch gleichgesetzt wurde, dem Windhauch des Lebendigen.

Doch Echnaton hat sich nicht durchgesetzt. Nach seinem Tod kehrten die alten Götter zurück, wenn auch manche – wie Amun – nicht mehr die frühere Strahlkraft erreichten. Echnaton hatte die archaische Magie geschwächt, die viele Probleme des alltäglichen Lebens, auch die moralische Schuld, durch Opfer beim jeweils zuständigen Klein-Gott zu lösen pflegte. Schon vor diesem monotheistischen Zwischenspiel, und erst recht danach, verfeinerte sich die Lebensorientierung merklich – eine Entwicklung, die sich im Neuen Reich, etwa nach 1540 v. Chr., am Übergang von den älteren Sargtexten zu den Totenbüchern beobachten lässt. Diese Bücher, die wohlhabenden Bürgern mit auf die Reise durchs Totenreich ins Grab gegeben wurden, enthalten fast schon so etwas wie einen Beichtspiegel für die individuelle Gewissenserforschung.

Die Texte bestehen aus zum Teil vorformulierten Satzfolgen, die unterschiedlich zusammengesetzt wurden. Die maßgeblichen Moralvorstellungen ergeben sich aus dem Sündenregister, das der Tote durchspricht, um zu beteuern, dass er diese Sünden nicht begangen hat. Aus dem, was etwa ein Hofbeamter als seine moralischen Verdienste beziehungsweise als seine vermiedenen Verfehlungen aufführt, lässt sich ein umfangreicher, differenzierter sittlicher Kanon erschließen. Mythologisch ist so eine Beichte gerahmt durch eine Sitzung, bei der der Gestorbene in der Unterwelt, im Angesicht des Totengotts Osiris und 42 messerbewehrter Richtergottheiten, bekennen muss, welche Sünden er nicht begangen beziehungsweise welche positiven Taten er vollbracht hat:

»Wohlan, ich habe das Leben dazu genutzt, das Gute
zu vollbringen.
Ich habe kein Unrecht gegen Menschen begangen,
ich habe keine Tiere misshandelt,
ich habe keinen Gott beleidigt.
Ich habe kein Waisenkind an seinem Eigentum geschädigt.
Ich habe nicht getan, was die Götter verabscheuen,
ich habe keinen Diener bei seinem Vorgesetzten verleumdet.
Ich habe nicht Schmerz zugefügt und niemanden
hungern lassen,
ich habe keine Tränen verursacht.
Ich habe nicht getötet,
und ich habe auch nicht zu töten befohlen;
niemandem habe ich ein Leid angetan …
Meine Eltern habe ich in ein Leichentuch gehüllt …
Ich habe keine Unzucht getrieben,
ich habe nicht gestohlen,
ich war nicht habgierig,
ich habe nicht die Unwahrheit gesagt,
ich habe mich nicht aufgeblasen.
Brot gab ich dem Hungernden,
Wasser dem Dürstenden,
Kleider dem Nackten,
ein Fährboot dem Schifflosen.
Gottesopfer habe ich den Göttern,
Totenopfer den seligen Verstorbenen dargebracht …
Ich bin einer mit reinem Mund und reinen Händen.«

Für den Pharao wurde die stehende Wendung »ich habe nicht getötet« abgewandelt in: »ich habe nicht ohne Grund getötet«. Auf einer Stele, die ein Hofkämmerer des Königs etwa um 1920 v. Chr., noch im Mittleren Reich, für sich anfertigen ließ, finden sich bereits die Sätze: »Brot gab ich den Hungernden«, »den Nackten gab ich Kleidung«, »ich übte Gerechtigkeit, die der König will« – Bruchstücke einer Ethik, die in mancher Hinsicht dem mosaischen Moralismus vorgreift. Solche Formeln, die dann auch in den späteren Totenbüchern auftauchen, waren offenbar über Jahrhunderte hinweg in Gebrauch.

Die Ägypter glaubten, nach dem obligaten Bekenntnis im Totenbuch werde das Herz des Verstorbenen auf eine Waage gelegt, in deren zweiter Schale sich das Schriftzeichen »Maat« befinde. »Maat« ist die Tochter des Sonnengottes Re, sie personifiziert die Weltordnung. Als abstrakter Begriff bedeutet »Maat« Wahrheit und Gerechtigkeit. Halten die Schalen das Gleichgewicht, so ist der Verstorbene gerettet und darf sein jenseitiges Leben beginnen – mit »Gottesaugen« zum Betrachten der glänzenden Sonne. Senkt sich die Schale zuungunsten des Toten, kann also das Wort Gerechtigkeit das Herz nicht aufwiegen, so wird dieses Herz einer höllischen »Fresserin« übergeben.

Die Eltern ehren, nicht morden, keine Unzucht treiben (was auch immer das genau meint), nicht stehlen, nicht lügen, großzügig sein zu den Armen oder, was im Grunde dasselbe ist, Habgier und Geiz vermeiden – das sind die wesentlichen Prinzipien der Moral in den meisten Hochkulturen des alten Orients. Es sind sozialethische Vorschriften, die nur im Dekalog des Alten Testaments in eine strikte Liste der Zehn-Zahl gefasst und sehr direkt über den Bezug zum alleinigen »Herrn« der Schöpfung legitimiert werden. Die sozialen Gebote umreißen die Bedingungen eines halbwegs zivilen Zusammenlebens von Menschen auf relativ engem Raum, seien es Städte oder Dörfer. Ohne diese Gebote würden solche Gemeinschaften vom Wölfischen im Menschen – »Friss, sonst wirst du gefressen!« – zerrissen. Sie sind also zeitlos und universell gültig, wo auch immer Menschen eine Gemeinschaft bilden.

Wirklich als solche reflektiert wurden die Grundsätze der Moral erst in der griechischen Philosophie. Diese Philosophie wurde begründet von Denkern wie Parmenides (siehe auch Seite 130) und Heraklit, ausformuliert und weitergedacht wurde sie vor allem von Platon (427 bis 348/347 v. Chr.) und seinem Schüler Aristoteles. Die Stärke der griechischen Philosophie gründet aber auch auf der Schwäche der griechischen Religion. Obwohl diese Religion über dominierende Götter verfügt wie den Blitze schleudernden Götter-Vater und All-Gott »Zeus«, über starke Göttinnen wie Aphrodite (erotische Liebe) oder Artemis (Jagd) und über mächtige Unter-Götter wie Poseidon (Herr des Meeres), Dionysos (Herr des entgrenzenden Rausches – ein thrakischer Import) oder Apollon (Herr des Lichts und der Orakel), brilliert sie durch eine unglaubliche Gestaltenfülle und Differenziertheit. Dieses bunte Himmels-Allerlei hängt wohl mit der ungewöhnlichen landschaftlichen und politischen Vielfalt der griechischen Inselwelt und ihrer Stadtstaaten zusammen. Obwohl die Urtexte der griechischen Religion – etwa Pindars *Hymnen*, Hesiods *Werke und Tage* oder Homers *Ilias* und *Odyssee* – eine kraftvolle, anschauliche Sprache sprechen, haben die olympischen Geschichten in ihnen nicht die ernste Wucht des teilweise gleichzeitig aufgeschriebenen Alten Testaments. In den pittoresken Götterquerelen der griechischen Mythologie ist das Ethische schon durch das Ästhetische gebrochen. Eine Ausnahme bilden allenfalls einige Tragödien wie die *Antigone* des Sophokles: Hier zerbricht eine Welt an dem tiefen ethischen Konflikt zwischen Staatsräson und Totenehrung, Rechtsgrundsatz und persönlichem Rechtsempfinden (Mitleid).

Der wunderbare Flickenteppich der griechischen Kulturlandschaften hat die klare Dominanz einer Hauptreligion verhindert. Vielmehr zeigt das hellenische Pantheon ein abenteuerliches Gewimmel aus vielen verschiedenen Regionalkulten. Dies hat der Philosophie, die im Lebensdurcheinander nach verlässlichen Prinzipien fahndet, den Boden bereitet – einer Philosophie, die hier zum ersten Mal in der Geschichte die

Grundfragen der Existenz allein aus der menschlichen Vernunft heraus zu beantworten versucht. Die Fragen nachgeht wie: Was ist der Ursprung des Alls? Was ist der Mensch? Was ist seine Seele? Welche Tugend ist dieser Seele angemessen? Was ist das wahre Glück, was die wahre Ethik?

Darum braucht die Moral der alten Griechen nicht aus der Beobachtung bestimmter Mythen, Opferrituale oder etwa aus den eleusinischen Fruchtbarkeitskulten und Reinigungsmysterien abstrahiert zu werden. Die Moral der homerischen *Ilias* zum Beispiel wäre eine archaische Kriegermoral der Ehre, der Helden-Tapferkeit, der angemessenen Rache und der überraschenden Großmut – das unterscheidet sich substanziell kaum von den Idealen, die im alten Orient üblicherweise hochgehalten werden; anders – und farbiger – sind allenfalls die ausführenden Figuren der verschiedenen, hochdramatischen Geschichten. Was die Griechen substanziell zur ethischen Grundorientierung des Menschen beigetragen haben, ist eben philosophischer Natur.

Die wichtigsten Quellen dafür sind einige Dialoge Platons, der seinen Lehrer Sokrates zusammen mit Freunden Fragen wie die nach dem Wesen der Liebe, der Gerechtigkeit oder nach der Unsterblichkeit der Seele erörtern lässt. Vor allem aber sind das die ethischen Schriften des Platon-Schülers Aristoteles, besonders die *Nikomachische Ethik* und die *Politik* – nicht vollständig überlieferte Abhandlungen, die wahrscheinlich dem Lehrer Aristoteles als Vortragsunterlagen dienten. Die Dialoge, die Aristoteles geschrieben hat, sind nicht erhalten.

Für Platon ist die höchste Tugend die »Gerechtigkeit« (*dikaiosynä*): Wer fromm ist, ist gerecht, wer gerecht ist, ist gut, das Gute aber gefällt den Göttern. Gerechtigkeit ist nicht nur die maßgebliche Idee eines ausbalancierten menschlichen Miteinanders (»Jedem das Seine«: das, was ihm zusteht, und das, was er geben kann). Sie ordnet auch das Verhältnis des Menschen zu sich selbst: Über den Willen lenkt die Vernunft die Leidenschaften wie der Kutscher die Pferde. Gerechtigkeit ist zumal die leitende Idee des idealen Staates, den sich Platon als organischen Menschen im Großformat vorstellt, mit den »Weisen« an der Spitze und den obrigkeitlichen »Wächtern« als ihren ausführenden Organen, sozusagen ihren Ministern.

Außer der Gerechtigkeit akzentuiert Platons Ethik vor allem die Frömmigkeit (die er dann mit dem Gerechtsein gleichsetzt), die Tapferkeit und die Besonnenheit. Diesen Einzeltugenden liegt die eine, wahre Tugend zugrunde, die für Plato die Einsicht in das »Gute« ist. Das »Gute« ist die überragende Idee der Ideen, das Positive alles Positiven, sie hält alles, was ist, als Eines ins Sein, es ist eine Idee in Gottesnähe, vor der das richtige Erkennen und das richtige Handeln, das Streben nach dem Wahren wie nach dem Guten, ineinanderfließen.

Das bedeutet: Der Grund aller Moral liegt nicht in irgendeiner edlen Empfindung, sondern in der Vernunft, die das Gute erkennt. Das lehrt auch Aristoteles. Seine *Nikomachische Ethik* ist das umfangreichste, wichtigste und komplizierteste philosophische Werk zur Ethik, das uns aus der klassischen Antike erhalten ist. Für Aristoteles ist »das Endziel des Handelns« zwar nicht das Gut-Sein, sondern die »Glückseligkeit«. Doch inhaltlich kommt er Platon wieder sehr nah, indem er Glückseligkeit das »vollkommene«, weil sich selbst genügende »Gut« nennt und als in sich ruhende »Tätigkeit« der Seele bestimmt – als »tugendgemäßes Handeln«, dessen höchste Form die »betrachtende« Tätigkeit des »Geistes« ist.

Erstaunlich, aber wahr: Bei dem bedeutendsten griechischen Denker genießt die Theorie hohes *moralisches* Prestige. Die ihr zugeordnete Tugend ist die »Weisheit«. Die Weisheit des betrachtenden Denkers gehört zu den vier Grundtugenden – neben der Gerechtigkeit, Tapferkeit und Besonnenheit (Mäßigung). Aristoteles unterscheidet »verstandesgemäße« Tugenden wie die Weisheit und rein »ethische« Verhaltenstugenden wie die Tapferkeit. Die vier Grundtugenden heißen seit dem 4. Jahrhundert n. Chr. »Kardinaltugenden« – ein Begriff, der sich aus dem Lateinischen ableitet: *cardo*, Türangel; sie sind Angelpunkte des Anstands.

Ganz neu gegenüber den Lehren des Platon ist bei Aristoteles die Philosophie der »Mitte«. Demnach ist jede Tugend die »Mitte, die durch Vernunft bestimmt wird«, und zwar die Mitte »zwischen zwei Übeln, dem Übermaß und dem Mangel«, dem Zuviel und Zuwenig. So liegt die wahre Tapferkeit in der Mitte zwischen Tollkühnheit (zu viel) und Feigheit (zu wenig), die Besonnenheit zwischen Stumpfheit (zu wenig) und Zügellosigkeit (zu viel). Freigebigkeit steht zwischen Verschwendung und Geiz. Großmut ist die Mitte zwischen Eitelkeit und Kleinmütigkeit.

Aber die Gerechtigkeit bleibt auch in diesem Kontext die »vornehmste der Tugenden«, weil Gerechtsein die Befolgung aller anderen Tugenden einschließt – der Feigling handelt auch ungerecht gegenüber seinem Mitkämpfer. Vor allem aber, weil der Gerechte etwas tut, »was einem anderen zuträglich ist«. Dass sich jemand nicht nur im eigenen Interesse engagiert, sondern für die gerechte Verteilung an sich (etwa von Gemeinschaftspflichten oder steuerlichen Vorteilen), sodass auch die anderen Menschen etwas davon haben, notfalls sogar mehr als man selbst, zeichnet für Aristoteles die Gerechtigkeit vor allen anderen Werten aus. Aristoteles zitiert anonym, doch zustimmend die wohl von dem griechischen Dichter Theognis stammende Sentenz: »In der Gerechtigkeit ist alle Tugend zusammengefasst.« Mit diesem Lob der Gerechtigkeit gerät die griechische Philosophie hart an die Grenze der biblischen Nächstenliebe – die sie dann aber doch nicht überschreitet.

Auch »das Gerechte« ist »eine Mitte«. Es ist ein Ausgleich zwischen streitenden oder teilenden Partnern, wobei das Mehr oder Weniger sich dann auf das Maß der Verteilung jener Güter bezieht, um die es geht. Gerechtigkeit – »das Gerechte im Zuteilen« – ist, so gesehen, eine Frage der angemessenen

»Proportionalität«. Gleiches einfach mit Gleichem zu »vergelten«, sagt Aristoteles, sei keine echte Mitte. Schlage jemand etwa einen Beamten, so dürfe dieser nicht zurückschlagen, sondern sorge für die vom Gesetz festgelegte Bestrafung des Schlägers.

Ähnlich wie Platon hat auch Aristoteles das Problem, das extrem Böse und Nichtige in seiner Vision des vernünftig ausbalancierten, stets nach irgendeinem Guten strebenden Lebens unterzubringen. »Nicht jede Handlung und nicht jede Leidenschaft«, schreibt er im Zweiten Buch der *Nikomachischen Ethik* (6,10), habe »Raum für eine Mitte«. Manche Leidenschaften seien schon per definitionem (»in ihrem Namen«) die reine »Schlechtigkeit, wie die Schadenfreude, die Schamlosigkeit oder der Neid, und bei den Handlungen der Ehebruch, der Diebstahl und der Mord«. Diese Dinge seien »in sich selbst schlecht und nicht ihr Übermaß oder Mangel. Man kann bei ihnen niemals das Rechte treffen, sondern immer nur sich verfehlen. Es gibt kein Richtig und Unrichtig in Bezug auf solche Dinge, etwa mit wem und wann und wie man Ehebruch treiben solle, sondern etwas derart zu tun ist schlechthin falsch.«

Demzufolge geißelt der jüdische Dekalog vor allem »schlechthin Falsches«. Das Alte Testament schätzt die menschliche Begabung für Moral weit skeptischer ein als die klassische Philosophie der Griechen, die am liebsten von idealen Meistern der Mäßigung im harmonischen Idealstaat träumt. Die griechische Ethik aus »rechter Einsicht« (Aristoteles) hat ihre Berechtigung. Vieles davon ist, zumal wenn es um Fragen des guten Geschmacks, der Schicklichkeit, des guten und schlechten Benehmens, des Interessenausgleichs geht, auch heute durchaus gültig. Aber letztlich ist es doch eine Schönwetter-Ethik, Teil einer wunderbaren ästhetischen Daseins-Utopie, wie uns nicht zuletzt das Lob der glückseligen, den Göttern wohlgefälligen »Betrachtung« des Alls verrät. Diese Betrachtung setzt ein Freigestelltsein zur »Muße« (Aris-

toteles) voraus, das als Ideal gut zur altgriechischen Aristo-
kratie passt und etliche gebildete Müßiggänger ernährt hat.
Dafür gearbeitet haben vor allem Unfreie und Nicht-Bürger:
Sklaven.

Ein allgemein gültiges, menschliches Grundrecht darauf,
nicht versklavt zu werden, fehlt in dieser griechischen Ethik.
Der alttestamentarische Gedanke, alle Menschen seien »eben-
bildliche« Geschöpfe Gottes, ist dem sehr viel näher, obwohl
es auch im Alten Testament den Stand der Sklaven gibt, als
sei dies die selbstverständlichste Sache der Welt. Das ändert
sich erst mit Paulus, dem Verfasser der ältesten Schriften des
Neuen Testaments, der im Brief an die Galater schrieb: »Es
gibt nicht mehr Juden und Griechen, nicht Sklaven und Freie,
nicht Mann und Frau: denn ihr alle seid ›einer‹ in Christus
Jesus.«

Ein Sklave ist, nach mediterran-antikem Recht, das Eigentum eines Freien, nicht ganz rechtlos, aber auch nicht Herr
seiner Arbeitskraft. Jemand, der vermietet oder verkauft
werden kann wie eine Sache und sich nur unter bestimmten
Umständen selbst freikaufen darf oder – von einem vermögen-
den, wohlmeinenden Freien – freigekauft oder in die Freiheit
entlassen wird.

So wie der römische Sklave Epiktet (um 50 bis 120 n. Chr.),
der eines Tages durch seinen Herrn Epaphroditos – einen jener
Diener des Kaisers Nero, die diesem bis zum Ende beigestan-
den und sogar noch bei dessen Selbstmord geholfen haben –
freigelassen wurde. Noch während seiner Sklavenzeit durfte
sich Epiktet philosophisch weiterbilden. Die Kaiser Hadrian
und Marc Aurel gehörten schließlich zu seinen Bewunderern.
Sein Schüler Arrian hat die wichtigsten Gedanken Epiktets,
der – wie Sokrates – nicht selbst geschrieben hat, schriftlich
festgehalten. Seine gesammelten Sprüche und Lehrmeinungen
sind in dem berühmten *Handbuch der Moral* überliefert, das
aber, anders als etwa die *Nikomachische Ethik* des Aristoteles,
keine konsistente Ethik bietet. Epiktet war Stoiker, und die

Konsequenz, mit der er dem »Begehren« des Menschen den Stachel gezogen hat, erinnert an die buddhistische Ethik des Selbst-Verzichts.

»Wenn du etwas begehrst, was nicht in unserer Macht steht, dann wirst du zwangsläufig unglücklich«, meint Epiktet. Für den Freigelassenen, der viele anrührende Gedanken zur Freiheit formuliert hat, sind »Zurückhaltung« und »Gelassenheit« die wichtigsten Tugenden. Sie setzen die Erkenntnis voraus, dass wir oft unsere Meinungen über die Dinge mit diesen selbst verwechseln. »So ist zum Beispiel der Tod nichts Furchtbares, sondern nur die Meinung, er sei furchtbar, ist das Furchtbare.« Die Steigerung des Gedankens, das, was nicht in unserer Macht steht, erst gar nicht zu begehren, ist der Entschluss, das von uns nicht beeinflussbare Geschehen als Wunscherfüllung zu begrüßen: »Wünsche dir, dass alles so geschieht, wie es geschieht, und du wirst glücklich sein.« Diese Moral ist ein seltsam genießerischer Fatalismus, der aber immerhin eine Absage an Arroganz und falschen Stolz enthält: »Sei nicht stolz auf einen Vorzug, der nicht dein eigener ist. Wenn ein Pferd in seinem Stolz sagen würde: ›Ich bin schön‹, so wäre das noch erträglich. Aber wenn du mit Stolz behaupten würdest: ›Ich habe ein schönes Pferd‹, dann musst du bedenken, dass du nur auf die Schönheit deines Pferdes stolz bist. Was gehört also dir? Der Gebrauch deiner Eindrücke. Wenn du dich aber beim Gebrauch deiner Eindrücke im Einklang mit der menschlichen Vernunft befindest, dann kannst du mit Recht stolz sein. Dann nämlich wirst du auf einen Vorzug stolz sein, der wirklich dir gehört.« Die Basis für den moralisch annehmbaren Stolz ist etwas, das wirklich in der Macht des Menschen steht: der Gebrauch seiner Vernunft, die ihn lehrt, realistisch und bescheiden zu bleiben.

Ein anderer Stoiker, der römische Konsul und Schriftsteller Marcus Tullius Cicero (106 bis 43 v. Chr.), hat in seiner Schrift *Über die Pflichten* (*De officiis*) noch einmal die vier Grundtugenden der griechischen Philosophie hoch gehalten: Weisheit, Gerechtigkeit, Tapferkeit, Besonnenheit (Mäßigung). Sie wurden etwa hundert Jahre nach ihm durch den Apostel Paulus, theologisch der eigentliche Erfinder des Christentums, um drei »Tugenden« ergänzt. Paulus schrieb im ersten Brief an die Korinther, nach dem Ausblick auf ein Jenseits, in dem das Erkennen kein »Stückwerk« mehr sein werde, sondern ein »ganzes« Erkennen: »Nun aber bleiben Glaube, Hoffnung und Liebe, diese drei. Die größte unter ihnen aber ist die Liebe«, wobei Liebe hier nicht den emotionalen *amor* meint, sondern die *caritas* im Sinne von: Hochschätzung, mildtätige Zuwendung zum Nächsten, Bejahung Gottes und durch Gott. Diese drei »göttlichen Tugenden« (wie sie später in der Kirche genannt wurden) sorgen für die nötige Rückbindung der sozialen Moral an ihre metaphysischen Wurzeln: Nur wer an den Schöpfergott glaubt, bejaht dessen Geschöpfe so, dass er für sie – potentiell für alle – das ewige Heil erhofft. Und nur wer so denkt, hat andauernd die Kraft zur Nächstenliebe. Denn wie sagt so treffend der moralisch ja eher milde gestimmte Aristoteles? »Es ist auch anstrengend, tugendhaft zu sein.« Die aus dem Glauben geschöpfte Kraft kann jeder gut brauchen.

Papst Gregor der Große (um 540 bis 604 n. Chr.) hat denn auch seinen Tugend-Katalog mit den drei göttlichen Tugenden eröffnet: Glaube, Liebe, Hoffnung, Klugheit (Weisheit), Gerechtigkeit, Tapferkeit, Mäßigung. Diesen nunmehr sieben Kardinaltugenden stellte er sieben »Todsünden« gegenüber: Stolz (Hochmut, Ruhmsucht), Geiz (Habgier), Wollust (Unkeuschheit), Neid, Völlerei, Zorn, Traurigkeit (wurde später ersetzt durch: Trägheit, Faulheit, Überdruss). Diese Sünden sind jedoch nicht durchweg präzise auf die sieben Tugenden, als deren jeweilige Negation, bezogen: Welche der hier aufgeführten Sünden etwa wäre das genaue Gegenteil zum Glauben? Eine Kombination aus Überdruss und Stolz? Und was ist mit dem Unglauben aus echtem Zweifel? Die Sünden Wollust und Völlerei negieren zusammen nur eine

Tugend: die Mäßigung. Natürlich haben Gregor und die römische Kirche den Dekalog mit im Blick gehabt: Wer eines der Zehn Gebote absichtsvoll und willentlich verletzt, begeht auch eine Todsünde, heute sagen die Kirchen lieber: eine »schwere Sünde«, deren gewollte Bosheit erst gebeichtet und verziehen werden muss, bevor der Gläubige wieder zu Gast bei Jesus sein, sprich: am Abendmahl oder der Kommunion teilnehmen darf.

Wodurch sie Toleranz behindern – und
wie sie sie ermöglichen

Seit den barbarischen Feldzügen der – vergleichsweise – hochgebildeten Christen gen Jerusalem, also seit dem Mittelalter, ist das heilige Dreieck zwischen Judentum, Christentum und Islam nicht mehr wirklich zur Ruhe gekommen. Hätte nicht der – allen feinen Unterschieden zum Trotz – gewaltige moralische Konsens aller wichtigen Hochkulturen des Vorderen Orients, auch mit Rücksicht auf die sehr ähnlichen Ethiklehren in Indien und China, irgendwann die herrschenden Religionspolitiker motivieren müssen, das Töten von Menschen in irgendeines Gottes Namen endgültig zu ächten? Und wie ist bloß zu erklären, dass dem nicht so war?

Erst im frühen 21. Jahrhundert gab es eine bemerkenswerte, beinahe sensationelle Initiative in diese Richtung. Der polnische Papst Johannes Paul II. schaffte es 2002, Repräsentanten von zwölf größeren Religionen gemeinsam für den Frieden beten zu lassen: Muslimische Großmuftis, jüdische Rabbiner, Orthodoxe, Protestanten, Buddhisten, Hindus und sogar Naturreligiöse kamen in Assisi zusammen, um an der Seite des katholischen Papstes die höchste göttliche Instanz ihres Glaubens um Beistand für eine bessere Welt zu bitten. Zwar geschah das an unterschiedlichen Orten, die aber – immerhin – alle im Geburtsort des Heiligen Franziskus gelegen waren, der sich als spiritueller Anwalt der Aussätzigen und Armen verstand und – der Legende nach – zu den Vögeln gepredigt hat.

Im Rückblick auf die Gotteskrieger-Anschläge vom 11. September 2001, denen in den USA rund 3000 Menschen zum

Opfer fielen, sagte Johannes Paul II.: »Niemand darf im Namen Gottes töten«, jegliche Art von »terroristischen Gewaltakten« im »Namen von Religionen« sei abzulehnen. Aus dem Kreis der anwesenden Religionsbotschafter hat keiner widersprochen. Ob sie auch im Stillen alle zugestimmt haben?

Was der damalige Papst da gemacht und gesagt hat, war höchst ehrenwert – wenn auch aus Sicht der Opfer religiös bedingter Schlachten und Einzelmorde reichlich spät. In seinem Buch *Die Zehn Gebote im 21. Jahrhundert* (2006) schreibt der spanische Philosoph Fernando Savater (Jahrgang 1947), in 5500 Jahren Geschichte hätten die Mächte dieser Welt 14 513 Kriege geführt und dabei 1240 Millionen Menschen umgebracht. Ein »Großteil« dieser Kriege habe »Anfeindungen aufgrund unterschiedlichen Glaubens« zum Grund gehabt, wobei Religion fast immer nur ein »Vorwand« für Machtinteressen gewesen sei.

Wie weit Teile der islamischen Welt auch heute noch geistig von jener eindrucksvollen Assisi-Episode entfernt sind, belegte vier Jahre nach dem Gemeinschaftsgebet der Fall eines gewissen Abdul Rahman. Er hatte lange im Ausland gelebt, wo er zum Christentum übergetreten war, und war dann nach Afghanistan zurückgekehrt. Weil er es dort ablehnte, wieder Muslim zu werden, drohte ihm die Hinrichtung – nach altem islamischem Religionsgesetz, der »Scharia«, eine legitime Strafe. Dass Abdul Rahman schließlich begnadigt wurde, hat er einzig der internationalen Aufmerksamkeit zu verdanken, die sein Fall auf sich gezogen hat. Auch jener dänische Karikaturist, der 2005 für die Zeitung *Jyllands-Posten* Mohammed mit einem bombenförmigen Turban auf dem Kopf gezeichnet hatte und sich deshalb islamistischen Morddrohungen ausgesetzt sah, verdankt – bis heute – allein der weltweiten Öffentlichkeit und der mutigen Haltung der dänischen Regierung, die die Pressefreiheit gegen islamistische Proteste verteidigte, dass er am Leben geblieben ist.

Die Todesdrohung gegenüber »treulos« gewordenen Gläubigen oder jenen, die diese zur »Treulosigkeit« überreden, gibt es auch im Alten Testament: »Hütet euch aber, dass ihr abfallet und dienet anderen Göttern ... der Zorn des Herrn entbrenne über euch, so dass ihr bald ausgetilgt werdet« (5. Buch Mose, 11,16). Aber im Unterschied zu einigen islamischen Ländern hat sich Israel längst davon verabschiedet, in dieser archaischen Weise Religionsgesetz und staatliches Recht gleichzusetzen.

Weder in dem afghanischen Heimkehrer-Drama noch im Streit um die dänischen Karikaturen war irgendein Fortschritt gegenüber dem Debattenstand des Jahres 1779 spürbar. Damals vollendete (zugegeben: in Europa) der sächsische Pastorensohn Gotthold Ephraim Lessing sein berühmtes Weltanschauungsstück *Nathan der Weise*; dessen Plot – der Jude Nathan nimmt sich im Jerusalem der Kreuzzugsepoche der jungen Christin Recha an – gipfelt in jener Ringparabel, die Judentum, Christentum und Islam als gleichwertige Varianten der einen Wahrheit betrachtet. Die Vorurteile, die aus der Verschiedenheit der unduldsamen Religionen erwachsen, lassen sich nur überwinden, wenn jede Religion die andere achtet, lautet die Botschaft des Dramas. Weil ihre Repräsentanten einsehen: Es gibt keine Wahrheitsbesitzer, nur Wahrheitssuchende. Und alle großen Religionen suchen denselben Gott, haben für diese Suche (und den entsprechenden Fund) aber verschiedene Sprachen und Riten.

Der uralte Widerstreit zwischen Besitzern und Suchenden, Dogmatikern und (gutwilligen) Skeptikern bleibt jedoch bei normativen Listen wie den Zehn Geboten unberücksichtigt, denn sie gehören, als erste Ordnung im Chaos, meist zu einer relativ frühen Phase einer Kultur. Die unvermeidlichen Zweifel an etablierten Gesetzen hingegen charakterisieren in der Regel die Spätzeit einer Kultur. Das heißt: Von den Zehn Geboten lassen sich kaum Auskünfte über das Verhältnis zwischen Dogmatismus und Toleranz, zwischen der unzweifelhaft geoffenbarten und der durch die kritische Vernunft geprüften Wahrheit des Seins einholen. Sie enthalten über diese Spannung einfach keine Aussagen.

Die unschöne Wahrheit ist: Auch ohne die fanatischen Übertreibungen und Zuspitzungen sogenannter Gotteskrieger und anderer Kulturkämpfer ist im Prinzip keine der drei Allein-Gott-Religionen tolerant. Judentum, Christentum und Islam, die Mitglieder der abrahamitischen Religions-Familie, denken tendenziell fundamentalistisch. Sie wollen nicht einsehen, dass sie zum selben Gott beten und dass aus dieser metaphysischen Ungeheuerlichkeit endlich einmal die politische Konsequenz folgen muss, dass sie zusammenhalten. Ein Nicht-Abrahamit kann diese Absurdität allenfalls noch resignativ zur Kenntnis nehmen – »feindliche Brüder oder Vettern« sind wohl am Ende doch die Steigerung von »Feinde«.

Dass er ein »eifernder« oder »eifersüchtiger Gott«, ein »verzehrendes Feuer« sei, neben dem der Mensch »keine anderen Götter« verehren dürfe, und dass er die Verletzung dieses Gebots »bis ins dritte und vierte Glied an den Kindern derer, die mich hassen« rächen (Luther spricht von »heimsuchen«) werde, steht ja schon im ersten und wichtigsten der Zehn Gebote. Es ist eine Fanfare des glaubenden Aufbruchs zum einzigen, höchsten, mächtigsten, allumfassenden und barmherzigsten Gott, die sich historisch verstehen lässt, weil – wie schon ausgeführt – das jüdische Volk, dem sie zugedacht war, gegenüber den damaligen Großmächten Ägypten, Babylon und Persien in einer äußerst schwachen Position war, die unbedingt von der biblischen »Posaune« übertönt und kompensiert werden musste.

Der Religionshistoriker Mircea Eliade (1907 bis 1986) sieht es so: »Die Intoleranz und der Fanatismus, die für die Propheten und Missionare der drei monotheistischen Religionen charakteristisch sind, haben ihr Vorbild und ihre Rechtfertigung im Beispiel Jahwes.« Eliade hat recht, bis auf die missverständliche Erwähnung der »Missionare«. Anders als

Christen und Muslime wollten die Juden nie andere Völker missionieren. Und doch war das kein Zeichen von besonderer Bescheidenheit. Andere Völker, die man missioniert hätte, hätten den exklusiven »Bund« zwischen Jahwe und »seinem« Volk, auf den die Juden bis heute besonders stolz sind, gesprengt. Mit dieser Überzeugung brach erst der Jude Paulus, der »Apostel der Heiden«. Er wollte missionieren, aber nicht für das »Gesetz« des Alten Bundes, sondern für Jesus, den Erlöser aller sündigen Menschen, der gekreuzigt wurde und wiederauferstanden ist. Für die Juden war Paulus ein Ketzer, darum hat er Palästina auch verlassen.

Unbestreitbar gilt: Der »eifersüchtige« Gott der Juden duldet keinen anderen neben sich. Abweichler im Glauben werden getötet oder mindestens gesteinigt. Ebendies hat Allah von Jahwe gelernt. Also gilt die Kampfmoral: ich oder die anderen. Mein Gott ist einzig und allmächtig, also bin ich es gewissermaßen auch. Das Volk, das sich als »besonderes Eigentum« seines Gottes versteht, besitzt, so war es anfänglich, umgekehrt auch diesen Gott exklusiv. Ihm aber gehört letztlich die Welt, die er schuf.

Was folgt daraus? Wenn nicht die Weltherrschaft, dann zumindest eine religiöse Allmachtsphantasie, ein spiritueller Größenwahn. Sobald die Anhänger einer konkurrierenden Religion wie des Islam genauso ausschließend auftreten, ist ein Hauen und Stechen ohne Ende programmiert. Die Kinder des jeweiligen Allein-Gotts – die Christen bis zum Augsburger Religionsfrieden 1555 munter dabei – verfolgen einander nach dem Motto: »Denk wie ich oder stirb!«; Worte, die der französische Aufklärer Voltaire als den Leitspruch aller Fanatiker zitiert.

Der Heidelberger Ägyptologe Jan Assmann (Jahrgang 1938) macht in seinem Buch *Moses der Ägypter – Entzifferung einer Gedächtnisspur* (1998) die »mosaische Unterscheidung« zwischen dem Wahren und dem Unwahren in der Religion verantwortlich für eine Welt »voller Konflikt, Intoleranz und

Gewalt«, für die Jahrhundertkonflikte zwischen Juden und Gojim, später dann Christen und Heiden, Katholiken und Protestanten, Muslimen und Ungläubigen. Assmann sieht diese Figuration im ägyptischen Echnaton-Kult vorgezeichnet, der letztlich außer dem Sonnengott Aton alle anderen Götter verwirft und Mose möglicherweise zum Allein-Gott Jahwe inspiriert hat.

Weil Assmann den Himmels-Monopolisten Jahwe mit seinem provozierend exklusiv geliebten und geforderten Volk Israel für den Hass gegen dieses Volk in die Pflicht nehme, verdächtigte der Berliner Judaist Peter Schäfer Assmann, die Juden selbst für den Antisemitismus verantwortlich zu machen und selbst ein Antisemit zu sein.

Der Münchner evangelische Theologe Friedrich Wilhelm Graf (Jahrgang 1948) geht in seinem Buch *Moses Vermächtnis. Über göttliche und menschliche Gesetze* (2006) nicht ganz so weit. Aber auch er meint, Assmann übersehe, dass religiöse Symbolsprachen »sehr viel fluider, variationsreicher und deutungsoffener« seien, als die These vom militanten »Trennungsdenken« Jahwes unterstelle. Der Mose-Gott sei kein Mono-Block, sondern durchaus »pluralismusfähig«.

Mag sein, dass Graf die Liberalität der Mose-Anhänger überschätzt und ihr Freund-Feind-Denken unterschätzt. Aber eines ist klar: In bestimmten Weltgegenden – vom Iran über den Libanon bis in den Sudan – impliziert vermeintlicher Wahrheitsbesitz noch immer fast automatisch die Todesdrohung gegen Andersdenkende. Und vor diesem Hintergrund die Korrektur des orthodox-jüdischen Gottesverständnisses zu fordern, und sei es nur im Sinne der Sanftmut eines Juden namens Jesus, ist gewiss kein antisemitisches Ansinnen. Es liegt nur nahe, wenn man über einen möglichen Weltfrieden nachdenkt, den die großen Religionen mitbegründen, aber eben auch leider – immer neu – verhindern können.

Genau solch eine Pazifizierung des Monotheismus hat Jan Assmann umrissen. Er schwärmt vom optimistisch gestimmten, sinnlichen »Kosmotheismus« der Ägypter, von deren Glauben an die Welt als Körper Gottes und an die Tiere als göttliche Sendboten. Der durch Juden, Christen und Muslime verteufelte antike Polytheismus sei, so meint Assmann, wegen der »gegenseitigen Übersetzbarkeit« seiner theologischen Idiome eine große kulturelle Toleranzleistung. In der Tat haben die Römer nach dem Sieg über den Achaiischen Städte-Bund 146 v. Chr. nicht etwa den obersten Gott der Griechen, Zeus, grimmig abgesetzt und seine Anhänger totgeschlagen – sie haben bloß Zeus umbenannt, mit ihrem Gott Jupiter, dem »Gott des Himmelslichts«, identifiziert; und im Übrigen später darauf geachtet, dass ihr Kaiser auch bei religiös Andersdenkenden Steuern kassieren konnte und formgerecht verehrt wurde.

Etwas von dieser auch ein wenig listigen Toleranz steckt in der »Erklärung zum Weltethos«, die auf Betreiben des Schweizer Theologen Hans Küng (Jahrgang 1928) im Jahr 1993 in Chicago formuliert wurde, im Namen eines »Parlaments der Weltreligionen«, dem über 200 Repräsentanten aller größeren Weltreligionen angehört haben.

Aus den moralischen »Kernwerten« der großen Religionen wurde ein gemeinsamer Bestand gebildet, der, so die Hoffnung Küngs, eine neue, friedlichere »Weltordnung« vorbereiten könne. Die konkreten Gebote des Dekalogs – abgesehen vom Bilderverbot und vom Prolog »Ich bin der Herr, dein Gott« – werden aktualisiert (das »falsche Zeugnis« wird erweitert zu einem Sachlichkeitsgebot für Massenmedien), weltpolitisch generalisiert, teilweise auch neu interpretiert und durch ganz Neues ergänzt. Das »Weltethos, wie es Menschen aus allen großen Religionen und ethischen Traditionen teilen können«, klingt dann so:

»Jeder Mensch – ob Mann oder Frau, weiß oder farbig, reich oder arm, jung oder alt – muss menschlich behandelt werden.« An dieser Stelle erinnert Küng an die Goldene Regel: »Was du nicht willst, das man dir tut, das füge auch keinem anderen zu.« Das Ehebruchsverbot verwandelt sich in die –

deutlich mildere – »Verpflichtung auf eine Kultur der Gleichberechtigung« und der »Partnerschaft von Mann und Frau«.
Außerdem gibt es Verpflichtungen auf »eine Kultur der Solidarität und eine gerechte Wirtschaftsordnung«, eine »Kultur
der Toleranz und ein Leben in Wahrhaftigkeit«; das biblische
Mord-Verbot wird hier zur Verpflichtung auf »eine Kultur der
Gewaltlosigkeit und der Ehrfurcht vor dem Leben«.

Diese Friedensvision hat Küng am 9. November 2001,
anlässlich der Vorstellung dieses Manifests, das den Titel
»Brücken in die Zukunft« trägt, in einer Rede in der UN-Voll-
versammlung in New York erläutert: »Es ist wahr, viel zu oft
haben die Religionen im Lauf der Geschichte ihre zerstörerische Seite gezeigt. Sie haben Hass, Feindschaft, Gewalt, ja
Kriege angeregt und legitimiert. Aber in vielen Fällen haben
sie Verständigung, Versöhnung, Zusammenarbeit und Frieden
angeregt und legitimiert. In den letzten Jahrzehnten sind überall auf der Welt verstärkt Initiativen des interreligiösen Dialogs und der Zusammenarbeit der Religionen entstanden. In
diesem Dialog entdecken die Religionen der Welt wieder, dass
ihre eigenen ethischen Grundaussagen jene säkularen Werte
unterstützen und vertiefen, die in der Allgemeinen Erklärung
der Menschenrechte enthalten sind.«

Auch der von Samuel P. Huntington 1993 befürchtete
»Zusammenprall der Kulturen« (*clash of civilizations*), speziell zwischen islamischer und christlicher Welt, könne ver-
mieden werden, so Küng, unter dem Dirigat folgender Ein-
sichten: »Kein Friede unter den Nationen ohne Frieden unter
den Religionen. Kein Friede unter den Religionen ohne Dialog
zwischen den Religionen. Kein Dialog zwischen den Religionen ohne globale ethische Standards.«

Die Vision einer friedlich debattierenden »Weltzivilisa-
tion«, die Küng hier entwirft, ist im Grundgedanken Kants
berühmtem Werk *Zum ewigen Frieden. Ein philosophischer
Entwurf* (1795) verpflichtet. Kant stellt darin Staaten auf
dieselbe Ebene wie Personen: Man darf sie nicht wie Sachen

behandeln. Staaten sind kollektive vernunftbegabte, sich selbst Gesetze gebende Wesen, die wie die in ihnen lebenden Individuen keinem wesensfremden Zweck, wie etwa dem Profitstreben einer herrschenden Familie, unterworfen werden dürfen. Daraus folgt auch: »Kein Staat soll sich in die Verfassung und Regierung eines anderen Staates gewalttätig einmischen.« Selbst dann nicht, wenn es sich um das Land eines »mit seiner innerlichen Krankheit ringenden Volkes« handelt. Die völkerrechtlich grundlegende Idee der »Autonomie aller Staaten« sei allemal ein höheres Rechtsgut als das mögliche Teil-Recht einer gewaltsamen Einmischung.

Kant träumt hier von einem »immer wachsenden Völkerstaat (*civitas gentium*), der zuletzt alle Völker der Erde befassen würde«. Was eine Art von zivilem, friedlichem »Staatsbürgerrecht« auch zwischen den verschiedenen Nationen voraussetzt – ein »süßer Traum«, wie der Königsberger Philosoph selbst einräumt.

Nehmen wir die Aussagen Kants und Küngs zusammen, so ergibt sich für unser Thema die entscheidende Frage: Lässt sich der Respekt vor der Autonomie einer anderen Religion oder eines anderen Staates – die Grundvoraussetzung für jedes friedliche Miteinander des Verschiedenen – mit der Überzeugung der jeweiligen Gemeinde oder Gemeinschaft vereinbaren, ein metaphysisches Absolutum erfahren zu haben und glaubwürdig leben und vorzeigen zu müssen, notfalls auch gegen andere? Und ist es den verschiedenen Glaubensgemeinschaften zuzumuten, dass sie um des lieben, von internationalen Religionspolitikern beschlossenen Friedens willen ihr Absolutes relativieren und mit der »Brücke in die Zukunft« die Brücke ins Jenseits womöglich schwächen? Andererseits hat es den Anschein, dass die Begriffe »Frieden« und »Toleranz«, wie sie das Küng-Manifest prägen, längst zivilisatorische Grundwerte benennen, die keiner religiösen oder metaphysischen Vertiefung mehr bedürfen, mögen sie darin auch ihren Ursprung haben.

So verdienstvoll das Küng-Manifest auch ist – nicht zuletzt in seiner Eleganz, mit der es das in den alten Texten zu beklagende Fehlen weiblicher Gleichberechtigung nachbessert –, es formuliert leider wie ein typisches Sitzungsprotokoll, wie ein Kommuniqué von lauter wohlmeinenden Weltethos-Staatsmännern (»Kultur der Solidarität«). Es versucht, das ärgerlich fordernde Religiöse – »Ich bin der Herr, dein Gott« – rein weltlich zu begründen, aus der wohlmeinenden Grundüberzeugung des gut erzogenen, friedlichen Weltbürgers heraus. Es setzt damit – vielleicht unbeabsichtigt – voraus, dass dieser Weltbürger ohnehin nur noch das ernst nimmt, was er auch ohne den Gottesbezug einsieht.

Der verborgene, auch mal zornige, feurig andere Gott, der die Welt als solche in Frage stellt, weil er sie unendlich überragt und überdauert und im Sein stabilisiert, dieses schlechthin unverfügbare, verehrungswürdige, irritierende Geheimnis unseres Existierens droht im gedämpften Licht eines gut klimatisierten UN-Konferenz-Tonfalls zu verdunsten. Wenn der globale ethische Anspruch des Manifests nur durch diese seltsam unverbindlich wirkende Konsens-Verbindlichkeit zu behaupten ist, wenn das archaisch rigorose »Du sollst ...« sich anhört wie »man sollte wohl doch«, dann ist womöglich der Preis für den Verzicht auf den urwüchsigen Kampf um die eigene metaphysische Identität zu hoch: Dieser Preis könnte der ernsthafte Glaube selbst sein.

Leider scheint es so zu sein, dass mehr Mut zum Absoluten – im Ton wie im Gedanken – automatisch die Absage an jegliche religiöse und damit weltpolitische Toleranz bedeutet. Wobei es sich hier wohlgemerkt nicht um ein Problem aller Religionen handelt, sondern um das Skandalon der monotheistischen Religionen. Griechen, Babylonier, Ägypter, erst recht Hindus und Buddhisten sind schon im Götterhimmel tolerant: Sie akzeptieren viele.

Die historische Karriere des Begriffs »Toleranz« beginnt in der Frühzeit der europäischen Aufklärung, im 17. Jahrhundert.

In der wegweisenden Schrift *Epistola tolerantia* (1667/69) forderte der britische Philosoph John Locke die Duldung unterschiedlicher religiöser Bekenntnisse – nahm aber die Duldung des Atheismus davon aus. Im Jahr 1689 verabschiedete das englische Parlament den »Toleration Act«, der im Prinzip die Trennung von Staat und Kirche empfiehlt.

Toleranz gegen Glaubensgewissheit – der Konflikt ist prinzipiell schwer zu lösen. Gewiss haben zahlreiche bedeutende Personen an den einen Gott geglaubt, ohne militant gegen die Anhänger einer anderen Religion zu agieren; komplexe Persönlichkeiten, die prinzipielle Gegensätze sachlich erörtern, denkerisch und emotional aushalten konnten, darunter der Dominikaner-Philosoph Thomas von Aquin, der Denker des Ganzen, der Verfasser der *Summa theologiae*.

Die Verbindung von Glaubensgewissheit und Toleranz, ohne die eine Koexistenz von Religion und Demokratie letztlich nicht denkbar ist, wäre wohl möglich, wenn Gewissheit und Wissen, religiöser Vernunftglauben und skeptische, auf methodisch geordnete Erfahrung bauende Vernunft klarer getrennt würden – ohne dabei eins von beiden abzuwerten. Die Glaubensgewissheit, der unbedingt auch philosophische Reflexion und nicht nur Emotionen zugrunde liegen sollten, ist zugleich eine existenzielle Gewissheit und eine Grundentscheidung des Gewissens, die mit wissenschaftlich fundierter Gewissheit nichts zu tun hat. Problematisch daran ist, dass es immer nur ein einziges Individuum mit einer einzigen Vernunft ist, die sich mit der Glaubenswahrheit auseinandersetzt. Das konkrete Individuum tut sich schwer, verschiedene Erkenntnisweisen und Orientierungswege streng auseinanderzuhalten, wo es doch um eine vitale Ganzheit, um die Wahrheit seines Selbstseins geht. Der Vorschlag einiger rigoroser Empiriker, die letzten Fragen der Existenz einfach zu unsinnigen Fragen zu erklären, die man erst gar nicht stellen solle, ist natürlich keiner – die unsinnigen Fragen, denen der Verstand die Tür gewiesen hat, kehren irgendwann durch die Hintertür zurück, spätestens dann, wenn sich der Mensch konkret mit seiner Sterblichkeit befasst.

So viel müssen wir den fundamentalistischen Allein-Gott-Religionen abhandeln: Wir konzedieren ihnen ihre jeweilige Transzendenzerfahrung und nicht relativierbare Glaubenswahrheit unter der Bedingung, dass sie selbst nicht mehr – wie in alter Zeit üblich – ihre Wahrheiten mit wissenschaftlichen Erkenntnissen und Thesen konkurrieren lassen. Für die Toleranzkultur ist schon viel gewonnen, wenn keiner mehr auf die Idee amerikanischer Adventisten und Kreationisten verfällt, naturwissenschaftliche Erkenntnisse über das Alter der Erde oder die Entstehung der Arten unter Berufung auf biblische Aussagen – etwa über den Schöpfergott und sein Sieben-Tage-Werk – zu bezweifeln, weil sie die begriffliche Sprache wissenschaftlicher Gewissheit mit der symbolischen Sprache religiöser Gewissheit verwechseln.

Die methodische Unterscheidung der grundverschiedenen Erkenntnisweisen ermöglicht eine Koexistenz von Toleranz und Glaubensgewissheit, die es jedem Gläubigen erlaubt, sich Gott als dem verborgenen Urgrund dessen, dass überhaupt etwas existiert, anzuvertrauen und zugleich als mathematisch versierter Informatiker oder Physiker etwa beim Genfer Teilchenbeschleuniger zu arbeiten, in der Hoffnung, eines Tages den Urknall in aufs Äußerste erhitzten, gegeneinander rasenden, winzigen Materiepartikeln wiederholen zu können. Dass die Urknalltheorie den biblischen Schöpfungsglauben widerlege, meinen nur Naive. Der Urknall kann, wenn die Theorie denn stimmt, begründen, wie Materie entstanden ist – aber nicht, warum es überhaupt ein so hochexplosives Potential gibt, das Materie und schließlich das Weltall entstehen lässt. Jenes »Dass überhaupt« ist das Grundrätsel alles Existierenden und ein zentrales Motiv, religiös zu denken.

Die so verstandene Glaubensgewissheit des Ingenieurs ist also kein Hindernis für Toleranz, sondern geradezu eine Voraussetzung der Toleranz – einer Toleranz, die dann auch nicht in achselzuckende Gleichgültigkeit abzugleiten droht. Denn: Die natürliche Spannung zwischen einer Glaubensgewissheit, aus der eine bestimmte Ethik folgt, und praktischer Toleranz entspricht dem Konflikt zwischen Wahrheit und Freiheit. Wer frei denken und entscheiden möchte, muss dies auch bei den anderen tolerieren – damit sie ihn tolerieren und sein Frei-sein überhaupt zulassen. In diesem Toleranzmodell wird die Wahrheit als etwas betrachtet, das die Freien untereinander in gleichberechtigtem Diskurs aushandeln.

Diese dabei ausgehandelte Einigung kann aber nicht irgendeine beliebige Teilwahrheit sein, die zur Regel erhoben wird. Freiheit, wie wir sie – seit Kant – verstehen, ist keine Willkürfreiheit, sondern Freiheit aus Vernunft. Kant sagt: »Ein jedes Ding der Natur wirkt nach Gesetzen. Nur ein vernünf-tiges Wesen hat das Vermögen, nach der V o r s t e l l u n g der Gesetze, d. i. nach Prinzipien, zu handeln, oder einen Wil-len. Da zur Ableitung der Handlungen von Gesetzen Vernunft erfordert wird, so ist der Wille nichts anderes, als praktische Vernunft. Der Wille ist ein Vermögen, nur dasjenige zu wählen, was die Vernunft, unabhängig von der Neigung, als praktisch notwendig, d. i. als gut erkennt« (*Grundlegung zur Metaphy-sik der Sitten*, 1785).

Das »Grundgesetz« (Kant), nach dem die so verstandene praktische Vernunft handelt und in dessen Licht sie Kompro-misse sucht, ist der – von Kant so genannte – kategorische Imperativ: »Handle so, dass die Maxime deines Willens jeder-zeit zugleich als Prinzip einer allgemeinen Gesetzgebung gelten könne« (*Kritik der praktischen Vernunft*, erstes Buch, 1788). Dieses Gesetz gilt unbedingt, unabhängig von Raum, Zeit und gesellschaftlicher oder historischer Konstellation.

Die praktische Vernunft, die ihre Freiheit gegenüber allen wechselnden Launen, Einflüsterungen und Trieben erst findet, indem sie sich von ihr selbst gesetzten, unbedingt geltenden Prinzipien unterwirft, muss auch der praktischen Vernunft des anderen zubilligen, dass sie sich aus freier Vernunftentscheidung an unbedingt geltende Prinzipien bindet. Diese (aufgeklärte) Toleranz der wechselseitigen Anerkennung vernünftiger Menschen steht nun aber nicht mehr im klassischen Gegensatz zu einer unbedingten moralischen oder metaphysischen Wahrheit. Vielmehr ist sie selbst diese Wahrheit: Sie entspricht der unbedingten Geltung des Sittengesetzes, an das die freie Vernunft sich bindet und das sie als Selbstverpflichtung bei den anderen Freien respektiert. Die moralische Wahrheit, auf die sich die vernünftigen Freien tolerant einigen, ist ein und dieselbe: der kategorische Imperativ. Sein Prinzip praktiziert insofern die wechselseitige Anerkennung der freien Vernünftigen, als der Grundsatz des handelnden Einzelnen verallgemeinerungsfähig sein muss, also für andere zumutbar und gültig. Ich tue nichts, was andere nicht auch tun – und mir gegenüber tun – dürfen: Ich halte mich an die »Goldene Regel«, mache mich so den anderen erträglich und ertrage damit auch deren Entschluss, sich so zu verhalten, wie ich mich verhalte – entsprechend der Regel.

Toleranz, das Sich-Anderen-Erträglich-Machen sowie das Ertragen der Anderen, widerspricht also nicht der Wahrheit des Unbedingten; sie ist ein Teil dieser Wahrheit, sofern dieses Unbedingte im Rahmen wechselseitiger Anerkennung freier Vernunftwesen stattfindet, deren Freiheit ja gerade darin besteht, dass sie sich als freie Vernunftwesen ein Handlungsgesetz vornehmen und sich diesem unbedingten Gesetz fügen.

So gekoppelt, haben Toleranz und Wahrheit allerdings einen religiösen Ursprung: jenen geoffenbarten Grundsatz wechselseitiger »Liebe«, der auch »Nächstenliebe« heißt und der nach biblischem Verständnis einen als Geist begriffenen Gott voraussetzt, der der Schöpfergott aller menschlichen Vernunftwesen (und ihrer moralischen Regeln) ist. Frei sind wir nur aus Vernunft, und diese Vernunft ist vom göttlichen Geist »geschaffen«, nicht von irgendeiner innerweltlichen Energie. Warum? Weil ihr Wesen, das Sein alles Existierenden und darum auch das Nichts denken zu können, völlig aus dem

Wesen der Welt herausfällt, demnach als deren »Produkt« undenkbar ist. Kant hat deshalb auch die These vertreten, die Willensfreiheit aus Vernunft sei ebenso wenig beweisbar wie die Existenz Gottes. Gott und freie Vernunft begründen sich gegenseitig und entziehen sich jeder begrifflich fixierten Wahrnehmung, jeder »Empirie«.

Der Philosoph Jürgen Habermas (Jahrgang 1929), als Enkel der marxistisch orientierten »Kritischen Theorie« der Frankfurter Schule an sich allem Metaphysischen fernstehend, hat in seiner berühmt gewordenen Dankrede für den Friedenspreis des Deutschen Buchhandels (2001) über diesen Zusammenhang nachgedacht und meint, auch und gerade »die säkulare Gesellschaft« dürfe sich nicht »von wichtigen Ressourcen der Sinnstiftung«, mithin auch nicht von der »Artikulationskraft religiöser Sprachen« abschneiden. Sonst bestehe die Gefahr, dass »die Sprache des Marktes« die »zwischenmenschlichen Beziehungen in das Schema der selbstbezogenen Orientierung an je eigenen Präferenzen« presst und dadurch das »soziale Band« der »gegenseitigen Anerkennung« im Sinne der »Nutzenmaximierung« verkümmert.

Habermas unterscheidet hier strikt »das kategorische Sollen« Kants vom »aufgeklärten Selbstinteresse« moderner Individualisten. »Bei Kant«, so Habermas, »findet die Autorität göttlicher Gebote in der unbedingten Geltung moralischer Pflichten ein unüberhörbares Echo.« Dieser Begriff der Autonomie zerstöre die »traditionelle Vorstellung der Gotteskindschaft«, bewahre aber in der »kritischen Anverwandlung« Wichtiges vom »religiösen Gehalt« jenes Sollens.

Der hübsch klingenden These, Kant habe den Gedanken vom Schöpfergott und seinem Geschöpf »zerstört«, aber das metaphysische »Echo« davon in seiner Pflichtethik bewahrt, wäre entgegenzuhalten: Kant hat den Schöpfergott nicht zerstört, sondern bewiesen – als notwendiges »Postulat« der reinen praktischen Vernunft, ihres unbedingt geltenden Sittengesetzes und ihrer Willensfreiheit. Bestritten hat er lediglich die theoretische Erkennbarkeit und Beweisbarkeit Gottes, etwa die Triftigkeit der Gottesbeweise von Thomas von Aquin und Anselm von Canterbury.

Kant hat die traditionelle Metaphysik hauptsächlich als Ethik begriffen, aber die »Idee« des Schöpfergottes keineswegs in das Reich des Illusionären verbannt. Auch bei ihm bleibt Gott die »oberste Ursache der Natur« und der Menschen, aber er existiert auf der Rückseite des Spiegels unserer Weltwahrnehmung, in der Rätselhaftigkeit des »Dings an sich«. Dass er als ein »vernünftig Wesen« die Vernunft des Menschen in ihre autonome moralische Selbstverpflichtung freigibt, steht für Kant außer Frage.

Der Philosoph und Kardinal Nikolaus von Kues (1401 bis 1464) nennt die aus der Umweltenge zum All-Bezug befreite Wahrheit der Vernunft das *non-aliud*, das Nicht-Andere. Die Einheit von allem, was ist, ist niemals ein Dieses oder Anderes, sondern der Zusammenhang von allem, der nur »existiert«, weil die Vernunft (*intellectus*) diesen Zusammenhang denkt und in gewisser Weise auch »ist«, was ja auch ihr eigentliches Wesen ausmacht. Die Vernunft kann die unendliche »Einheit aller Gegensätze« (*coincidentia oppositorum*) denken, aber sie kann sie sich nicht anschaulich vorstellen und sprachlich mit Prädikaten einfangen: Diese Prädikate benennen stets etwas und setzen es einem Anderen (*aliud*) entgegen. Demnach ist Gott der unvorstellbare absolute Geist, der den Zusammenhang, den der menschliche Geist nur denken kann, zugleich denkt und garantiert. Ohne dieses Zusammenhalten Gottes könnten wir das Zusammenhängen von allem nicht denken.

Die religionspolitische Anwendung dessen, was Nikolaus von Kues (auch »Cusanus« genannt) in seinem Buch *Vom belehrten Unwissen* (*De docta ignorantia*, 1440) entwickelt, ist eine für ihre Zeit überraschende Toleranz. Nikolaus von Kues hat sie erstmals 1453 in der kleinen Schrift *Vom Glaubensfrieden* (*De pace fidei*) formuliert, unter dem frischen

Eindruck, den die Eroberung Konstantinopels durch die muslimischen Türken auf ihn gemacht hat. Da Gott für ihn der oberste »Begriff der Begriffe« und als solcher die Einheit aller Gegensätze ist, gibt es für ihn auch keine endgültigen Gegensätze zwischen den großen Religionen. Es existiert nur eine einzige Religion – der Glaube an den einen Unfassbaren und Unendlichen.

Das ist der gemeinsame Kern der Religionen. Er ist so gewaltig, dass er leicht alle rituellen, sprachlichen und historischen Unterschiede trägt und erträgt. So sollen die unterschiedlichen Religionen durchaus bestehen bleiben, während sie das gemeinsame Wahre erkennen, anerkennen und sich darum gegenseitig tolerieren.

Die Umsetzung dieser Toleranzidee hat freilich einen Haken: Nikolaus von Kues hält das Christentum für die eine wahre Religion, auf die sich über kurz oder lang alle anderen, wie er meint, einigen werden. Das Judentum habe, so Kues, die erste entscheidende Wahrheit entdeckt, dass Gott jenseits aller Bilder und Wahrnehmungen – als Geist – zu verehren sei; der heidnische Polytheismus enthalte die zweite Wahrheit, dass alle Einzelgeschöpfe und Naturphänomene, die im Polytheismus ja meistens personalisiert werden, als Werke Gottes geheiligt würden; und das Christentum stelle die Einheit dieses Gegensatzes her, indem es zugleich Gott als fernen Geist und als sinnlich erfahrbaren Einzelnen, in Jesus, denke.

So einleuchtend diese Argumentation auch scheint, sie ist anfechtbar, vor allem in zwei Punkten: Religiös im Sinne der monotheistischen Überzeugung kann man auch ohne den Glauben sein, Jesus sei der Gottessohn und Erlöser von aller Schuld – über den Gott als Schöpfer und Richter von und über alle Kreatur ist der absolute Geist hinreichend vereinzelt und versinnlicht, auch ohne den Mittler Jesus. Und: Religionspolitisch wäre es utopisch zu meinen, man könne jemals das Christentum als die eine wahre Religion allen anderen Religionen anbieten.

Immerhin hat Nikolaus von Kues den Frieden der Welt mit einer Weltreligion der Liebe und Wahrheit verknüpft, die alle einzelnen Gegensätze unter den Religionen integriert – die Idee weist weit voraus in die Zukunft.

Das teils großartige, teils fragwürdige Toleranzmodell des Nikolaus von Kues findet ein würdiges Gegenstück im Islam. Auch dort ist Allah – die arabische Übersetzung von Jahwe – der einzige, wahre, ewige, unteilbare Gott, groß und barmherzig. »Unser Gott ist euer Gott«, sagt Mohammed (Sure 29,46) zu den Christen, dem »Volk der Schrift«, mit dem Muslime eigentlich schon deshalb »nicht streiten« sollen, weil auch Jesus, wie Mose, Muslim sei, einer, der dem Islam (»Ergebung in Gott«) zugehört. Allah zeigt sich vor allem gegen die Vielgötterei heidnischer Araber gnadenlos. Die meisten islamischen Länder haben in der Vergangenheit christliche Kulte eher toleriert als rigoros unterdrückt – was natürlich genauso vorkam und vorkommt.

In seiner Schrift *Über die Religion. Reden an die Gebildeten unter ihren Verächtern* (1799) hat Friedrich Daniel Schleiermacher geschrieben: »Religion haben, heißt das Universum anschauen«, das »Universum als Totalität, als Einheit in der Vielheit«; und, so fügt er hinzu, »sollte nicht der, der es so anschaut als Eins und Alles, auch ohne die Idee eines Gottes mehr Religion haben, als der gebildetste Polytheist?« Dieser Zusatz – »auch ohne die Idee eines Gottes« – war wohl der Grund dafür, dass der evangelische Theologe und Prediger den Erstdruck seines Buches nur anonym veröffentlicht hat. Die in diesem Zusatz anklingende Tendenz zum Pantheismus galt um 1800 in kirchlichen Kreisen als Ketzerei.

Eine so umrissene Religiosität bedeutet, dass sich das unfassbare, aber als imaginierbar angesehene Ganze des Universums in den einzelnen Religionen unendlich modifiziert. So verwundert es auch nicht, dass Schleiermacher von der Religion verlangt, »den eitlen und vergeblichen Wunsch, dass es nur eine geben möchte«, aufzugeben; und dass er die Menschen ermutigt, der Vielheit der Religionen »so unbefangen als möglich« zu begegnen. Das Christentum sei zwar die »Religion der Religionen«, also den anderen überlegen, müsse aber gerade darum religiöse »Einförmigkeit« nicht zu erzwingen versuchen.

Die Beispiele Schleiermacher und Nikolaus von Kues zeigen: Je vergeistigter der Begriff von Gott ist, desto mehr verlieren die Gegensätze zwischen den großen Religionen ihre trennende Kraft. Der mystische Bezug zum Unendlichen, zur Einheit aller Gegensätze schafft fast wie von selbst jene geistige Distanz zu allen endlichen Konflikten, die echte Toleranz ermöglicht – echt, weil sie nicht auf Gleichgültigkeit oder Ratlosigkeit basiert, sondern sich aus der Fülle des Unendlichkeitsgefühls heraus beinahe beiläufig ergibt. Der geistige Blick auf das Großartige und Erhabene der Tatsache, dass wir überhaupt sein dürfen und dies auch noch merken und fühlen können, relativiert alles konfessionelle Gezänk um Dogmen und Gegen-Dogmen. Insofern ist der Glaube an das Absolute ein wirklich haltbares Fundament für Toleranz – für den Respekt vor jedem anderen Menschen, der ja, ob er es glaubt oder nicht, einen eigenen, einzigartigen Bezug zum Absoluten besitzt. Das ist es, was die »Geschöpflichkeit des Ebenbildes« meint, die selbst für Jürgen Habermas »eine Intuition« ausdrücke, welche »auch dem religiös Unmusikalischen etwas sagen kann«.

Auch in den Hochkulturen außerhalb des Wirkungskreises des Alten Testaments gibt es, wie schon ausgeführt, das Ethos der Nächstenliebe, selbst wenn es nicht explizit so genannt wird. Dass man seine Mitmenschen insofern »liebt«, als man sie nicht willkürlich totschlägt, betrügt, belügt, bestiehlt, in ihrer Würde verletzt, als man sie bemitleidet, nährt, wenn sie hungern, tränkt, wenn sie dursten, sie gastlich empfängt, wenn sie als Fremde bei einem weilen, als man speziell die Eltern und Alten respektvoll behandelt: das ist Konsens aller Hochkulturen. So gesehen, dürfte es für keine große Religion der Welt ein echtes Toleranzproblem geben – mögen auch manche, etwa die Buddhisten, mit dem Schöpfergott des Alten Testaments, und damit des Christentums und des Islam, wenig anfangen können.

Unter den verbissenen Wahrheitsmonopolisten dieser Erde hat Toleranz nur eine Chance: nämlich dann, wenn sie endlich erkennen, dass die Wahrheit des feindlichen Bruders oder Vetters letztlich die eigene ist. Wenn sie den Kopf frei machen für die Erkenntnis, dass in der Moderne des 21. Jahrhunderts religionspolitisch nur noch ein Gegensatz relevant ist: der Gegensatz zwischen den agnostischen Relativierern einerseits und den Verfechtern des Glaubens an das Absolute im Geheimnis der Existenz andererseits.

Was sie mit rechtlichen Normen verbindet
und von ihnen unterscheidet

Eine der besonders hohen Hürden für den Dialog zwischen tendenziell intoleranten Gläubigen und sich selbst als aufgeklärt einschätzenden Liberalen ist die, dass Verstand und Vernunftglauben, die Ordnungsmacht Recht und die Ordnungsposaune Moral gerne miteinander verwechselt werden.

Was den Gläubigen als absolut wahr gilt, ist auf der Ebene rationaler wissenschaftlicher Diskurse erstens unbewiesen und zweitens eine subjektive Meinung. Die Kluft zwischen wissender Gewissheit und moralisch gefestigtem Gewissen, zwischen dem triftigen Argument und der Ahnung des unergründlichen Unendlichen wird in der Regel nicht beachtet, wenn Gotteskrieger und Aufgeklärte – jeder mit einer Teilwahrheit ausgestattet – aufeinander losgehen. Genauso, wie man dabei stets wahllos Verstand und Vernunft, die nicht ohne Grund schon im Lateinischen als *ratio* und *intellectus* unterschieden werden, zusammenrührt, so haben auch die Begriffe Recht und Moral seit Jahrhunderten reichlich offene Grenzen zueinander. Im Lauf der Jahrtausende ist das Recht aus der Moral, mit der es – als religiöse Vorschrift – ursprünglich identisch war, herausgewachsen; andererseits hat die Moral, speziell seit der Aufklärung, immer häufiger die Nähe zum rechtlichen Gesetzesduktus gesucht, um ihre Gültigkeit auch über die wachsenden Zweifel an religiösen Dogmen hinweg zu behaupten.

Doch der elementare Unterschied zwischen Recht und Moral ist geblieben. Am plakativsten belegt ihn die alte, jedermann einleuchtende Spannung zwischen Recht und Gerechtigkeit. Wie viele korrekte Urteile, die von rechtsstaatlich beamteten Richtern im Namen des jeweils geltenden positiven Rechts gefällt werden, werden von der Mehrheit der denkenden Menschheit als eindeutig »ungerecht« beurteilt oder empfunden! Das Maß dieser Empfindung ist ein simples, weit verbreitetes Fairness-Ideal. So gilt es generell als unfair, von der Gemeinschaft mehr zu verlangen, als man selbst zu geben bereit ist. Auch der faire »Lohn« für angemessenes oder die »Strafe« für bösartiges Verhalten stehen in der Regel als Normen außer Frage. Klassisch ist der Fall der bäuerlichen Erbfolge: Oft stehen, wenn die Eltern nicht mehr arbeiten können oder wollen oder gestorben sind, dem ältesten Sohn der Hof und die zugehörigen Ländereien zu, die anderen Kinder müssen finanziell entschädigt werden. Und obwohl der zweitälteste Sohn manchmal der Tüchtigere ist, derjenige, der liebevoller zu den Eltern war, bekommt der Älteste den Hof – ein Vorgehen, das vielfach für »ungerecht« gehalten wird.

Rolf Lamprecht (Jahrgang 1930), dreißig Jahre lang Korrespondent des SPIEGEL bei den obersten deutschen Gerichtshöfen in Karlsruhe, berichtet in seinem Buch *Die Lebenslüge der Juristen – warum Recht nicht gerecht ist* (2008) ausführlich von dem Fall »Inge Hoff« (der Name ist geändert, der Fall authentisch), einem »Willkürakt«, der viele Bürger empört hat: »Inge Hoff war in dieser kleinstädtischen Kulisse (von Michelstadt im Odenwald) aufgewachsen. Sie hatte hier geheiratet, Kinder bekommen und mit ihrem Mann auf eigenem Grundstück ein Häuschen gebaut. Als die Ehe auseinanderging, blieb er dort wohnen, sie zog mit den Sprösslingen aus. Beim Streit ums Geld hatte sie immer das Nachsehen. Er wollte das gemeinsame Anwesen gern behalten, aber möglichst nichts zahlen – und wenn überhaupt, dann ›nur‹, wie es in schönstem Amtsdeutsch heißt, ›nach Maßgabe seiner wirtschaftlichen Leistungsfähigkeit‹. Mit anderen Worten: Allein wenn er es für richtig hielt, bekam sie etwas ab. Mit solchen Almosen wollte sich Inge Hoff nicht abspeisen lassen. Sie erinnerte sich daran, dass laut Gesetz einer geschiedenen Frau die Hälfte vom Erworbenen zusteht. Das Grundstück war 1975 amtlich auf den Zeitwert von 144 000 Mark geschätzt worden. Sie hatte mithin, abzüglich einer Grundschuld über 20 000 Mark, Anspruch auf 50 Prozent von 124 000 Mark, auf 62 000 Mark. Da ihr Mann nicht freiwillig zahlen wollte, beantragte sie die Zwangsversteigerung.«

Die fand dann auch statt: »Inge Hoff kam allein. Ihr Anwalt war, um seiner Mandantin Kosten zu ersparen, daheim geblieben. Der Rechtspfleger eröffnete den Termin. Was er sagte, war schwer begreiflich.« Aus unerfindlichem Grund setzte er das »geringste Gebot« auf 1785,42 Mark fest, auf eine, wie Lamprecht schreibt, »lächerliche Summe im Vergleich zum ermittelten Wert des Anwesens«. Der Betrag hat allerdings mit dem Streitwert wenig zu tun; er ergibt sich aus den Verwaltungskosten, die dem Staat durch solch eine Versteigerung entstehen. So ging es weiter: Der »Rechtspfleger« forderte Frau Hoff »zum Bieten« auf. Frau Hoffs Ex-Mann war anwesend und nannte eine Zahl: 2000. Der »Rechtspfleger« stellte fest: »Weitere Gebote wurden nicht abgegeben.« Am Ende hatte der Ex-Mann Haus und Grundstück für 2000 Mark erworben. Frau Hoffs Anwalt, der Beschwerde einlegte, weil der »Rechtspfleger« seine Mandantin auf den drohenden »Totalverlust ihrer Ansprüche« hätte aufmerksam machen müssen, scheiterte beim Landgericht, der nächsten Instanz. Das Landgericht meinte, der »Rechtspfleger« hätte sich, wenn er Frau Hoff auf den unmittelbar drohenden wirtschaftlichen Verlust hingewiesen hätte, »dem Verdacht der Befangenheit ausgesetzt«. Auch die weitere Beschwerde beim Oberlandesgericht wurde mit dem Hinweis auf die nötige »Unparteilichkeit« des »Rechtspflegers« abgeschmettert.

Da sie nun nichts mehr zu verlieren hatte, wagte Inge Hoff den Gang nach Karlsruhe. »Nachdem sie Verfassungsbeschwerde eingelegt hatte, begann sich das Blatt zu wenden«, so Lamprecht weiter. »Das Bundesverfassungsgericht hatte das Land Hessen und die Bundesregierung in Bonn aufgefordert,

Stellung zu beziehen. Und siehe da: Auch die hohen Herren in den Ministerien, die normalerweise ihre Gerichtsinstanzen zu verteidigen pflegen, kamen nicht umhin, sich von den unbarmherzigen Urteilen gegen Inge Hoff zu distanzieren.«

Karlsruhe urteilte, dem »Rechtspfleger« könne das »grobe Missverhältnis zwischen Grundstückswert und Versteigerungserlös« nicht verborgen geblieben sein. Darum hätte er zumindest fragen müssen, ob Frau Hoff wirklich verstanden habe, dass sie bei einer Versteigerung alles verlieren könne. Der Bundesminister der Justiz fand die Verknüpfung von Eigentumsgarantie und Rechtsstaatsprinzip wichtig und monierte, der Frau Hoff sei ein faires Verfahren verweigert worden. In der Zivilprozessordnung gebe es eine »Fragepflicht des Gerichts« zu »allen erheblichen Tatsachen«. Der aber habe der Richter von Michelstadt nicht genügt.

Warum? »Kollektive Betriebsblindheit«, lautet Lamprechts Diagnose. Im »Konflikt zwischen Bürger und Staat« würden »gedankenlose Bürokraten« den größten Schaden anrichten. Staatsdiener »begehen selten Schandtaten, verursachen aber oft Betriebsunfälle«. Egal aus welchem Grund: Dem Bürger geschieht so faktisch nicht selten Unrecht.

Lamprecht zeigt dies auch anhand der »Kapriolen, die das Ehe- und Familienrecht schlägt«. Obwohl Ehe und Familie unter dem »besonderen Schutze der staatlichen Ordnung« stehen, wie das deutsche Grundgesetz in Artikel 5 formuliert, haben unverheiratete Mütter, die einige Jahren mit einem Mann eine Lebensgemeinschaft gebildet und dabei ein Kind zur Welt gebracht haben, seit kurzem denselben Unterhaltsanspruch wie verheiratete Mütter, die gesetzlich geschieden werden. Der Gesetzgeber meinte – entsprechend einem Urteil des Bundesgerichtshofs nach einem Musterprozess im Jahr 2006 –, eine nichteheliche Lebensgemeinschaft könne einen »besonderen Vertrauenstatbestand begründen«, der letztlich dem einer ehelichen Lebensgemeinschaft sehr nahe komme, und darum stünden in beiden Trennungsdramen den betroffenen Müttern dieselben Unterhaltszahlungen zu. Befristet auf drei Jahre. Diese Frist stammt aus der vorher nur für nichteheliche Mütter geltenden Regelung. Das heißt: Die Ausweitung der mütterlichen Versorgungsrechte – im Namen der sozialen Gerechtigkeit – hat die ehelichen Mütter heruntergestuft, was eigentlich dem Grundgesetz widerspricht.

Zwar orientiert sich das positive Recht, das in einer Gesellschaft gilt, an dem Ideal der Gerechtigkeit, aber es ist häufig durch »Launenhaftigkeit« (Lamprecht) gekennzeichnet. Der Meister dieser Launen ist der wechselnde Zeitgeist, der Politiker alte Normen immer wieder ändern und Richter immer neu auslegen lässt.

Der traditionelle Begriff von Gerechtigkeit, wie ihn etwa Platon umrissen hat, zielt auf die Verpflichtung des Gerechten, jedem »das Eigene« und »das Seinige« zuzubilligen, also das, was ihm zusteht; und er meint zugleich, jeder habe »das Seinige« aktiv zu leisten, also das, was ihm zuzumuten ist im Dienst an der *polis*, der (städtischen) Gemeinschaft. Was das aber in diesem oder jenem konkreten Fall ist, hängt von den Gesetzen und ihrer jeweiligen Anwendung ab – kurz: von unzuverlässigen Faktoren.

Was bedeutet Gerechtigkeit zum Beispiel in der sozialen Marktgesellschaft, die es aushalten muss, dass ein Bank-Manager 500 Mal mehr verdient als eine Krankenschwester? Der Soziologe Günter Dux (Jahrgang 1933) konstatiert in seinem Buch *Warum denn Gerechtigkeit – Die Logik des Kapitals* (2008), die Marktgesellschaft der Gegenwart sei in eine »Epoche ihrer Entwicklung eingetreten, in der sich Millionen Menschen in ihrer Existenz bedroht« sähen. Damit meint er weniger die Finanzkrise der Jahre 2008/2009 – entstanden ist das Buch ja kurz vorher –, sondern die »Integrationskrise«, die darin besteht, dass »immer mehr Bürger« sich an den »Rand der Gesellschaft gedrängt« fühlen.

Und da liege ein tiefes Gerechtigkeitsproblem. Es genüge nicht, Menschen ohne Arbeit eine ökonomische Grundsicherung wie »Hartz IV« zu bieten; denn damit seien sie noch lange nicht in die Gesellschaft »inkludiert«. Dazu gehöre, so Dux, auch die Teilnahme an den »Sinnvorgaben« der Gesellschaft, zum Beispiel die Chance, kommunikative Möglichkeiten wie Telefon, Internet-Zugang, Fernsehen, Kino nutzen, sich einen Restaurantbesuch, eine Fahrt zu den entfernt lebenden Eltern oder in einen kurzen Urlaub leisten zu können. Am wichtigsten sei allerdings irgendeine Form der »Teilhabe am System der Arbeit«, weil nur sie gesellschaftliche Anerkennung bringe.

Ein Ausschluss aus diesem System, aus der Möglichkeit zu einer »selbstbestimmten Lebensführung« sei nicht nur extrem »ungerecht«, so Dux, sondern langfristig etwas, das den psychologischen Zusammenhalt der Gesellschaft gefährde. Die Aufgabe der Politik bestehe deshalb darin, die Marktgesellschaft so zu »gestalten«, dass in ihr »gedeihliche Verhältnisse für alle entstehen und durchaus unterschiedliche, letztlich aber gerechte Löhne gezahlt werden«.

Die politischen Kräfte, die sich dafür engagierten und engagieren, sind in Deutschland traditionell die Gewerkschaften und die Sozialdemokraten, und nach dem Zweiten Weltkrieg auch die Christdemokraten: So war es der Kölner Wirtschaftswissenschaftler Alfred Müller-Armack (1901 bis 1978) – nach 1952 im Wirtschaftsministerium von Ludwig Erhard tätig –, der 1947 in seinem Buch *Wirtschaftslenkung und Marktwirtschaft* den Begriff der »Sozialen Marktwirtschaft« prägte. Die Idee, »soziale Gerechtigkeit« müsse »komplementär« zum Marktgeschehen, aber ohne bürokratischen Dirigismus entwickelt und gesichert werden, wurde damals von Anhängern einer staatlich gelenkten Wirtschaft verdächtigt, »altliberal« im Sinne des 19. Jahrhunderts zu sein; was sie tatsächlich aber nicht war.

Ohne diese soziale Komponente, die von der Politik immer neu durchgesetzt werden müsse, so Dux, könne eine Marktgesellschaft nicht gerecht sein. Dux plädiert nicht für eine staatliche Lenkung der Marktgesellschaft, sondern für ein vitales Mit- und Gegeneinander von politischer Gestaltung und »Kapital-Akkumulation«. Zwar hält er es für gerecht, sich an der biblischen Moral zu orientieren, aber er unterscheidet genau zwischen Moral und Gerechtigkeit: »Die Moral ist eine Bedingung der Möglichkeit des Zusammenlebens in dichten interaktiven Beziehungen, in den familialen Beziehungen vor allem. In ihnen ist es nicht möglich, etwa wahllos zu stehlen oder zu morden. Gerechtigkeit aber richtet sich auf die Strukturen der Gesellschaft, auf die objektiven Chancen zu einer würdigen Lebensgestaltung. Und dafür gilt: Es geht meist auch anders. Der Gerechtigkeit fehlt das Zwangsmoment, das die Moral und die positiven Gesetze auszeichnet« (so Dux im Gespräch mit dem Autor, geführt im Herbst 2009).

Ein moralischer Grundsatz fordert das Individuum stringenter als die Idee der Gerechtigkeit, deren hehre Leuchtkraft auch eine gewisse Unbestimmtheit an sich hat. Diese Unbestimmtheit ist einer der Gründe dafür, dass die Idee der Gerechtigkeit schon so viele Jahrhunderte und Kulturen überdauern konnte. Und sie ist auch einer der Gründe dafür, dass über Gerechtigkeit immer wieder heftig gestritten wird, was jedoch nicht die ungewöhnliche Kraft dieser Idee schwächt: In einer gerechten Gesellschaft möchte jeder leben. 72 Prozent der deutschen Bürger halten die faktische Einkommensverteilung für nicht gerecht; aber 80 Prozent der Manager und Firmenchefs halten sie für gerecht. Wer hat nun recht? Faszinierend ist, dass trotz dieser Unübersichtlichkeit im Konkreten niemand auf die Idee kommt, Gerechtigkeit an sich für überflüssig zu halten.

Moral fordert nicht nur konkreter und eindeutiger als die Idee der Gerechtigkeit, sie ist auch weniger »launisch« als das stets verschieden auslegbare positive Recht. Diese Stärke verdankt sie einer Schwäche: ihrer größeren Distanz zur Lebenspraxis. Zwar spielt sie eine bedeutende Rolle im Leben der an gesellschaftlichen Konflikten Beteiligten und insofern auch in konkrete Prozesse und Gerichtsurteile hinein; aber sie entscheidet nicht den Prozessausgang.

Die reale Rechtsprechung ist immer das Ergebnis einer Gemengelage aus moralischen Prinzipien, gesetzlicher Fallregelung, Güterabwägung, Interessenausgleich (in Wirtschaftsprozessen), Richterwillkür und Vorlieben der aktuellen öffentlichen Meinung; sogar Stimmungen und rhetorische spontane Einfälle von Staatsanwälten oder Anwälten beeinflussen zuweilen das Urteil der Richter. Nicht zuletzt werden in die Plädoyers, die vor Gericht gehalten werden, regelmäßig auch moralische Urteile eingebaut, die den Charakter des Angeklagten betreffen. Sie sind wichtig, um zum Beispiel zu entscheiden, ob ein Ehemann, der seine Frau vor den Augen der dreijährigen Tochter erstach, aus besonders »verwerflichen« Motiven handelte oder aus enttäuschter Liebe oder rasender Eifersucht, die die Frau unter Umständen herausgefordert hat. Je nachdem, zu welchem Schluss man bezüglich des Motivs des Angeklagten kommt, kann das Tötungsdelikt als Mord (mit oder ohne mildernde Umstände), Totschlag, Töten auf Verlangen oder fahrlässige Tötung beurteilt werden. Raffgier, Rachsucht, Herrschsucht, Befriedigung des Geschlechtstriebs gelten als »niedrige Beweggründe«, die das Strafmaß ebenso erhöhen wie eine krasse Grausamkeit der Tötungsart.

Neben der unterschiedlichen gesellschaftlichen Wucht und Begründung der sie leitenden Normen ist der wichtigste Unterschied zwischen Recht und Moral die Art und Weise, wie diese Normen beim Individuum faktisch durchgesetzt werden. Rechtliche Normen sind Gebotsnormen, und das bedeutet: Für den, der das Gebotene nicht befolgt, muss es, um die Autorität der Norm zu schützen, eine strafende Sanktion geben – irgendeine Art von Zwangsakt, die dem Normverletzer insofern »Gewalt« antut, als sie ihm irgendetwas gegen seinen Willen zumutet.

Der Rechtslehrer Hans Kelsen formuliert treffend: »Eine Definition des Rechts, die dieses nicht als Zwangsordnung bestimmt, ist abzulehnen« (*Reine Rechtslehre*, 1960). Der »Zwang« besteht in einem modernen Rechtsstaat, der die

Todesstrafe abgeschafft hat, nicht mehr aus physischen Gewaltanwendungen wie der Prügelstrafe oder dem (im islamischen Recht Dieben angedrohten) Abhacken einer Hand, sondern aus gewaltlosen Einschränkungen: Freiheitsentzug, Geldstrafe, Wiedergutmachung.

Zwar werden moralische Verfehlungen teilweise auch von der Gesellschaft geahndet, in welcher der Normverletzer lebt (ein notorischer Lügner wird sozial geächtet, ein notorischer Ehebrecher von einem Teil seiner Freunde gemieden); aber letztlich betreffen sie vor allem das Verhältnis des handelnden Individuums zu sich selbst, zu seinem eigenen Gewissen, zu seinem intimeren sozialen Netz oder zu Gott. Dabei steht weniger der soziale Frieden auf dem Spiel als das persönliche Seelenheil. Kant unterscheidet in diesem Sinne den ethisch vom »juridisch« Handelnden: Der Erste befolgt das Gesetz, weil er die Pflichterfüllung zur »Triebfeder« seines Handelns erkoren hat; der Zweite gehorcht dem Gesetz und handelt äußerlich korrekt, aber ihn leitet womöglich »eine andere Triebfeder als die Idee der Pflicht«.

Der Hüter des Rechts ist nicht das individuelle Gewissen, sondern der Staat, der die Gesetze beschließt und durchsetzt. Die strukturelle Gewaltsamkeit, die das Durchsetzen der Gesetze mit sich bringt, ist nur zu akzeptieren, wenn die Staatsgewalt, die dies durchführt, demokratisch legitimiert ist. Aufgrund solcher Legitimation kann man voraussetzen, dass die betreffenden Gesetze nach Regeln verabschiedet wurden, denen im Prinzip alle Bürger aus freier Entscheidung zustimmen können – und denen in einem fairen Abstimmungsverfahren und nach einer rechtfertigenden Debatte eine Mehrheit dieser Bürger (oder eine Mehrheit ihrer gewählten Repräsentanten) auch faktisch zugestimmt hat.

Aber es gibt auch eine linke Kritik an dieser Rechtskonstruktion, etwa von dem französischen Denker Jacques Derrida, der in *Gesetzeskraft – Der mystische Grund der Autorität* (1991) wie folgt argumentiert: Rechtsordnungen werden meistens bei Staatsgründungen oder nach Revolutionen gewaltsam etabliert. Dabei setzen sich die politisch und ökonomisch Stärkeren gegen die Schwächeren durch. Dieser selbst rechtlich nicht legitimierte Gründungsakt bleibt in der Anwendung des Rechtszwangs dann wirksam – wie ein Fluch. Insofern kann der praktizierte staatliche Zwangsakt gegen Rechtsbrecher als »Wiederholung« des ursprünglichen Gewaltakts kritisiert und angefochten werden, denn was in diesem Kontext Recht heißt, ist bloß das Recht des sozial Stärkeren, das in seinem Schematismus meistens auch der Einmaligkeit bestimmter Situationen der vermeintlichen Rechtsverletzung nicht gerecht wird.

Das Urbild für dieses Recht des Stärkeren ist der berühmte Disput zwischen den Athenern und den Repräsentanten der Insel Melos, wie ihn der Grieche Thukydides (um 460 bis 400 v. Chr.) in seiner *Geschichte des Peloponnesischen Krieges* im letzten Viertel des 5. Jahrhunderts v. Chr. aufgeschrieben hat: Die Athener wollen, dass sich die bisher freie Insel ihnen unterwirft und Steuern zahlt; in dem denkwürdigen »Melierdialog« des Sommers 416 wehren sich die melischen Ratsherrn tapfer, indem sie auf die mögliche Unterstützung durch Sparta verweisen, aber auch auf jene »Gründe der Billigkeit«, die irgendwann auch zugunsten der Athener wirksam werden könnten, indem sie diese, falls sie einmal darniederliegen sollten, vor »gewaltiger Rache« schützen. Für den drohenden »Verlust der Freiheit« eine schlimme Niederlage zu wagen, halten die Melier für ihr gutes Recht. Die Athener raten jedoch, sich unterzuordnen, weil auch sie selbst, »wenn wir euch nicht vertilgen, dabei gewönnen«.

Obwohl die Athener sehr wohl wissen, dass die Melier ihnen »nichts zuleide getan« haben und es deshalb nicht verdienen, unterjocht zu werden, plädieren sie für Pragmatismus, dafür, dass die Melier sich mit dem »Möglichen« bescheiden; und zwar weil »ihr so gut wisst wie wir, dass im menschlichen Verhältnis Recht gilt bei Gleichheit der Kräfte, doch das Mögliche der Überlegene durchsetzt, der Schwache hinnimmt«.

Der Konflikt endet, wie solche Konflikte regelmäßig in der Geschichte ausgehen. Nach einem vergleichsweise läppischen Angriff der bedrängten Melier auf einem Abschnitt des athenischen Mauerrings, »wo nicht viele Wachtruppen standen«, schlagen die Athener, die Melos schon eine ganze Weile belagert haben, massiv zu: Die Melier ergeben sich »auf Gnade oder Ungnade«, bedingungslos. Was passiert? »Die Athener richteten alle erwachsenen Melier hin, soweit sie in ihre Hand fielen, die Frauen und Kinder verkauften sie in die Sklaverei. Den Ort gründeten sie selber neu, indem sie später 500 attische Bürger dort ansiedelten.«

Der Mensch handelt nach seiner triebhaften »Natur«, »soweit« er die »Macht hat«, resümiert Thukydides kühl das Melier-Drama. Das Recht hat nur eine echte Chance bei einer Macht-Balance zwischen den Streitenden.

Ähnlich labil war das Verhältnis zwischen Recht und Macht in der Frühzeit des antiken Rom – jener Kultur, deren differenziertes Rechtswesen, mit seinem *ius civile* und *ius gentium*, seinem ausgeprägten Besitz- und Bürgerrecht sowie seinem übernationalen Handelsrecht, sich vor allem in der Kaiserzeit des 6. Jahrhunderts n. Chr., unter Justinian I., imposant entfalten sollte. Diesem Justinian verdankt die Welt die Aufzeichnung des berühmten *Corpus iuris civilis*, das als maßgebliche Rechtsquelle die europäische Jurisprudenz bis in die Neuzeit geprägt hat.

Doch in der römischen Frühzeit ging es rustikaler zu. Wie in den von Thukydides geschilderten Dramen galt da Macht vor Recht, was aber rhetorisch als Herrschaft des Rechts kaschiert wurde. Ein sprechendes Beispiel dafür ist die rituelle Kriegserklärung, die der römische Gesandte dem Feind überbrachte, bevor dieser dann angegriffen wurde.

Der römische Historiker Livius schildert den Vorgang so: »Wenn der Gesandte das Gebiet (des Gegners) erreicht hat, legt er eine Binde um sein Haupt, es ist ein Schal aus Wolle, und spricht: ›Höre, Jupiter! Hört, ihr Grenzen der … (hier folgt der Name des Volks, das jetzt attackiert wird)! Ich bin der offizielle Bote des römischen Volkes; nach menschlichem und göttlichem Recht komme ich als Gesandter, und meinen Worten soll man Glauben schenken.‹ Hierauf bringt er die Forderungen vor. Dann ruft er Jupiter als Zeugen an: ›Wenn ich wider menschliches und göttliches Recht fordere, dass diese Menschen und diese Sachen mir ausgeliefert werden, dann mach, dass ich nimmermehr mich meines Vaterlandes erfreue.‹ Dies sagt er, wenn er die Grenze überschreitet, dies bei dem erstbesten Mann, der ihm begegnet, dies, wenn er den Marktplatz betritt. Werden die Forderungen nicht erfüllt, sagt er nach 33 Tagen so den Krieg an: ›Höre, Jupiter! Und du, Janus Quirinus, und all ihr Götter des Himmels, der Erde und der Unterwelt! Hört! Ich rufe euch zu Zeugen, dass dieses Volk (Name des Volkes) ungerecht ist und sich nicht an das Recht hält. Doch wegen dieser Dinge werden wir in unserer Vaterstadt die Ältesten befragen, wie wir zu unserem Recht kommen können.‹«

In den vorkaiserlichen Jahrhunderten römischer Machtentfaltung, aus denen dieses Ritual stammt, wollte man den »Frieden der Götter« – natürlich der eigenen Götter – möglichst bewahren und ihren Zorn auch nicht durch kriegerische Aktionen erregen. Darum rief der Gesandte so nachdrücklich die eigenen Götter an, während er dem Gegner den Krieg erklärte. Die holzgeschnitzte Logik des Ganzen ist deutlich: Unsere Gewalt – der Krieg, den wir erklären – entspricht »menschlichem und göttlichem Recht«, das muss auch feierlich dem Gegner verkündet werden; und wenn der Gegner nicht hergibt, was wir von ihm haben wollen, dann ist er »ungerecht«; und wir dürfen Gewalt anwenden, um zu unserem Recht zu kommen.

Erstaunlicherweise haben die Römer lange nicht darauf verzichtet, sogar noch der nackten kriegerischen Gewaltanwendung in einer zeitraubenden Prozedur die Toga einer rituellen und rhetorischen Legitimation überzuwerfen. Nach der Devise: Wenn man schon schlecht ist, möchte man dabei doch wenigstens ein gutes Gewissen haben! Und zivilisiert auftreten! Natürlich ist hier das beschworene »Recht« nichts als die Funktion der Machtausübung, letztlich Ideologie.

Der ideale bürgerliche Staat der Neuzeit verbietet sich den Rechtsmissbrauch des Stärkeren. Seine Konstitution gründet auf der Annahme, dass alle Bürger gleiche Rechte haben, weil sie in gleicher Weise vernunftbegabt und also zur vernünftigen Selbstbestimmung nicht nur fähig, sondern auch berechtigt sind. Diese prinzipielle Freiheit jedes Bürgers kann als Freiheit aller Bürger nur vom Staat gesichert werden, der das Recht des einen Bürgers vor der Willkür des anderen in Schutz nimmt. Das Recht und die es durchsetzende Staatsgewalt sind die Bedingung dafür, dass Freiheit als Freiheit aller Bürger bestehen kann.

Der US-amerikanische Philosoph und Harvard-Professor John Rawls (1921 bis 2002) hat in seiner *Theorie der Gerechtigkeit* (*A Theory of Justice*, 1971) in diesem Sinne Freiheit und Egalität verknüpft und zu einem komplexen egalitären Liberalismus ausgebaut. Gerechtigkeit als gerechte Verteilung von Gütern und Zuweisung von Rechten und Pflichten ist für ihn unvorstellbar ohne ein faires Verfahren, in dem diese Verteilung und Zuweisung ausgehandelt wird, wobei Fairness hier die nicht erzwungene Zustimmung möglichst vieler freier, gleichberechtigter Bürger einschließt. Rawls stellt sich diese Bürger spielerisch als Gruppe freier, von Interessen und Aversionen noch unbelasteter Menschen vor, die in einem isolierten Lebensraum warm, wohlgenährt und sicher existieren, aber in einer Art Ranking herauszufinden versuchen, welche Regeln des Zusammenlebens unter ihnen gelten sollen, damit alle dieses Zusammenleben als »fair« erleben. Man einigt sich auf zwei Grundsätze, die das präzisieren, was Rawls unter »Gerechtigkeit als Fairness« versteht:

Erstens: »Jede Person hat den gleichen unabdingbaren Anspruch auf ein völlig adäquates System gleicher Grundfreiheiten, das mit demselben System von Freiheiten für alle vereinbar ist.« Und zweitens: »Soziale und ökonomische Ungleichheiten müssen zwei Bedingungen erfüllen: Erstens müssen sie mit Ämtern und Positionen verbunden sein, die unter Bedingungen fairer Chancengleichheit allen offen stehen; und zweitens müssen sie den am wenigsten begünstigten Angehörigen der Gesellschaft den größtmöglichen Vorteil bringen (Differenzprinzip).«

Wichtig dabei ist, dass der erste Grundsatz Vorrang vor dem zweiten hat. Zugunsten der fairen Güterverteilung oder des sozialen Ausgleichs für deutlich weniger Begabte ist es nicht erlaubt, auf die garantierte Freiheit für alle zu verzichten. Die Freiheit des Einzelnen findet ihre natürliche Grenze an der Freiheit aller anderen. Die ewige Spannung zwischen Freiheit und Gerechtigkeit, Selbstverwirklichung und sozialem Ausgleich muss in fairen Verfahren immer neu ausgetragen werden, und zwar in Verfahren, denen freie, gleichberechtigte und vernünftige Menschen zustimmen können.

Für das Zustimmungsverfahren wie überhaupt für die Balance zwischen Freiheit und Gerechtigkeit ist letztlich niemand anderer zuständig als der bürgerliche, demokratisch verfasste Staat. Die Fairnesslehre von Rawls ist weitgehend Kants Moralphilosophie verpflichtet, allerdings erweitert um den wichtigen Aspekt ökonomischer Chancengerechtigkeit und die unabdingbare Fürsorge für die Schwächsten der Gesellschaft.

Die »allgemein das Recht verwaltende bürgerliche Gesellschaft«, sagt Kant, sichert die »Unabhängigkeit« des Einzelnen »von eines Anderen nötigender Willkür« aus Achtung vor der »Qualität des Menschen, sein eigener Herr (*sui juris*) zu sein«, denn diese Qualität sei »das einzige jedem Menschen kraft seiner Menschheit zustehende Recht«. Wer es verletzen will, muss daran durch staatliche Gewalt gehindert oder, wenn die Verletzung geschehen ist, durch eben diese Gewalt bestraft werden – das muss legal geschehen, auf der Basis von Gesetzen.

Sofern das so verstandene, vom Staat gesetzlich geschützte Recht jene Würde des Menschen voraussetzt, die aus seiner vernunftgeleiteten Fähigkeit zur sittlichen Selbstbestimmung folgt, sind für Kant Recht und Moral zwar nicht dasselbe, aber doch eng verzahnt. Weil er moralisch »sein eigener Herr« ist und sein will, unterwirft sich der vernünftige Bürger des Rechtsstaats auch der staatlichen Gewalt, die es ihm überhaupt erst ermöglicht, neben allen anderen der »eigene Herr« zu bleiben.

Ein paradoxer Befund: Um ein freier Bürger zu sein, muss ich meine Freiheit einschränken, damit die anderen genauso frei sein können wie ich und ihrerseits ihre Freiheit zu meinen Gunsten einschränken. Insofern verstießen jene Verächter der staatlichen Autorität, von Herbert Marcuse bis Rudi Dutschke, die um 1968 die Studenten zum Rechtsbruch, zur eigenmächtigen Gewaltanwendung gegen anderer Leute Besitz oder gar gegen diese Leute selbst aufgerufen haben – also zu freiheitsmindernden Willkürakten auf Kosten der Selbstbestimmung der anderen –, letztlich gegen ihre eigenen Rechte. Sie protestierten, als lebten sie in einem frührömischen Ständestaat, der ja tatsächlich nur einer privilegierten Oberschicht von »Freien« jene Rechte konzedierte, die grundsätzlich allen Menschen zustehen.

Die von Kant für eine belastbare Moral geforderte Verallgemeinerungsfähigkeit der Regeln meines Handelns – nicht dieses Handelns selbst – gilt auch für das Recht. Das Recht auf Selbstbestimmung, das ich fordere, muss ich auch dem Nächsten zugestehen. Sonst kann ich nicht verlangen, dass er es mir erlaubt, mein »eigener Herr« zu sein. Diese Gemeinsamkeit von Recht und Moral hat Kant die Kritik Friedrich Schlegels eingefangen, er, Kant, verwandle alle Moral in »Jurisprudenz«, passend zur Verwandlung des Menschen in eine »Vernunftmaschine«.

Schlegel würde sich mit Sicherheit bestätigt fühlen, wenn er wüsste, dass das *Bürgerliche Gesetzbuch* der Deutschen, das 1985 mit einer Einführung des Rechtsgelehrten Klaus Müller erschien, unter Punkt 7 den Geist dieses Gesetzbuchs auf Kants Moralphilosophie zurückführt. Müller bezeichnet es als »Konkretisierung des kantischen Imperativs, dass das *Bürgerliche Gesetzbuch* die Abwicklung jeder rechtlich relevanten Beziehung zwischen Individuen – insbesondere auch die Abwicklung eines Schuldverhältnisses – dem Gebot der Redlichkeit unterwirft. Jeder muss sich bei der Abwicklung von Rechtsbeziehungen – sei es etwa als Schuldner oder Gläubiger – so verhalten, wie er es redlicherweise auch selbst von einem anderen Teilnehmer am Rechtsverkehr erwarten würde.« Müller begründet dies, gemäß der kantischen Rechtslehre, mit der Gleichberechtigung aller freien Bürger: Das dem Gebot der Redlichkeit immanente »sozialethische Postulat der Rücksichtnahme auf den anderen ist eine zwingende Konsequenz der vom Gesetz normierten Gleichheit aller Individuen.«

Diese Gleichheit gilt für jeden Menschen von Anfang an: »Die Rechtsfähigkeit des Menschen beginnt mit der Vollendung seiner Geburt« – so lautet der erste Paragraf des seit 1896 geltenden, wenn auch oft geänderten *Bürgerlichen Gesetzbuchs,* eines in seiner lapidaren Prägnanz großartigen Sprachwerks. Der »Abschnitt«, zu dem dieser Paragraf gehört, ist »Personen« überschrieben, ihm folgen »Sachen«, »Rechtsgeschäfte«, »Verjährung« und anderes.

Der erste Artikel des 1949 verabschiedeten Grundgesetzes besagt fast dasselbe wie der erste Paragraf des *Bürgerlichen Gesetzbuchs,* gibt seiner Aussage aber einen metaphysischen Lichtschein: »Die Würde des Menschen ist unantastbar. Sie zu achten und zu schützen ist Verpflichtung aller staatlichen Gewalt.« Faktisch besteht diese »Würde« in »Rechtsfähigkeit«, nämlich darin, dass einer menschlichen »Person« vom Tag ihrer Geburt an dieselben Rechte zustehen wie allen anderen Personen dieses Staates. Eines dieser Rechte ist die Freiheit, der berechtigte Anspruch auf grundsätzliche Unabhängigkeit von manipulativer »Gewalt« anderer: auf Unantastbarkeit.

Und doch schwingt bei dem schönen Begriff »Würde« mehr mit als die Ausstattung der Person mit allen ihr zustehenden Rechten. In seiner *Grundlegung zur Metaphysik der Sitten* spricht Kant von der »Idee der Würde eines vernünftigen Wesens« vor allem unter zwei Gesichtspunkten: Das vernünftige Wesen ist autonom, gibt sich selbst das sittliche Gesetz seines Handelns und betrachtet dieses Gesetz als »Pflicht«, die unabhängig von »Gefühlen, Antrieben und Neigungen« zu befolgen ist und keinesfalls um eines »künftigen Vorteils willen« verletzt werden darf.

Im »Reich der Zwecke«, so Kant, »hat alles entweder einen Preis, oder eine Würde. Was cinen Preis hat, an dessen Stelle kann auch etwas anderes, als Äquivalent, gesetzt werden; was dagegen über allen Preis erhaben ist, mithin kein Äquivalent verstattet, das hat eine Würde.« Der Begriff »Preis« meint hier »Marktpreis« und »Affektionspreis« (was uns gefällt), jedenfalls benennt er »einen relativen Wert«. Die »Würde« dagegen zielt auf einen »inneren Wert«, auf etwas, das »Zweck an sich selbst ist« – wie die »Moralität«, durch die allein »ein vernünftiges Wesen Zweck an sich selbst sein kann«. Die sittliche Selbstregelung des Menschen, dergegenüber vor allem das Gefühl der »Achtung« fällig – »geziemend« – ist, konkretisiert praktisch eine »Autonomie«, die auch für die theoretische Vernunft gilt: Wer selbständig handelt, muss auch selbständig denken dürfen. Kant definiert die Menschenwürde abschließend so: »Autonomie ist also der Grund der Würde der menschlichen und jeder vernünftigen Natur.«

»Die Würde des Menschen ist antastbar« – unter dieser provokanten Überschrift veröffentlichte der Biomediziner und Universitätsdozent Edgar Dahl (Jahrgang 1962) einen Meinungsbeitrag auf SPIEGEL ONLINE (17.4.2010), der die

»Beliebigkeit« und den »inflationären« Gebrauch des Begriffs »Menschenwürde« kritisiert. Die religiöse Begründung – die Gottes-Ebenbildlichkeit des Menschen – sei »für eine säkulare und pluralistische Gesellschaft« von heute »denkbar ungeeignet«. Wer so argumentiert, erhebt ein Faktum – die weitgehend »säkulare« Gesellschaft – zur Norm: als habe das Nicht-Säkulare, also die Religion, in dieser Gesellschaft automatisch kein Rederecht. Das deutsche Grundgesetz, das in Artikel 4 die Freiheit der Religion ausdrücklich schützt, sieht das etwas anders als Dahl.

Kants Begründung des Begriffs Würde hält Dahl für diskutabler, aber auch für zu hochtrabend; wo doch der Mensch »ein bloßes Tier unter Tieren« sei, dessen »geistige Fähigkeiten sich von denen anderer Lebewesen nicht prinzipiell, sondern höchstens graduell unterscheiden.«

Statt sich auf die »Menschenwürde« zu berufen, meint Dahl, solle man sich damit begnügen, die Menschenrechte zu wahren – etwa »das Recht auf Freiheit«. Aber wie bestimmt Kant diese Freiheit? Als Selbstbestimmung eines vernunftgeleiteten Willens: als Autonomie. Und was ist laut Kant die Begründung für den besonderen Adel der menschlichen »Würde«? Autonomie. Inhaltlich meinen Menschenwürde und Menschenrecht auf Freiheit also dasselbe. Des Menschen hervorgehobene Würde ist die – recht verstandene – Freiheit. Das heißt: Dahls Provokation ist ebenso begriffsstutzig wie seine – unter Biologen verbreitete – Behauptung, geistig unterscheide sich der Mensch »höchstens graduell« vom Tier.

Das Tier lebt und empfindet in einer Umwelt, an die es bestens angepasst ist; der Mensch lebt, empfindet und denkt in einer Welt, der gegenüber Anpassung nicht die einzige Verhaltensmaxime sein darf. Er lebt mit einer gefährlichen geistigen Offenheit, die auch die Unendlichkeit der Welt sowie das mögliche Ende »seiner« Welt und des eigenen Lebens bedenkt und darum leichter die Orientierung verliert als das fest in seinen Umwelt-Rahmen gefügte Tier. Der Mensch, dieses laut Nietzsche »nicht festgestellte Tier«, schafft geistig mehr als bloß eine »graduelle« Steigerung des animalischen Umwelterlebens, er erreicht eine qualitativ andere Dimension der ihrer selbst bewussten Welt- und Selbsterkenntnis.

Unersetzlich, keinem außer ihr selbst liegenden Wozu unterworfen, nicht relativ, vor allem aber: »über allen Preis erhaben« – mit diesen Prädikaten für die Würde des Menschen nähert sich Kant einer überirdischen, um nicht zu sagen: göttlichen Sphäre. Er spricht es nicht aus, lässt es aber in diesen Prädikaten und im Tonfall einer gewissen Feierlichkeit anklingen: Das zweckfrei Überirdische des Vernunftwesens Mensch ist Geist vom Geist des Schöpfergotts, der vernünftigen und übervernünftigen Ur-Sache des Weltgeheimnisses.

Ohne diesen metaphysischen Bezug bleibt immerhin noch die Achtung vor der »vernünftigen Natur« des Menschen als nicht verhandelbarem Absolutum der menschlichen »Würde«. Der uralte Begriff des »Naturrechts« – den schon Aristoteles kennt, der ihn dem staatlichen Gesetzesrecht entgegenstellt – lebt in Kants Begriff der »vernünftigen Natur« fort, in einer Form der philosophischen Aufklärung, die die Erinnerung an ihre religiösen Wurzeln noch nicht vergessen hat. Das heutige Menschenrecht auf Leben und Selbstbestimmung, das über allen positiven Gesetzen der verschiedenen Staaten schwebt, erblühte zwar in der Aufklärung zu einer prominenten politischen Forderung aller Republikaner gegen das Ancien Régime, hat aber einen religiösen Ursprung: im Schöpfungsbericht, der die Gottes-Ebenbildlichkeit aller »die Erde füllenden« Menschen preist.

Kant begründet seine »kategorische« Pflichtmoral aus Prinzipien der Vernunft. Das war auch im 18. Jahrhundert nicht selbstverständlich. So meinte der englische Moral- und Freundschaftsphilosoph Antony A. Shaftesbury (1671 bis 1713), der als Politiker und Autor gewirkt hat, die Erkenntnis des Guten und Schlechten setze außer der Vernunft noch »das mächtige Gefühl der edlen moralischen Affektion« voraus. Moral entstehe aus »Liebe zum Guten«, unabhängig von jeder Religion. Diese »Affektion« verbindet für Shaftesbury auch Ethik und Ästhetik. Denn Moral hat, so die Lehre, etwas mit dem Schönheitssinn des »Gemüts« zu tun. Seelisches Gleichgewicht zeigt sich in der Fähigkeit zu Freundschaft, zu sozialer Harmonie, und in der Neigung zu Redlichkeit, Milde und Herzensgüte. Die Liebe zur Schönheit ist mit der Liebe zur Ordnung der Gesellschaft verbündet. Hier ist bereits Friedrich Schillers Idee einer »ästhetischen Erziehung« zur politischen Freiheit vorgezeichnet (siehe Seite 258).

Shaftesbury kritisierte damit vor allem die Moralbegründung des englischen Skeptikers Thomas Hobbes (1588 bis 1679), der darwinistische Thesen vorweggenommen hat. Von Natur aus, so Hobbes, neige der Mensch zu Ehrsucht, Habsucht und Herrschsucht – der ewige Kampf aller gegen alle. Der Mensch sei eben nicht ein von Natur aus zur Gesellschaft begabtes Wesen, wie Aristoteles gemeint hatte, sondern ein Egoist. Darum sei ein starker Staat nötig: »Ein guter Charakter, d. h. sittliche Tüchtigkeit, ist ein solcher, durch den das Commonwealth, wenn es gebildet ist, am besten erhalten werden kann.« »Commonwealth« meint hier »Gemeinwohl«, nicht die britische Staatengemeinschaft,

Zur Sicherung des Gemeinwohls gebe es das moralische Gesetz: »Wenn die Vernunft lehrt, dass der Frieden gut ist, so folgt aus dieser Vernunft, dass alle zu dem Frieden nötigen Mittel gut seien: Mithin sind Bescheidenheit, Billigkeit (Angemessenheit), Treue, Menschlichkeit, Barmherzigkeit gute Sitten und Gewohnheiten, d. h. Tugenden.« Was zum Frieden führt, ist das höchste Gut, und die Führung übernimmt dabei kein Philosoph oder Gott, sondern der Staat – ein sehr pragmatischer Platonismus. »Where there is no common power, there is no law; where no law, no injustice.« Ohne staatliche Gewalt kein Gesetz, ohne Gesetz kein Begriff von Ungerechtigkeit. Gemeinwohl ist eine institutionelle Angelegenheit.

Der hier skizzierte britische Pragmatismus neigt dazu, Moral – im Blick auf Prinzipien wie Nützlichkeit, Glück oder Gemeinwohl – fast ganz in rechtlichen Kategorien aufgehen zu lassen. Das oberste Moralziel von Hobbes, nämlich »Frieden«, ist gleichzeitig ein Rechtsziel, das gesetzlich vom Staat verfolgt wird. Schon Kants relativ nüchterne Überlegungen zur Moral einer Humanität, die den Menschen als »vernünftiges Wesen« und darum auch als »Zweck an sich selbst« betrachtet, das niemals für andere Zwecke bloß »Mittel« sein dürfe, mutet neben den Gedanken eines Hobbes idealistisch und enthusiastisch an.

Das Alte Testament stimmt eher Kant als Hobbes zu. Aber es begründet seine Moral der Nächstenliebe und des umfassend »Gerechten« nicht aus der Vernunft, sondern aus dem »Gesetz«, aus den »Ermahnungen«, »Geboten« und »Rechten«, die Mose von Gott mitgeteilt wurden, auf dass er sie seinem Volk weitergebe. In den »Sprüchen« des Salomo meint das Prädikat »gerecht« mehr als die Gerechtigkeit, in deren Namen ein Richter Recht zu sprechen versucht. Bei Salomo ist »gerecht«, wer allgemein die Regeln und Gebote des Herrn befolgt. Der Gerechte ist der gute Gegentyp zum »Gottlosen«, zum »Frevler«.

Gerecht ist dem Alten Testament zufolge zum Beispiel auch jemand, der taktvoll und angemessen mit anderen kommuniziert: »Wer mit den Augen winkt, schafft Verdruss, und wer ein Narrenmaul hat, kommt zu Fall. Des Gerechten Mund ist ein Brunnen des Lebens; aber auf die Gottlosen wird ihr Frevel fallen« (Sprüche, 10,10). Das, was viele »Narrenmäuler« heute in Talkshows absondern, ist also nicht bloß ärgerlich: Es ist ungerecht. Jedenfalls nach biblischem Maßstab.

Generell gilt: »Der Herr ist gerecht« (Klagelieder Jeremias, 1,18). Der Prophet Jesaja verkündet das »künftige Reich der Gerechtigkeit« (32,1ff.): »Siehe, es wird ein König regieren, Gerechtigkeit aufzurichten, und Fürsten werden herrschen, das Recht zu handhaben, dass ein jeder von ihnen sein wird wie eine Zuflucht vor dem Wind und wie ein Schutz vor dem Platzregen, wie Wasserbäche am dürren Ort, wie der Schatten eines großen Felsens im trockenen Land ... und die Unvorsichtigen werden Klugheit lernen, und die Zunge der Stammelnden wird fließend und klar reden. Es wird nicht mehr ein Narr Fürst heißen, noch ein Betrüger edel genannt werden.«

Der Ungerechte ist demnach schlicht der Sünder, der Gott nicht folgt. Ihn ereilt als Strafe der »Zorn« des Herrn, man lese nur, um die Kraft dieses Zorns nachzuempfinden, die »Strafrede gegen die Priester und gegen den Götzendienst Israels«, wie sie bei Hosea (4,1ff.) aufgeschrieben ist. »Denn der Herr hat zu schelten, die im Lande wohnen; denn es ist keine Treue, keine Liebe und keine Erkenntnis Gottes im Lande, sondern Verfluchen, Lügen, Morden, Stehlen und Ehebrechen haben überhand genommen, und eine Blutschuld kommt nach der andern. Darum wird das Land dürre stehen, und alle seine Bewohner werden dahinwelken; auch die Tiere auf dem Felde und die Vögel unter dem Himmel und die Fische im Meer werden weggerafft.«

»Mein Volk ist dahin, weil es ohne Erkenntnis ist«, das ist der Kernpunkt der Sünde, die das – hier kosmisch ausgemalte – Unheil über das Volk bringt. Daran ist zunächst der »Priester« schuld, der dann auch seines Amtes enthoben wird: »Du vergisst das Gesetz deines Gottes; darum will auch ich deine Kinder vergessen.« Das Gesetz – das sind vor allem die Zehn Gebote. Sie implizieren, was sie begründet: die »Erkenntnis Gottes«. Heute müsste es heißen: Wenn die Erkenntnis ausbleibt, sind nicht die Bürger des jeweiligen Volkes daran schuld, sondern die Priester: die Intellektuellen in den Schulen und Medien. Wer aber enthebt sie ihrer Ämter?

»Erkenntnis Gottes«: Das meint zugleich die Anerkennung, dass Gott »der Herr« von allem ist, und die Einsicht, dass nur aus dieser Anerkennung des Schöpfergotts die wahre »Gerechtigkeit« gegenüber allen seinen Geschöpfen fließt. Denn »der Herr schafft Gerechtigkeit und Recht, er hat seine Wege Mose wissen lassen« (Psalm 103). Nur wer anerkennt, dass alle Geschöpfe die Geschöpfe des »Herrn« sind, vermag ihnen allen dieselben Rechte zu gönnen: Nur der ist »gerecht«.

An dieser ewigen Norm aller Moral muss das ständig sich ändernde, konkrete Recht der Staaten und Gesellschaften Maß nehmen, soll es nicht willkürlich und, durch welche Zeitstimmung auch immer, manipulierbar sein. Im Grenzfall begründet diese allen positiven Gesetzen irgendeines Staates übergeordnete Norm auch das moralische Recht auf Widerstand gegen diese Gesetze. Die um der staatlichen Ordnung willen bestehende Verpflichtung zum Rechtsgehorsam, die den platonischen Sokrates schließlich seiner Hinrichtung zustimmen lässt, obwohl er die Vorwürfe, die die Athener ihm machen, bestreitet – sie erscheint fragwürdig, wenn sie mit dieser Norm konfrontiert wird.

Die einzige antike Kultur, deren Weltbild schon grundsätzlich allen Menschen die gleichen Rechte eingeräumt hat, ist die jüdische – und nicht die griechische, die an sich philosophisch erheblich entwickelter und differenzierter ist. Es gehört zu den Mysterien der Geistesgeschichte, dass selbst so hochintelligente Griechen wie Aristoteles (oder auch der Römer Seneca) nicht auf die Idee kamen, das hohe Ethos spätantiker, vor allem stoischer Souveränität – der doch allen Menschen innewohnenden, vernünftigen Seele, die dem Schicksal trotzt – auch den Sklaven einzuräumen, mit aller bürgerrechtlichen Konsequenz. Zwar wurden nicht selten die Klügeren unter ihnen, zum Beispiel Epiktet, irgendwann freigelassen – aber zunächst einmal waren sie unfrei.

Daraus erklärt sich wohl auch die erstaunliche Verspätung, mit der das christliche Europa die politischen Konsequenzen aus der alttestamentarischen Lehre gezogen hat. Erst als der große Einfluss des griechisch-römischen Denkens auf das lateinische Mittelalter verblasste und im 16. Jahrhundert n. Chr.

Theologen wie Luther und Melanchthon (der »Praeceptor Germaniae«) sich verstärkt für die hebräischen Schriften des Alten Testaments interessierten, wurde der Blick frei für jene »Freiheit eines Christenmenschen« (Luther), die eigentlich aus dem klaren Bekenntnis des mosaischen Schöpfungsberichts (und vieler Propheten-Worte) zur Gleichheit aller von Gott Geschaffenen dieser Erde folgt. Darauf hat auch Kants Philosophie der menschlichen »Würde« aufgebaut: so einfach wie eindrucksvoll.

Wie sie im Streit zwischen Gefühl und Vernunft bestehen: Aufklärung ohne Moral?

Kaum waren, kurz vor und nach 1800, die alles überragende Philosophie Kants und das Credo des aufgeklärten Vernunftgebrauchs in fast aller Gebildeter Munde, da regte sich schon die Gegenbewegung. Der Romantiker Friedrich von Hardenberg (1772 bis 1801), der sich »Novalis« nannte und der Dichtung eine Zusammenschau naturwissenschaftlicher, geschichtlicher und religiöser Erkenntnisse zutraute, beschwor in seinem legendären essayistischen Aufruf *Die Christenheit oder Europa* (1799) die politische Einheit des christlichen Europa: »Nur die Religion kann Europa wieder aufwecken und die Völker sichern.« Die »Christenheit« habe ein »altes, Frieden stiftendes Amt«, sie müsse nicht nur die Völker Europas vereinigen, sondern auch Glauben und Wissen versöhnen. Auch Friedrich Schlegel (1772 bis 1829) träumte damals von einem »höheren Religionsfrieden« zur »Befestigung« des chaotischen Zeitalters.

Merkwürdig daran ist: Nicht die Idee einer vernünftigen sittlichen Selbstregulierung im Sinne Kants gilt diesen Poeten als Frieden stiftend, da universal gültig. Nein: Die partielle »Selbstvernichtung« der Vernunft als Aufhebung der Trennung von Wissen und Glauben steht auf dem Programm dieser hochintelligenten Schwarmgeister. Schlegel geht es um die »Wiederentdeckung der Phantasie«, um die »magnetische Entdeckung der Seele«. Ein neuer »Spiritualismus«, auch »Philosophie der Seele und des Geistes« tituliert, wird aufgefahren gegen die Gefahr, dass die Welt »ohne Gott«, also »sinnlos« erscheine und mithin der Mensch »sich selbst ein Räthsel« bleibe.

Im Jahr 1800 entsteht Schlegels Essay *Über die Unverständlichkeit,* eine intellektuelle Kampfschrift gegen die Aufklärung. Er verlangt mehr Mut zum »Paradoxen«, zum Zusammenfall des Heterogenen, zum häufigen Wechsel der Perspektive. Damit die Sprache zurückfinde zur frühzeitlichen »Magie«, ermannt sich Schlegel zu einer denkwürdigen Verteidigung des »Dunklen«: »Wahrlich, es würde euch bange werden, wenn die ganze Welt, wie ihr es fordert, einmal im Ernst durchaus verständlich würde.« Was der Soziologe Max Weber mehr als hundert Jahre später als wissenschaftlich-industrielle »Entzauberung der Welt« analysiert, wird hier schon als geistiges Defizit erkannt – zu einer Zeit, als diese Entzauberung noch gar nicht so richtig zugeschlagen hat.

Die ursprüngliche Moral der Aufklärung ist die intellektuelle Mündigkeit: »Aufklärung«, definiert Kant 1784, »ist der Ausgang des Menschen aus seiner selbst verschuldeten Unmündigkeit.« Moralisch relevant ist daran nicht allein die vernünftige Selbstbestimmung an sich, die das Ausmaß herrschender Fremdbestimmung mindert; moralisch relevant ist auch der »Muth« (Kant), diese Selbstbestimmung zu wagen, es zu riskieren, sich des eigenen Verstandes »ohne Leitung eines anderen zu bedienen«. Wer diesen Mut nicht aufbringt, obwohl ihn eigentlich niemand daran hindert, dessen Unmündigkeit ist »selbst verschuldet«, also moralisch zu verurteilen; auch weil diese Unmündigkeit dann von geistiger »Faulheit« und »Feigheit« zeugt, wie Kant anmerkt.

Kants Aufsatz über das Wesen der Aufklärung war die Antwort auf den aufklärungskritischen Artikel eines Theologen, des Pfarrers Johann F. Zöllner. Vom Beginn der Aufklärung war klar: Sie musste gegen die Kirchen durchgesetzt werden. Bis heute geben sich prononciert Aufgeklärte vor allem antiklerikal – wie der britische Biologe Richard Dawkins, der im April 2010 wegen der bekannt gewordenen sexuellen Übergriffe von Geistlichen auf jugendliche Schutzbefohlene den Papst persönlich vor Gericht bringen wollte.

Solange die Kirchen sich aus der absolutistischen Verbindung von »Thron und Altar« definierten, war der »Empörungsglauben des Autonomismus« (Romano Guardini über die Aufklärung) zugleich ein geistiges und ein politisches Befreiungs-Programm. Da die Kirchen politisch dominierten, lag es für selbständig Denkende nahe, schon aus politischen Gründen zum Anhänger der Aufklärung zu werden. Den intellektuellen Preis, dass sie auch an keinen Gott mehr glauben sollten, wollten zumindest Romantiker wie Novalis, Friedrich Schlegel oder Schleiermacher aber nicht bezahlen.

Es störte sie, dass die Moral der Aufklärung sehr bald die Tendenz entwickelte, der autonomen Vernunft auch jene seelischen Kontinente zu unterwerfen, über die das kontrollierende Ich des Menschen nicht verfügen kann, ohne sich zu überheben. Nur 15 Jahre nach Kants berühmtem Aufsatz über die Aufklärung erscheint Schleiermachers Buch *Über die Religion. Reden an die Gebildeten unter ihren Verächtern,* worin er entschieden darauf hinweist, dass der Religion »eine eigene Provinz im Gemüte« gehöre, die bei aller berechtigten Kritik am Klerus nicht vergessen werden dürfe.

Schleiermacher setzt dem geistigen Alleinvertretungsanspruch der aufgeklärten Vernunft die »Phantasie« entgegen: Ob jemand »zu seiner Anschauung einen Gott« habe, hänge ab von der »Richtung seiner Phantasie«. Die Phantasie ist nicht vernunftlos: In ihr verbinden sich Denken und Anschauen, Idee und aus der Wahrnehmung geschöpftes Bild. Phantasie-Einsichten nennt man auch Intuitionen. Schleiermacher meint diese Erkenntnisart, wenn er schreibt: In der Religion »wird das Universum angeschaut, es wird gesetzt als ursprünglich handelnd auf den Menschen. Hängt nun Eure Phantasie an dem Bewusstsein Eurer Freiheit, so dass es nicht überwinden kann dasjenige, was sie ursprünglich wirkend denken soll, anders als in der Form eines freien Wesens zu denken; wohl, so wird sie den Geist des Universums personifizieren und Ihr werdet einen Gott haben; hängt sie am Verstande, so dass es

Euch immer klar vor Augen steht, Freiheit habe nur Sinn im Einzelnen und fürs Einzelne; wohl, so werdet Ihr eine Welt haben und keinen Gott.« Der Begriff »Universum« steht hier nicht nur für den »bestirnten Himmel« Kants, er benennt etwas Unvorstellbares, gleichwohl Seiendes: alles, was ist, sofern es überhaupt ist – nicht sofern es dies oder jenes ist. Die Freiheit, darüber zu spekulieren, will sich Schleiermacher von den Freiheitskämpfern der Aufklärung nicht nehmen lassen.

Unvorstellbares in das selbstbestimmte Reich reflexiver Vernunft aufzunehmen, ist für die Aufklärung unvorstellbar. Schlegel, Schleiermacher, Novalis und die anderen Romantiker wollten aber den Zauber des Unvorstellbaren nicht aufgeben, genauso wenig wie das erkennende Organ, das den Zugang zum Unvorstellbaren öffnen kann: das Gefühl. Schleiermachers berühmte Bestimmung der Religiosität als »Gefühl der schlechthinnigen Abhängigkeit vom Unendlichen« ist die philosophische Fassung des poetischen Weltgefühls der Romantiker, das in Joseph von Eichendorffs Vierzeiler »Wünschelrute« zum Ausdruck kommt: »Schläft ein Lied in allen Dingen /Die da träumen fort und fort, /Und die Welt hebt an zu singen, /triffst du nur das Zauberwort.« Ein Wort – und die ganze Welt! Vom Ganzen des Seins her gewinnt jedes Einzelne einen besonderen Zauber. Die unerkennbare Ur-Einheit alles Seienden, der geisterhafte Ab-Grund hinter allem, was ist, träumt gewissermaßen »in allen Dingen«. Das dichterische »Zauberwort« hebt dieses Träumen, diesen Tiefenschatz unserer Identität, ins Bewusstsein der Sprache. Dabei wird die analytische Sprache, die bloß aufklärt und die Dinge sortiert, verändert und ins Musikalische gelockt: »Komm, Trost der Welt, du stille Nacht! /Wie steigst du von den Bergen sacht ...« (wie Eichendorffs Gedicht »Der Einsiedler« beginnt). Zwei Verse nur, und ein ganzes, abgedunkeltes Weltgefühl, eine abgründige Abendstimmung haucht uns an. Die Sprache benennt konkret Einzelnes, aber ein unermessliches Ganzes schwingt mit.

Die romantische Dichtung zeigt es: Wer denkend und fühlend die Grenzen der Ratio überschreitet, gerät nicht zwangsläufig ins »Irrationale«, wie dogmatische Aufklärer meinen. Er erschließt durchaus nachvollziehbare Gestimmtheiten oder Befindlichkeiten, die dem nachvollziehenden Bewusstsein komplexe Weltzustände zuspielen – wie jenes Zusammenschwingen von Seele und Natur, das Eichendorff auch in dem Gedicht »Mondnacht« unnachahmlich einfängt: »Es war, als hätt der Himmel / Die Erde still geküsst …« In dieser Provinz der Psyche gibt es auch Unendlichkeits-Intuitionen, die von manchen Mystikern als Begegnungen mit Gott erlebt werden. Erfahrungen, die durch die Aufklärung keineswegs widerlegt wurden, wie oft behauptet wird.

Mit Zauberworten phantasieren: Lieber »dunkel« (Schlegel) als banal, lieber magisch als platt dichteten die Romantiker tapfer gegen eine Wirklichkeit an, die schon damals tendenziell von mathematischen Formeln und ihren technischen Anwendungen, von experimenteller Empirie und emotional erkalteter, Gesellschaft und Wirtschaft berechnender Rhetorik verwaltet wurde. Die aufgeklärte Vernunft neigte dazu, die mythische Tiefendimension der Weltgeschichte und der menschlichen Seele – also das Projekt der Romantik – als eine Art Geisteskrankheit an die Mediziner weiterzureichen. Darüber wurde diese Vernunft selbst zum Mythos.

Aber das Gefühl des Menschen kann sich damit nicht abfinden: Alles sei erklärbar, verfügbar, begrifflich und formelhaft, jedenfalls strategisch zu beherrschen und zu steuern. Es zeigt sich beharrlich fasziniert vom Unverfügbaren. Das Gefühl ahnt, dass die Grenzen der exakten empirischen Erkenntnis nicht identisch sein dürfen mit dem Horizont menschlicher Selbstvergewisserung. Über Tod und Unendlichkeit, das Rätsel der Sprache und der Fähigkeit zum Dialog, das Ur-Geheimnis der Existenz und ihres Erwachens in der vernünftigen Reflexion, über Freiheit und Schicksal, Liebe und Verzweiflung, Gewissen und Gesetzesmoral – über all diese wesentlichen

Themen einer Lebensführung, die auf mehr aus ist als auf Geld, Naturbeherrschung und Vergnügen, möchte der intuitive Teil unseres Erkenntnisapparats Genaueres herausfinden; und sich dabei nicht maßregeln lassen vom Wissensideal der Naturwissenschaft, vom Maßstab des messenden Wissens, das gern Fakten in Zahlen verpackt und diese dann der Welt (und ihren Medien) als einzig maßgebliche Erkenntnisse der Forschung präsentiert. In der Klimaforschung hat sich unlängst das messende Wissen als ungefähr so belastbar erwiesen wie die Behauptung des schwedischen Mystikers Emanuel Swedenborg, er habe mit Engeln gesprochen.

Die romantische Idee, das Ganze der Welt und der menschlichen Existenz poetisch-symbolisch einzufangen, paktiert mit dem intuitiven Teil unseres Erkenntnisvermögens. Das poetische Bild der Wirklichkeit widersteht dem Versuch, diese total zu durchschauen und berechnend zu lenken: dem Versuch, unser Weltverhältnis fast ausschließlich technisch zu gestalten. Der poetische »Zauber«, die ästhetische »Verzückung« – das sind Wirkungen ohne klar erkennbare Ursachen: lauter Ärgernisse für die wissenschaftliche Ursachensuche. Aber kämpft die Poesie da nicht auf verlorenem Posten? Kann sie mehr sein als ein Nischen-Zauber?

Wir meinen: Durchaus kann sie das, wenn sie sich nicht in dem bloß »Interessanten« (Schlegel) radikaler Subjektivität verliert, auf einem Holzweg, den auch einige Romantiker gewählt haben. Das poetische Weltverhältnis einer recht verstandenen Romantik im Sinne Friedrich Schlegels kann Glauben und Wissen durchaus versöhnen. Dabei kann sich der sehnsüchtige Bezug zum Unendlichen verbünden mit dem scheinbaren Gegenteil frei schwebender Phantasie: mit der objektiv gemeißelten, alttestamentarischen Gesetzeslogik – mit dem Dekalog. Nicht nur die unerhörte, faszinierend fremde Rhythmik, Energie, Bildkraft und szenische Magie der alttestamentarischen Schriften erlauben die These: Religion und romantische Poesie spielen letztlich dasselbe Instrument.

Der Dekalog, dieser Zauberspruch aus einer kaum noch irdischen Welt, ist eine Ur-Formel der humanen Identität. Er ist sozial-rational und mystisch zugleich. Er ist hell und dunkel im Sinne Schlegels. Er kann als Versöhnung von Aufklärung und Romantik, Vernunft und Gefühl, Autonomie und Heteronomie, Philosophie und Religion gedeutet werden: In ihm denkt das Gefühl für das Unendliche; indem es die endliche Logik des Egoismus durch die grundsätzlich unbeschränkte Nächstenliebe überbietet, indem es auch in den Einzelforderungen eine generelle ethische Begeisterung für die geschöpfliche Besonderheit des Menschen konkretisiert.

Die Zehn Gebote haben die rationale Struktur einer Gesetzestafel, sie sind klar geordnet und energisch in der Zumutung – ideal für die Power-Point-Präsentation eines heutigen Managerkurses. Zugleich ist diese Tafel eine ungeheuer fremde, in ihrer Einfachheit großartige Literatur und schöpft aus abgründiger Quelle: aus der rätselhaften Ur-Einheit des Seins, die »Gott« genannt wird. Der Dekalog begründet Gehorsam, aber auch Stolz. Er macht das jüdische Volk spirituell allen anderen Völkern überlegen: »auserwählt«. Doch nur, weil es bereit ist, sich rigoros ihm, dem mosaischen Gesetz, zu unterwerfen.

Die besondere geistige Kraft der Juden, die Überlegenheit ihrer moralischen Kompetenz resultiert nicht zuletzt aus ihrer Machtlosigkeit; aus der politischen Ohnmacht eines Volkes, das erst seinen König und dann seinen Staat verlor – für viele Jahrhunderte. Moralische Autorität durch Machtverzicht: Diese uralte Denkfigur beansprucht auch in anderen Kulturen Gültigkeit, im Hinduismus begründet sie zum Beispiel das hohe Ansehen der Asketen. Sie war die einzige Waffe des aus Gewaltlosigkeit so wirkungsvollen Protests von Mahatma Gandhi. Der größte Triumph des Königs ist seine freiwillige Abdankung. Sie beweist wahre Stärke: Ich brauche die Macht nicht mehr für mein Ego.

Im Jahr 1556 gab der Habsburger Kaiser Karl V., in dessen Reich »die Sonne nicht unterging«, wie es hieß, ohne Not und freiwillig die Zügel der Macht aus der Hand; er überließ sie seinem Sohn und seinem Bruder und zog sich in ein einsames Domizil neben einem westspanischen Kloster zurück. Dieser Rückzug hat den Zeitgenossen mehr Eindruck gemacht als so mancher militärische Sieg der kaiserlichen Truppen, galt damals doch noch die Regel, dass Kaiser und Könige erst mit dem Tod das Zepter weiterreichen. Karl V. hat diese Regel ignoriert. Bei seiner Totenfeier weinten sogar die Indios in Mexiko, denen seine Eroberer-Truppen so böse zugesetzt hatten.

Das uralte Prinzip der Stärke des Schwachen – David triumphiert über Goliath – schwingt mit, wenn wir die atmosphärische Unnahbarkeit der Zehn Gebote zu verstehen versuchen. Sie ist nicht das Ergebnis von rhetorisch kraftvollen Drohungen und Machtgebärden ihres Stifters Mose; sie steigt aus der alles durchdringenden Demut, die den Anfangssatz aller Sätze anerkennt: »Ich bin der Herr, dein Gott« – du, Mose, bist nicht der Herr, letzten Endes auch nicht der Herr deiner selbst. Und das ist dein Glück!

Eine geläuterte Version aufgeklärter Selbstermächtigung des Menschen muss dieses Abhängigkeitsmotiv integrieren; was im Blick auf unsere kreatürliche Gebrechlichkeit und auf die Endlichkeit unseres Erkenntnisvermögens nicht allzu schwer fallen dürfte. Dann hätte die Aufklärung eine Moral jener Demut, die so vielen aufgeklärten Weltverbesserern und rationalistischen Welterklärern leider fehlt.

Der aufgeklärten Weltbeherrschung mit all ihren wissenschaftlichen und technischen Triumphen, mit ihrem meist von kämpferischer Gottesleugnung begleiteten Optimismus, folgte im 20. Jahrhundert, der Epoche der schrecklichsten Kriege der Geschichte, ein gewaltiger Katzenjammer – die Wiederkehr eines uralten Lebensgefühls: Buchtitel wie *Das Sein und das Nichts* (Jean-Paul Sartre), *Zeitalter der Angst* (Wystan Hugh Auden), *Verlust der Mitte* (Hans Sedlmayr), *Weltangst und Götterzorn* (Gerhard Nebel) fanden viele verstörte Leser – lauter Zeitdiagnosen, die der griechischen Tragödie zum Beispiel mehr anthropologischen Tiefsinn zutrauten als dem modernen Projekt einer immer weiter fortschreitenden Selbst- und Weltbeherrschung cleverer Individuen, die metaphysisch nicht mehr erschütterbar sein wollen.

Die Weltkriege und das Versagen linker wie rechter Gesellschaftsutopie haben die tod- und liebestraurige, einst als »irrational« abgekanzelte Weltsicht der Romantiker rehabilitiert – und Freiräume für eine neue Beschäftigung mit der Ratio biblischer Zaubersprüche geschaffen. Zur Moral einer aufgeklärten Vernunft, die über sich selbst aufgeklärt ist, gehört auch die Rückeroberung altmodischen Respekts: hier des Respekts vor dem ozeanischen Gefühlsleben im Untergrund alles strategischen, ins Selbst vernarrten Denkens.

Wie Verhaltensforscher ihre Spur ins Tierreich verfolgen: Religion und Evolution

Haben Tiere ein soziales Gewissen? Kann die Tierforschung den menschlichen Stolz, über eine Kostbarkeit wie die vom Absoluten abgesegneten Zehn Gebote zu verfügen, vom Thron stoßen? Oder verhalten sich Menschen und Tiere nur deswegen – in Grenzen – sozial, weil dies der geschicktere Weg ist, den größtmöglichen eigenen Vorteil durchzusetzen? Ist Altruismus die Maske eines Egoismus, der für die eigenen Artgenossen durchs Feuer geht, sonst aber jede Empathie mit anderen Lebewesen derselben Entwicklungsstufe vermissen lässt?

Diese Fragen tangieren das Verhältnis von Evolution und Religion, in den letzten Jahren geradezu ein Modethema. Ausgangspunkt der Debatte sind neuere Ergebnisse der Verhaltens- und Hirnforschung, aber auch der ewig spannende Fall Charles Darwin, der 2009, anlässlich seines 200. Geburtstags, durch etliche Untersuchungen aktualisiert wurde. Darwins Hauptwerk, *Über die Entstehung der Arten durch natürliche Zuchtwahl* (1859), sieht in der »Selektion«, der sogenannten natürlichen Auswahl, den wichtigsten Motor der Evolution, der Entwicklung der Arten.

Der Anpassungsdruck, der das Überleben der Stärkeren erzwingt und bewirkt, schafft es, selbst die Arten, die noch bei Aristoteles als Konstanten im Wirbel der Veränderungen gelten, zu verändern. Auf den pazifischen Galapagos-Inseln lernte Darwin: Über den Zwang zur Anpassung ist der Umwelteinfluss auf die Entwicklung der Lebewesen so mächtig, dass sogar die Panzerformen der Schildkröten verraten, von welcher Insel sie stammen. Darwin meinte denn auch, die Anpassungsleistung sei vital wichtiger als jede Form von Altruismus. Wer die Anlage besitze, sich für andere einzusetzen, die nicht eng mit ihm verwandt seien, der verliere allzu leicht gegen Artgenossen, die sich im Kampf ums Überleben völlig skrupellos verhalten; die Altruisten seien zum Aussterben verurteilt, über kurz oder lang.

Neuere Beobachtungen zum Verhalten hochentwickelter Tiere widersprechen diesen Thesen, die ein Naturforscher wie Thomas Henry Huxley, der Darwin durchaus verbunden war, deutlich schärfer akzentuierte, als dieser selbst es tat. Sie scheinen geradezu das Gegenteil zu belegen: dass altruistisches Verhalten im Überlebenskampf ein großer Vorteil ist – letztlich dann also doch nicht so altruistisch.

Schon der Ethologe Konrad Lorenz hat bei seinen systematischen Naturbeobachtungen ein »moral-analoges Verhalten geselliger Tiere« – so der Titel eines Aufsatzes von 1954 – festgestellt, darunter auch verblüffende Beispiele gegenseitiger Hilfe, die kaum zu jenem unerbittlichen Kampf ums Dasein passen, den Darwin so betont. Streiten sich zum Beispiel in einer Kolonie von Dohlen zwei Vögel, so greift irgendwann das ranghöchste Koloniemitglied ein – zugunsten des Vogels, der von den Streitenden der Rangniedrigere, der Schwächere ist. Lorenz zufolge geschieht dies aber nicht aus Mitgefühl, sondern weil der Ranghöchste denjenigen, der ihm rangmäßig näher steht, also von den Streitenden den Stärkeren, unten halten will: Er soll nicht nach einem eventuellen »Sieg« über den Schwächeren übermütig werden und bald ihm, dem Ranghöchsten, Konkurrenz machen. Denkbar ist aber auch eine etwas andere Deutung: Der Schwache wird generell gegen stärkere Raufbrüder (oder Raufschwestern) geschützt, damit die Kolonie nicht unnötig geschwächt wird – weil der Schwache, wenn ihm der Ranghöchste nicht beisteht, womöglich dahinsiecht.

Der Verhaltensforscher Wolfgang Wickler (Jahrgang 1931), ein Lorenz-Schüler, schildert in seinem Buch *Die Biologie der*

Zehn Gebote (1971) zahlreiche Beispiele dafür, dass Tiere zumindest im Rahmen der »Kolonie« oder Gruppe, in der sie aufgewachsen sind, die sozialen Teile des Dekalogs zu respektieren scheinen: Im Kampf um den höchsten Rang in der Gruppe oder um ein bestimmtes Weibchen (oder Männchen) wird die dabei entwickelte Aggression meistens begrenzt; neben dem Durchsetzungsvermögen ist das rechtzeitige Aufgeben-Können, die Hemmung, zu weit zu gehen, eine Regel, die ja dem Gedeihen der Gruppe und darüber hinaus auch der Arterhaltung dient.

Trotzdem gibt es nicht einmal innerhalb derselben Gruppe ein striktes Tötungsverbot: Manche Fischmännchen, die beim sozusagen ritualisierten Kräftemessen den Unterlegenen am Ende schonen, fressen ohne Hemmung ihre eigenen Jungen. Wegen verschiedener Gruppenkennzeichen werden auch Artgenossen oft als Fremde behandelt. »Eine Biene, die in einen fremden Stock gerät, wird wegen ihres ›falschen‹ Stockgeruchs umgebracht«, schreibt Wickler. Da die Tiere ihre Artgenossen »in viele verschiedene Sozialkumpane unterteilt« erleben, so Wickler weiter, »kann man nicht erwarten, dass es eine allgemeine Hemmung gibt, den Artgenossen zu töten«. Andererseits geschieht es eher selten, dass Tiere ihre Artgenossen töten. Am ehesten, wenn sie selbst in die Enge getrieben werden oder wenn der Artgenosse sich aus irgendeinem Grund ungewöhnlich benimmt. Es gibt auch »merkwürdige Rivalenkämpfe ohne ein uns bekanntes Streitobjekt und sogar mit regelmäßigem tödlichen Ausgang für einen Kämpfer« (Wickler). Von allen Kumpanen sind aber wohl am ehesten die Weibchen vor Tötungen durch Artgenossen sicher.

Wichtiger als die in den letzten Jahren so in den Vordergrund geratenen Gene, die Erbanlagen, sind für Wickler die Veränderungen der Umwelt, die nicht nur das Verhalten der Tiere modifizieren, sondern schließlich sogar ihre Körper. Der Sittenkodex des Zaunkönigs etwa reagiert deutlich auf Umweltveränderungen. Dieser kleine Vogel »lebt in Gebieten, wo er sich um die Nahrungsbeschaffung deutlich mühen muss, regelmäßig monogam, und das Paar füttert und pflegt gemeinsam die Jungen; in Gegenden aber, wo es mehr als genug zu fressen gibt, hat jedes Zaunkönigmännchen mehrere Weibchen mit je einem Nest, die die Jungen allein aufziehen.«

Wickler findet auch bei Tieren einen relativ stabilen Schutz des Eigentums, vor allem des eigenen Sexualpartners, und einen gewissen Respekt vor Alterserfahrung, während er das Gebot »Du sollst nicht lügen« – viele glauben ja, nur der Mensch könne lügen – im Sozialverhalten der Tiere relativ häufig gespiegelt sieht: nämlich in der Umkehrung »Du darfst getrost lügen, wenn es deinem Vorteil dient«. Es bestehe, meint Wickler, aufgrund längerer Untersuchungen in der Wildnis »kein Zweifel, dass sowohl Drosseln wie der Eisfuchs ein unter ihresgleichen übliches akustisches Verständigungssignal gezielt missbrauchten und sich dadurch einen individuellen Vorteil auf Kosten der anderen verschafften«.

Dieses Signal ist eine Art Warnschrei: Eine Fuchsmutter lässt den von ihr erbeuteten Käsebrocken fallen, als ein Jungfuchs sie bellend anspringt. Während das Jungtier sich über den Käse hermacht, stößt die Mutter mehrmals einen hohen Warnschrei aus – ohne ersichtliche Gefahr in der Nähe. Der Jungfuchs lässt den Käsebrocken fallen und bringt sich in Sicherheit. Die Fuchsmutter läuft zum Käse und frisst ihn auf. Der Warnruf vor dem vermeintlichen Feind wird hier von der Fähe benutzt, um selbst an das Futter heranzukommen. Ein offensichtliches Täuschungsmanöver, das auch andere Tiere beherrschen.

Bei aller Bewunderung für »moral-analoges« Verhalten von Tieren bleibt für den Verhaltensforscher Wickler eines unstrittig: »Zu den typischen Eigenschaften des Menschen, die ihn – soweit wir bisher wissen – vor allen anderen Lebewesen auszeichnen, gehören nicht nur die symbolvermittelte Tradition und die Schrift, sondern auch die Fähigkeit, sich an die Stelle eines anderen zu denken, sich in den anderen hineinzuversetzen.« Damit benennt Wickler einen Grundzug der Nächstenliebe als menschliche Besonderheit der Moral – sie umfasst ja, in ihrer entwickelten Form, nicht nur die Angehörigen der engeren Gruppe, des eigenen Stammes oder Volkes, sondern auch die Außenstehenden, alle Artgenossen, in der Radikalisierung des Neuen Testaments sogar die sogenannten »Feinde«. Die Abstraktion und die daraus folgende Universalität des Begriffs »Mensch« sind das Spezifische an der menschlichen Gruppensolidarität, die es in abgeschwächter Form auch im Tierreich gibt.

Der Tierforscher Brian Hare von der Duke University in North Carolina (USA) konnte, wie er 2010 bekannt gab, im Kongo beobachten, wie Bonobo-Affen ihre Nahrung teilen. Diese Bonobos hockten in separierten Räumen und hatten genug zu essen. Die Tür zum Nachbarkäfig, in dem ein offensichtlich mit Nahrung nicht versorgter Artgenosse sich aufhielt, war geschlossen, ließ sich aber von Affenhand öffnen. Das Verblüffende daran war, dass die Bonobos, auch wenn der benachbarte Artgenosse nicht zur eigenen Gruppe des betreffenden Bonobo gehörte, die Tür zum Nachbarn öffneten, um ihn an ihrem Menü teilhaben zu lassen.

Der niederländische Zoologe und Affenforscher Frans de Waal (Jahrgang 1948) leitet ein Tierforschungszentrum in Atlanta (USA) und lebt dort in der Gesellschaft von rund 3000 Schimpansen, Rhesusaffen, Pavianen, Kapuzineraffen, Schweinsaffen und Orang-Utans. In seinem Buch *Der Affe und der Sushimeister – Das kulturelle Leben der Tiere* (2002) schildert de Waal die Beobachtung, dass Affen auch über die Grenzen ihrer Art hinaus zur selbstlosen Empathie fähig sind. Als in einem Zoo bei Chicago ein dreijähriger Junge ins Affengehege fiel, hob das Gorillaweibchen Binti Jua das Kind auf, klopfte ihm vorsichtig auf den Rücken und trug es zu den Wärtern. »Menschenaffen erkennen die Nöte anderer Lebewesen und kümmern sich gegebenenfalls um sie«, so der Zoologe.

Insofern unterscheiden sie sich also nicht allzu sehr von Menschen. Wie de Waal in einem Gespräch mit Jörg Blech (DER SPIEGEL, 12.08.2002) sagt: »Die Menschen mögen dank ihrer Sprache besonders sein, der Gebrauch von Symbolen ist vielleicht sogar einzigartig. Aber zugleich sind wir nun einmal nur gewöhnliche Primaten. Menschen sind von Schimpansen genetisch gesehen keine zwei Prozent entfernt. Aber manche denken, sie wären zu hundert Prozent anders.« Zwar sei der Affe sicherlich »kein Philosoph. Er fragt sich nicht: Warum bin ich hier? Aber die soziale, emotionale Erfahrung ist der eines Menschen sehr ähnlich.«

De Waal glaubt, es gebe eine »Verbindung zwischen Empathie und der Fähigkeit, sich selbst im Spiegel zu erkennen«. Dazu seien außer Menschen und Menschenaffen auch Delfine und indische Elefanten im Stande. Was daraus folgt, ist überraschend: Je ausgeprägter das Ich-Gefühl, die Fähigkeit zur Selbstwahrnehmung bei höher entwickelten Tieren ist, desto wahrscheinlicher ist deren Bereitschaft, sich in die Lage anderer hineinzuversetzen. Dass die höchste Intelligenz mit einem Maximum an Egoismus verbunden sei und jeglicher Altruismus nur eine Erziehungsleistung, ist wohl ein darwinistisch inspiriertes Märchen.

Der Biophysiker und Wissenschaftspublizist Stefan Klein (Jahrgang 1965) schrieb in einem Dossier der *Zeit* (Ausgabe vom 22.12.2009), das die Überschrift »Wie kommt das Gute in die Welt?« trug: »Neue Ergebnisse der Hirnforschung« ließen die »pessimistische Sicht«, dass menschliche »Großmut und Fairness« gegenüber nicht eng verwandten Artgenossen zwar existierten, aber nur Tarnmanöver eines raffinierten Egoismus seien, »wenig plausibel erscheinen«. »Wäre selbstloses Verhalten einzig Folge unserer Erziehung und stünde der Sinn für Fairness und Anstand im Widerspruch zu unseren Instinkten, dann müssten allein die evolutionär jüngsten Teile des Gehirns für unsere freundlichen Seiten verantwortlich sein – jene Schaltungen der Großhirnrinde, denen der

Mensch seine überragenden Fähigkeiten zur Selbstkontrolle verdankt«, argumentiert Klein. »Doch dies ist nicht der Fall: Wenn wir moralische Entscheidungen treffen, treten Regionen des Gehirns in Aktion, die wir von fernen Vorfahren aus dem Tierreich geerbt haben. Das sogenannte Reptilienhirn steuert unter anderem Triebleben und Emotionen. Also trägt das Gerechtigkeitsempfinden seinen Namen zu Recht: Es beruht nicht auf ausgefeilten Überlegungen, sondern auf Emotionen, wie man sie schon bei Tieren finden kann. Schimpansen adoptieren fremden Nachwuchs und schlichten Streit in der Gruppe. Selbst Hunde haben einen primitiven Gerechtigkeitssinn, und Kojoten achten darauf, dass ein schwächerer Spielgefährte einen Startvorteil erhält.«

Klein ergänzt, die »Sorge um das Wohl anderer« sei im Daseinskampf um den evolutionären Vorteil keineswegs eine Verlierermoral. Individuen, die »ihr Eigeninteresse mitunter zurückstellen«, hätten rein egoistischen Konkurrenten etwas Wichtiges voraus: »Sie können zusammenarbeiten.« Wenn »Tiere gemeinsam für ihren Nachwuchs sorgen«, könnte die Mutter auch einzeln bei der Futtersuche helfen; »das verbessert den Ernährungszustand aller und ermöglicht es dem Weibchen, bald wieder zu gebären«. So münde »gemeinsame Brutpflege in evolutionären Erfolg«. Allerdings müssten die Kooperationswilligen »Schmarotzer entlarven, sonst beuten diese die Gutwilligen aus«. Generell sei es aber so: »Freundlichkeit, Sanftmut und Hilfsbereitschaft entstanden, weil sie ihren Trägern im Konkurrenzkampf der Evolution einen Vorteil verschafften.« Ein mit »uneigennützigen Regungen begabtes Geschöpf« finde auch leichter einen Sexualpartner und könne sich »erfolgreicher fortpflanzen als ein Schlawiner«.

Der Evolutionsbiologe Richard Dawkins vertritt in seinem erfolgreichen Buch *Das egoistische Gen* (1976) noch eine Position, die fast das Gegenteil von dem markiert, was Klein skizziert: Dawkins beschreibt die Evolution als die Selektion von durchsetzungsfähigen Genen (Erbanlagen), die von sich die meisten Kopien anfertigen konnten. Die von Klein benannten Motive der kreatürlichen »Hilfsbereitschaft« sind für Dawkins nichts als »Verwandtschaftshilfe« für bestimmte Gene – es gehe eben nicht darum, meint Dawkins, dass Tiere sich der Erhaltung ihrer Art opferten. Dieses Gesetz gelte auch für die Menschen: »Die Erhaltung der Gene«, schreibt er, »ist der ultimative Grund für unsere Existenz.«

Solche »Existenz«-Aussagen sind gewiss nicht das Resultat empirischer biologischer Forschung. Es sind hochgerechnete partielle Beobachtungen – letztlich Philosophie im Tarnkleid empirischer Biologie. Selbst ein skeptischer Empiriker wie der Frankfurter Hirnforscher Wolf Singer (Jahrgang 1943) würde nicht so weit gehen wie Dawkins. Auf die Frage eines Journalisten der *Süddeutschen Zeitung* (18.7.2009), wie man »moralische Werte« jenseits der Religion »verankern« könne, antwortete er: »Ohne Metaphysik geht das nicht. Aus wissenschaftlichen Ergebnissen lassen sich keine moralischen Werte ableiten. Ein Wissenschaftler kann zwar ausrechnen, dass die Erwärmung dazu führen wird, dass die Eisbären aussterben. Aber die Bewertung des Lebens von Eisbären ist nicht Sache der Wissenschaft. Jemand müsste die Vorgabe machen, dass es wichtig ist, empathisch zu sein. Um nicht zynisch zu sagen: Die Evolution, die uns hervorbrachte, hat doch fortwährend Opfer gefordert. Dann können wir Wissenschaftler vielleicht ein Rezept formulieren, wie wir diese Empathie erlangen könnten.«

Auf Dawkins gewendet, bedeutet dies: Er bewertet permanent Dinge wie das Leben der Eisbären, behauptet aber, dies sei Wissenschaft. Und was das »Rezept« für Empathie betrifft: Wie wäre es mit den Zehn Geboten? Dass wir Menschen sie »erlangen« können, ist keine leere Hoffnung. Sie haben sich geschichtlich als moralische Wegweisung in eine gerechtere Gesellschaft bewährt. Und ihrer Akzeptanz dürfte es nicht schaden, an ihre Herkunft aus jener religiösen Tradition zu erinnern, die die Gleichheit aller menschlichen »Geschöpfe« überhaupt erst entdeckt hat.

Was die Widersacher an ihnen stört:
Nietzsche und die Folgen

Was sollen diese ewigen metaphysischen Rückversicherungen? Friedrich Nietzsche, der Gott aller Gottlosen, hat doch verkündet: »Gott ist tot.« Ein Hammersatz aus Einsilbern mit Binnenreim, der sich auf Anhieb einprägt und scheinbar kaum noch weiter begründet zu werden braucht. Inmitten viktorianisch frömmelnder Verklemmung, wie sie im späten 19. Jahrhundert durch Europa geisterte, war dieser Hammersatz ein Befreiungsschlag – »endlich« konnte wieder ohne Rücksicht auf die Kirche und die »Sklaven-Moral« (Nietzsche) ihrer Gemeinden gedacht, vor allem: sinnenfroh gelebt werden. Aber was wurde da letzten Endes gedacht? Wohin wurde da befreit? »Man muss die Moral vernichten, um das Leben zu befreien« – kündigen solche Nietzsche-Thesen eine nur noch von Macht, Geltungs- und Kontrollsucht und Sex besessene Menschheit an, deren Abbilder heute etliche Medien als Spiegel der inneren Leere dieser Menschheit verbreiten?

Nietzsche wollte die christliche Moral »überwinden«, denn sie sei bloß »nützlich für den Leidenden« und »Niedrigen«, aber zugleich lebensfeindlich wegen ihrer Bindung an einen »strafenden Gott« und ein »Jenseits«. Mit ihr wollte er auch gleich die christliche Religion selbst abräumen – bei einem Denker, dessen Vater Pfarrer war, hat zumindest der Furor, mit dem er diese seine Kritik am Christentum vorbringt, gewiss mit seiner Herkunft zu tun.

Der Satz »Gott ist tot« steht im dritten Buch von Nietzsches Werk *Die fröhliche Wissenschaft* (1882); es befasst sich fast ausschließlich mit der Widerlegung »moralischer Vorurteile«, um endlich zu einer befreienden Bejahung (daher das »Fröhliche«) der Wirklichkeit zu finden, einer Bejahung, die mehr mit dem natürlichen Humanismus und vitalen Polytheismus der alten Griechen (Nietzsche war Altphilologe) paktiert als mit der Strenge des jüdischen Monotheismus (»Sünde ist eine jüdische Erfindung«, heißt es einmal – nicht ohne antisemitischen Unterton).

Nach Buddhas Tod habe man, so schreibt Nietzsche im dritten Buch der *Fröhlichen Wissenschaft* zunächst, noch lange seinen Schatten in einer Höhle gezeigt – »einen ungeheuren schaurlichen Schatten«. Nach Gottes Tod aber werde es wohl »noch jahrtausendelang Höhlen geben, in denen man seinen Schatten zeigt. – Und wir – wir müssen auch noch seinen Schatten besiegen!« Ein paar Seiten später wird der Ton, in dem Nietzsche den jüdisch-christlichen Gott »besiegt«, geradezu hysterisch: »Wer gab uns den Schwamm, um den ganzen Horizont wegzuwischen? Was taten wir, als wir diese Erde von ihrer Sonne losketteten? Wohin bewegt sie sich nun? Wohin bewegen wir uns? Fort von allen Sonnen? Irren wir nicht wie durch ein unendliches Nichts? Haucht uns nicht der leere Raum an? Ist es nicht kälter geworden? Kommt nicht immerfort die Nacht und mehr Nacht? Müssen nicht Laternen am Vormittag angezündet werden? Hören wir noch nichts von dem Lärm der Totengräber, welche Gott begraben? Riechen wir noch nichts von der göttlichen Verwesung? – auch Götter verwesen! Gott ist tot! Gott bleibt tot! Und wir haben ihn getötet! Wie trösten wir uns, die Mörder aller Mörder? Das Heiligste und das Mächtigste, was die Welt bisher besaß, es ist unter unsern Messern verblutet – wer wischt dies Blut von uns ab? Ist nicht die Größe dieser Tat zu groß für uns?«

Diese beeindruckende Kaskade rhetorischer Fragen ist – das wird meist von denen übersehen, die den Schlüsselsatz »Gott ist tot« isoliert zitieren – Rollenprosa und nicht eine direkt formulierte »These« des Denkers. So spricht eine Nietzsche-Figur, die »der tolle Mensch« heißt (»toll« im Sinne von »verrückt«). »Habt ihr«, so beginnt dieses Kapitel, »nicht von jenem tollen Menschen gehört, der am hellen Vormittag eine Laterne anzündete, auf den Markt lief und unaufhörlich schrie: ›Ich suche Gott! Ich suche Gott!‹ – Da dort gerade viele von denen zusammenstanden, welche nicht an Gott glaubten, so erregte er ein großes Gelächter.«

Am Ende seiner selbstanklägerischen Tirade wirft der »tolle Mensch« die Laterne auf den Boden und sagt: »Ich komme zu früh … Dies ungeheure Ereignis ist noch unterwegs.« Dann geht er in verschiedene Kirchen, singt Gott ein Requiem und fragt fast erschrocken: »Was sind denn diese Kirchen noch, wenn sie nicht die Grüfte und Grabmäler Gottes sind?« Unter der Kapitelzeile »Die größte Veränderung« folgt ein paar Seiten danach eine fast elegische Beschwörung der alten Glaubenswelt und ihrer »Farbenpracht«: »Alle Erlebnisse leuchteten anders, denn ein Gott glänzte aus ihnen.« In jener »alten Menschheit« lauerten in der Nähe der Leidenschaft »Dämonen«, nach einem »Unrecht« fürchtete man »göttliche Vergeltung« (statt »bürgerlicher Strafe«), und der »Wahnsinnige« konnte der Wahrheit als »Mundstück« dienen.

Nietzsche nimmt die von jeglichem Jenseitsschimmer gereinigte Wirklichkeit des wissenschaftlich-technischen Zeitalters vorweg, indem er sie durch einen »tollen Menschen« verkünden lässt, der mit dem »Wahnsinnigen« der »alten Menschheit« insofern identisch ist, als beide im Gewand des Narren die »Wahrheit« verbreiten. Dieses versteckte Selbstportrait des Philosophen wurde für seinen Verfasser wenige Jahre später grausam wahr: Da war er selbst der Tolle, der Wahnsinnige, der sich mit Dionysos identifizierte – der Gott des Rausches als gemütskranker Philosoph.

So viel ist doch unübersehbar: Nietzsche spricht nicht ohne Bedauern von einer Welt ohne Gott; er scheint sie zugleich zu fürchten und herbeizusehnen; er spricht wie einer, der – in einer Art von religiösem Masochismus – sich selbst mit der

Vorstellung, Gott sei tot, geißelt. Vor allem aber: Dieser Tod ist etwas, das Nietzsche erwartet; das Ereignis ist noch »unterwegs« – also ist Gott, streng genommen, in dem Moment, in dem Nietzsche dies aufschreibt, noch gar nicht tot! Aber der Prophet Nietzsche sagt: Er wird sterben, vor allem die Wissenschaft – die Biologie im Gefolge Darwins – braucht keinen Schöpfergott mehr. Eigentlich widerlegt wird der Glaube an Gott damit ja nicht (warum überhaupt Seiendes ist, konnte auch Darwin nicht beantworten). Gott verliert einfach an Interesse, er wird abgelegt beim metaphysischen Kostümverleih, während die Karawane weiterzieht und schaut, was es »Neues« gibt.

Jenseits von Gut und Böse (so der Titel einer Nietzsche-Schrift von 1886) einmal angelangt, kümmert uns nicht mehr das Gebot der Nächstenliebe, dieser geheuchelten »Nächstensucht«, wie der Philosoph sie nennt, indem er zugleich empfiehlt: »Schone deinen Nächsten nicht«; nein, da herrscht der »Wille zur Macht«, das »Prinzip des Lebens«, das »Ur-Faktum aller Geschichte«, das wahre »Zukunfts-Evangelium«, das die heroische Bejahung der ewigen Wiederkehr des Gleichen predigt. Auch »der Wille zur Wahrheit« ist letztlich eine »Form des Willens zur Macht«, der Versuch, nach der »Umwertung aller Werte« die schillernde, sich ständig wandelnde Wirklichkeit unter Kontrolle zu halten.

Wie Heidegger richtig erkannt hat, ist diese Philosophie prophetisch, insofern, als sie das lange nach Nietzsche zur vollen Entfaltung gelangte, berechnende Denken des auf nichts als Naturbeherrschung und persönliche Dominanz erpichten Macht-Technikers des 20. Jahrhunderts vorwegnimmt. Wer über alles verfügt (oder glaubt, dass es so sei), der hat keinen Sinn mehr für das Unverfügbare des mysteriösen Faktums, dass er überhaupt »ist«.

Ein wichtiger Abschnitt kontrollierender Weltverfügung ist die »großartig verächtliche Geldwirtschaft«. Geld ist ein universales Macht-Instrument, irgendwann lässt sich fast alles zu Geldwerten in ein Verhältnis bringen. Und diese Geldwerte stehen prinzipiell jedermann zur Verfügung – falls er zahlungsfähig ist. Darin steckt ein gutes Stück Egalität gegen elitäre, etwa: geburtsbedingte Vorab-Privilegierung. »Niemals war die Welt mehr Welt, nie ärmer an Liebe und Güte«, schreibt Nietzsche in den *Unzeitgemäßen Betrachtungen*. Die vielzitierte Kälte der Moderne: Hier wird sie exakt beschrieben.

Eine gewisse Fatalität liegt darin, dass Nietzsches Prognose der gottlosen Selbstermächtigung des Menschen diese zusätzlich befördert hat – weil sie schriftstellerisch so glänzend, so suggestiv vorgetragen wurde. Nach Arthur Schopenhauer – den Nietzsche verehrte, obwohl er dessen pessimistische Willens- und Mitleids-Metaphysik nicht teilte – ist Nietzsche zum Liebling einflussreicher Schriftsteller avanciert; leider auch zum Lieblingsdenker antisemitischer, nationalsozialistischer »Übermenschen« (dabei war für Nietzsche der »Übermensch« kein Kraft-Germane, sondern zunächst einmal der Mensch, der die Tragik der ewigen Wiederkehr des Gleichen bejahend aushält). So hat der Mann, der die Gottlosigkeit des 20. Jahrhunderts hellsichtig vorhersagte, geholfen, diese Gottlosigkeit intellektuell besonders interessant zu machen.

Nietzsches durchschlagender Erfolg bei vielen berühmten Intellektuellen der Moderne, von Thomas Mann über Gottfried Benn bis hin zu Martin Heidegger und schließlich zu Michel Onfray, hat einmal mehr bewiesen, wie zunächst harmlos wirkende Analysen und Prognosen programmatische Kraft entfalten können, wenn sie nur energisch genug vorgetragen werden. Michel Onfray (Jahrgang 1960), der sich in einer Biografie über Georges Palante (1862 bis 1925) als linker Nietzsche-Adept auf den Spuren von Palante geoutet hat, veröffentlichte 2006 den Bestseller *Wir brauchen keinen Gott – Warum man jetzt Atheist sein muss*. Seine These: Gott behindere nur das sinnliche Glück – Onfray bekennt sich als »Philosoph der Lebensfreude« – und sei insofern eine Gefahr, als gewalttätige oder gar kriegslüsterne Fundamentalisten sich auf ihn berufen könnten.

Onfray meint, allein mit dem biblischen Mordverbot, dem fünften des Dekalogs, könne man »schon eine ganze Ethik begründen: Gewaltlosigkeit, Frieden, Liebe, Vergebung, Milde, Toleranz, ein ganzes Programm unter striktem Ausschluss von Krieg, Gewalt, Armee, Todesstrafen, Schlachten, Kreuzzügen, Inquisition, Kolonialismus, Atombomben, Mord – alles Dinge, die von den Anhängern der Bibel jedoch seit Jahrhunderten praktiziert werden, und zwar ungeniert und sogar im Namen dieser berühmten Heiligen Schrift.«

Onfray zufolge meine das Mordverbot nur: »Du als Jude sollst keine Juden töten.« Das Massaker der Mose-Mannen etwa bei der Eroberung von Jericho könne man als »ersten Völkermord der Geschichte bezeichnen« (hat es überhaupt stattgefunden?). Und Jesus, dieser »geißelschwingende Choleriker«, sei kaum besser als Mose: Bei der im Johannes-Evangelium beschriebenen Tempelreinigung würden »die« Juden als Geldwechsler und Viehhändler von ihm verunglimpft, geschlagen, verjagt. Diese Bibel-Passage habe auch Hitler gemocht.

Nietzsches Stil, mit dem Hammer zu philosophieren, wird von Autoren wie Onfray allzu pedantisch kopiert. Entscheidend an dieser mit vielen Halbwahrheiten fuchtelnden Religionskritik – keinesfalls meint das Tötungsverbot nur Angehörige des eigenen Volkes, es schließt alle menschlichen »Geschöpfe des Herrn« ein – ist der strategische, sehr moderne Wahrheitsbegriff, den Onfray mit Nietzsche teilt: Wahrheit gilt nur »perspektivisch« (Nietzsche), als subjektive Seinsermächtigung und Instrument der Kontrolle über das drohende Chaos.

Wahrheit gehört zum System des Willens zur Macht. Darum lässt sich Religion auch widerlegen, indem man ausschließlich die ihr verpflichtete historische Praxis als Wahrheitstest gelten lässt und kritisch untersucht. Und in der Geschichte wurde die jüdisch-christliche Religion ja tatsächlich für viele Ungeheuerlichkeiten dienstverpflichtet. Aber keine Praxis ist einfach die Umsetzung einer Theorie. Jede Praxis eines Vernunftwesens ist die konkretisierende *Deutung* einer Theorie. Der metaphysische Wahrheitsgehalt einer glaubenden Einsicht, die ein unvorstellbares, letztlich zu bejahendes, sozusagen wohlwollendes Sein allem Seienden zugrunde legt, ist – zumal in der bilderreichen Form der Bibel – auf dramatische Weise vielfältig und unterschiedlich interpretierbar.

Onfray verkennt, wenn er die historischen Gräueltaten aufzählt, die »im Namen« der jüdisch-christlichen Religion begangen wurden, eines: Gewiss heißt es, der Herr werde »den Schädel der Gottlosen, die da fortfahren in ihrer Sünde«, »zerschmettern« (Psalm 68). Aber der Mensch, der daraus folgert, er dürfe selbst den Herrn geben und gleichfalls Gottlose töten, *interpretiert* die Bibel, er gehorcht nicht ihrer Lehre, wie Onfray unterstellt. Sogar der strenge Alte »Bund« (die eigentliche Bedeutung von *testamentum)* kennt auch den »gnädigen« und »barmherzigen« Gott: »Der Herr ist freundlich und seine Güte währet ewiglich« (Psalm 106).

Dieses rätselhafte Doppelwesen aus Zorn und Güte gilt es in seinem inneren Zusammenhang zu begreifen – die Güte macht den Zorn erträglich, der Zorn gibt der tendenziell zerfließenden Güte Halt. Das erspart sich jeder Religionskritiker, der sich den Zorn herausschneidet und ihm alle Gewalttaten der Geschichte zuschreibt (Onfray ist nicht der Erste, der dies tut). Da war sogar noch der aus dem Norden der heutigen Türkei stammende Ketzer Marcion im 2. Jahrhundert n. Chr. redlicher: Weil er mit diesem göttlichen Doppelwesen haderte, aber an beide biblischen Schriften als an göttliche Offenbarungen unerschütterlich glaubte, kam er zu dem Schluss, das Alte und das Neue Testament seien eben Offenbarungen von zwei verschiedenen Göttern.

Mit anderen Worten: Der Gott der Juden sei eben nicht zugleich der Gott der Christen, sondern ein anderer. Marcion vergaß dabei, dass der Glaube an nur einen dieser beiden den Glauben an den anderen ausschließt, denn jeder ist per definitionem der Allein-Gott. Insofern stimmt es nicht, dass »die beiden Götter in Marcions System ganz dem Götterbild«

entsprächen, »das er in den Schriften« vorfand, wie der Theologe Sebastian Moll in seinem bemerkenswerten Buch *Die christliche Eroberung des Alten Testaments* (2010) schreibt. Das entscheidende Gottesbild, das auch Jesus nicht infrage stellt, steht im ersten der Zehn Gebote: »Ich bin der Herr! ... keine anderen Götter neben mir«.

Marcion war auch noch nicht so weit, das Sein des Absoluten in seiner dynamischen geschichtlichen Konkretion, als Prozess einer sich nach und nach erfüllenden Verheißung zu begreifen. Nur ein solcher Entwicklungsprozess kann die Widersprüche der Bibel akzeptabel erscheinen lassen. Nach christlichem Verständnis sind Altes und Neues Testament verschiedene Stufen der historischen Entfaltung ein und derselben Gottesbotschaft – von der herben Richter-Moral des Alten Bundes, die aber schon die Nächstenliebe kennt, bis zur radikalen Menschenliebe der Bergpredigt und der Selbstaufopferung Jesu.

Was sie von ästhetischer Lebensauffassung trennt und was sie zu ihr beitragen

Von Nietzsche stammt auch die vielen Schriftstellern der Moderne so sympathische Sentenz: »Nur als ästhetisches Phänomen ist das Dasein und die Welt ewig gerechtfertigt.« Der aus Luthers Ethik entlehnte Begriff »gerechtfertigt« ist ein Fingerzeig: Hier wird Ästhetik, wenn auch unausgesprochen, als Teil der Lehre vom Guten bedacht. Dahinter steht eine Tradition, die bis zu den griechischen Philosophen Platon und Aristoteles zurückreicht.

Für Platon ist die Idee des Guten, also dessen, was wir letzten Endes in allen Einzelzielen erstreben und was allem Seienden die Einheit mit sich selbst gibt, identisch mit dem Wahren, dem höchsten Erkenntnisgegenstand; sie ist auch identisch mit dem Schönen, das der erkennende Eros im sinnlich Schönen, etwa eines begehrten Menschen, spurenhaft wahrnimmt, wodurch der Seele sozusagen die Flügel wachsen, sodass sie sich an ihre Herkunft erinnert – daran, dass sie das Schöne selbst geschaut hat, bevor sie ins Reich der Körper abstürzte. Die Idee des Schönen strahlt ihr Licht auch in das Innenleben der schönen Seele hinein: Wer gerecht ist, der kann mit seiner Vernunft das »vielgestaltige Ungeheuer« der Triebe kontrollieren und die verschiedenen Teile der Seele (Zorn und Begehren) in wohlgeordnete Harmonie lenken wie der Wagenlenker seine Zugpferde.

Diese lebendige Ordnung ist Schönheit, letztlich ein sinnlich-reales Resultat der Tugend. Im Blick auf die entsprechende Ordnung der Stände – mit weisen Regenten und tapferen Wächtern an der Spitze – kann man auch von einer

Schönheit des Staates sprechen. Wie die schöne Seele Vernunft und Sinnlichkeit in die Balance bringt – mit der Vernunft als Anführerin –, so findet der ideale, gerechte Staat zu einer Harmonie der Stände, Generationen und Geschlechter. Aristoteles fasst die Tugend, die – vermittelnd zwischen »Übermaß« und »Mangel« – sich um Mäßigung, Besonnenheit und Freigebigkeit bemüht, auch so zusammen: Sie sei der Versuch, »das Schöne zu tun«. Das schönste Tun ist für Aristoteles die Betrachtung des Alls, die sich selbst genügt und an den ewigen, die Welt betrachtenden Müßiggang der Götter erinnert. Die Betrachtung des Alls hat eine ästhetische Komponente, das Staunen, meint bei Aristoteles aber auch den sich selbst genügenden Wissensdrang, die noch keinem technischen oder kommerziellen Zweck unterworfene Forschung.

Kant lehrt: »Schön ist, was ohne Begriff allgemein gefällt.« Dazu gehört dem Philosophen zufolge das »interesselose Wohlgefallen« eines Subjekts, dessen verschiedene Erkenntnisvermögen – Vernunft, Phantasie und sinnliche Wahrnehmung – zweckfrei zusammenspielen bei der Anschauung einer natürlichen oder künstlerisch produzierten Einheit des Mannigfaltigen.

Dass in dieser Ästhetik ein moralisch-politisches Programm enthalten ist, haben erst richtig die kunsttheoretischen Aufsätze von Friedrich Schiller (1759 bis 1805) deutlich gemacht. Schiller hat intensiv Kant studiert und bejaht, gleichwohl hat er an dessen schroffer Entgegensetzung von Pflicht und Neigung Anstoß genommen. Kann man das Gute nicht auch wollen, weil es einem gefällt? Das war seine die Ethik betreffende Hauptfrage an den Königsberger, der seine Morallehre lieber auf Vernunftgesetze als auf – wenn auch noch so edle – Neigungen stützen mochte.

Schillers Briefe *Über die ästhetische Erziehung des Menschen* (1795) liefern den überzeugendsten Entwurf für die Auffassung, letztlich sei nicht die regulierende Vernunft die entscheidende Antriebskraft für ein moralisch einigermaßen intaktes Leben, sondern das Gefühl, genauer: die Sehnsucht nach Schönheit. Hier gilt allerdings der klassische Schönheitsbegriff, nicht die im Rahmen der Moderne hoffähig gewordene Schönheit des Hässlichen. In einer Zuspitzung der kantischen Ästhetik hat Hegel Schönheit als »das sinnliche Scheinen der Idee« bestimmt.

Schillers Briefe betrachten die ästhetische Freiheit der Einbildungskraft als Vorspiel einer politischen Freiheit. Sie befassen sich, wie der Dichter eingangs formuliert, auf hohem philosophischen Niveau »mit dem vollkommensten aller Kunstwerke, mit dem Bau einer wahren politischen Freiheit«. Dem künstlerischen Widerspiel von »Formtrieb« und »Stofftrieb«, Geist und Sinnlichkeit, prägender »Persönlichkeit« und empfangender »Natur« entspricht demnach im idealen Staat das gespannte »Gleichgewicht« von Individuum und Gesellschaft.

Der Staat soll sich zu seinen Bürgern verhalten, wie diese »zu sich selber stehen«. So wie die Bürger sich selbst zugetan sind, so soll auch der Staat ihnen zugetan sein; was voraussetzt, dass dieselben Bürger aus ihrem Selbstverhältnis das rechte Verhältnis zum Staat entwickeln. Hier wird eindeutig das mosaische Gesetz »Du sollst deinen Nächsten lieben wie dich selbst« zugrunde gelegt und weitergedacht. Der Maßstab für das richtige, gerechte Zusammenleben der Individuen in Gesellschaft und Staat ist das gutartige Verhältnis, das der Einzelne zu sich selbst hat, seine Selbst-Liebe. Sie ist auf das Verhältnis zum Nächsten zu übertragen, was voraussetzt, dass der Nächste sie zurücküberträgt. So entsteht ein harmonisches Zusammenspiel des Einzelnen und der (staatlich geordneten) Gemeinschaft – ein schönes Leben, dessen moralisches Gesetz man ohne weiteres aus ästhetischen Gründen für erstrebenswert halten kann.

Die Moral dieser ästhetischen Lebensauffassung präzisiert Schiller im vierten Brief so: »Jeder individuelle Mensch trägt, der Anlage und Bestimmung nach, einen reinen idealischen Menschen in sich, mit dessen unveränderlicher Einheit in allen seinen Abwechselungen übereinzustimmen die große Aufgabe seines Daseins ist. Dieser reine Mensch wird repräsentiert durch den Staat; die objektive und gleichsam kanonische Form, in der sich die Mannigfaltigkeit der Subjekte zu vereinigen trachtet.« Schiller hält nicht die absolutistische Form für geboten, in welcher »der Staat die Individuen aufhebt«, sondern die republikanische, wo »das Individuum Staat wird« und »der Mensch in der Zeit zum Menschen in der Idee sich veredelt«. So kann der »Naturstaat« ein »sittlicher« werden.

Der Gedanke, dass der Staat wie ein Kunstwerk die Vielfalt der Individuen zugleich ausdrückt und zu der sittlichen Idee des Ganzen verpflichtet, erinnert Schiller an das »freieste Sein« der Götter im klassischen Griechenland: »Sowohl der materielle Zwang der Naturgesetze als der geistige Zwang der Sittengesetze verlor sich in einem höheren Begriff von Notwendigkeit, der beide Welten zugleich umfasste, und aus der Einheit jener beiden Notwendigkeiten ging ihnen erst die wahre Freiheit hervor.«

Die »wahre Freiheit« des Menschen sieht Schiller schließlich in dessen Spielernatur: »Denn«, so formuliert er im 15. Brief, »der Mensch spielt nur, wo er in voller Bedeutung des Worts Mensch ist, und er ist nur da ganz Mensch, wo er spielt.« Der Begriff »Spiel« umfasst hier zugleich die zweckfreie Balance von Geist und Sinnlichkeit wie die – durchaus zweckmäßige – Harmonie von Staat und Individuum, Freiheit und Natur. Eine konkrete Utopie des Zusammenlebens, die allerdings die ästhetische Erziehung derer voraussetzt, die dieses Zusammenleben im Staat probieren wollen.

Das harmonische Zusammen-»Spiel« von Individuum und Gesellschaft auf der Grundlage wechselseitiger Verpflichtung zum gerechten Handeln (Prinzip Nächstenliebe), Einheit in der Mannigfaltigkeit, zwanglose Einheit von Natur und Moral,

Neigungen und Sittlichkeit, Gefühl und Vernunft – was Schiller da entwirft, ist eine geniale ästhetisch-moralische Vision des gesellschaftlichen Lebens. Man kann sich dieser Vision als reiner Moralist anschließen, der Sittlichkeit ohne ästhetische Pädagogik (und ihre Medien) nicht für durchsetzbar hält. Man kann diese Vision aber auch als reiner Ästhet akzeptieren, der eine um Harmonie bemühte Gesellschaft mit möglichst gesitteten Individuen »schön« findet – schöner jedenfalls als Ordnungen, in denen die Individuen unterdrückt werden oder sich chaotisch-egoistisch austoben dürfen.

Die so verstandene Republik als schönes Zusammenwirken verschiedener Gruppen, Individuen, Institutionen und Disziplinen zu einem Staat, den das Ethos der Freiheit bindet, ist durchaus ein attraktives politisches Ideal geblieben. Aber auch Schiller war Realist und wusste, dass die krassen Klassenunterschiede seiner Zeit die freie, freudige Teilnahme der Individuen am allgemeinen Wohl zunächst unmöglich machten. Sein Aphorismus über die »Würde des Menschen« spricht Bände: »Nichts mehr davon, ich bitt euch. Zu essen gebt ihm, zu wohnen./Habt ihr die Blöße bedeckt, gibt sich die Würde von selbst.« Also: Bedeckt die Blöße, dann kann das republikanische Spiel beginnen! Nehmt die Nächstenliebe als Kurzformel und Zieldefinition der Zehn Gebote ernst, dann habt ihr bessere Chancen, innerlich und äußerlich, seelisch und gesellschaftlich die rechte Balance zwischen Trieb und Vernunft, individuellem Interesse und gesetzlich geregelter, staatlich behüteter Redlichkeit zu finden.

Auch wenn dies im Blick auf die alles überwölbende Idee von Gerechtigkeit geschieht, also im Blick auf die Basis aller Moral, lässt das Ganze sich auch als Bestätigung einer ästhetischen Lebensauffassung lesen. Denn Gerechtigkeit, als Ausgleich von Geben und Nehmen, Regelbruch und Sanktion, »Mein« und »Dein«, ist ein symmetrisches Ideal – und Symmetrie ist ein Schlüsselbegriff klassischer Schönheit, von der Symmetrie des idealen menschlichen Gesichts bis zu jener einer barocken Schlossanlage oder eines modernen Fußball-stadions.

Musik, die alle möglichen Dissonanzen und schrillen Töne aus sich herauslässt, um sie am Ende dann doch melodiös oder in pazifizierenden Schlusssequenzen einzufangen, über-setzt die so verstandene ästhetische Lebensauffassung in Klang und Rhythmus: als harmonisch ausklingenden Zeitabschnitt. Das gilt für die Komponisten Mozart und Rossini ebenso wie für die Blues-Interpretin Billie Holiday, wenn sie – schmerz-lich nah an der Grenze zur Auflösung des Melodiösen – »My Man« singt, oder für die Beatles, die als Provokateure auftra-ten, aber doch der versöhnlichen Lebensbejahung das letzte Wort überließen: nicht nur mit ihrem fröhlich lärmenden Jahr-hundert-Song »All You Need Is Love«.

Ästhetische Lebensauffassung: Schon ein halbes Jahrhun-dert nach Schiller erschien dessen Vision desolat und viel zu idealistisch –, dieser Traum, die schöne Seele mit einer guten Welt zu versöhnen, das individuelle und das gesellschaftliche Leben durch ästhetische Erziehung zu einer zwanglosen Ein-heit zu befördern. Harte neue Fakten wie die fortschreitende Industrialisierung, das entstehende Proletariat in den explodie-renden Städten, davon verursachte soziale Spannungen sowie viele wissenschaftliche und technische Neuerungen sorgten für so viele Zerwürfnisse, Desillusionierungen, Entfremdun-gen und »Entzweiungen« (Hegel), dass der denkende Einzelne (in der Philosophie) sich immer häufiger auf Selbsterkennt-nis ohne Welterkenntnis zurückgeworfen sah. Exemplarisch dafür ist das Buch *Der Einzige und sein Eigentum* (1845) des Junghegelianers Max Stirner (1806 bis 1856), in dem es heißt: »Jedes höhere Wesen über Mir, sei es Gott, sei es der Mensch, schwächt das Gefühl Meiner Einzigkeit … Verdaue die Hostie, und Du bist sie los. – Als Eigene seid Ihr wirklich alles los, und was Euch anhaftet, das ist Eure Wahl.«

Ästhetische Lebensauffassung klassischer Provenienz ge-riet dabei in den Verdacht, das Leben bloß biedermeierlich dekorieren oder spätromantisch überhöhen zu wollen. Der Anspruch klassischer Ästhetik, den konkreten Menschen zu erziehen und eine humanere Gesellschaft zu schaffen, verlor sich im wagnerianisch Ungefähren oder wurde durch Ironie (Heinrich Heine) gebrochen. Ästhetik? Das wurde zum Inbegriff des Unernsten, des spirituellen Gaumenkitzels für bürgerliche Selbstzufriedenheit. Dass 1853 die vielbeachtete *Ästhetik des Hässlichen* von Karl Rosenkranz erschien, ist ein Symptom dieser Erosion des Klassischen. Schon bald sollten Schock und Schick die »edle Einfalt und stille Größe« des klassischen Schönheitsideals – wie es Johann Joachim Winckelmann im 18. Jahrhundert so ergreifend lapidar definiert hatte – beerben.

Erst vor diesem Hintergrund ist die schrille, einem Aufschrei gleichkommende Philosophie Nietzsches zu verstehen. Dasselbe gilt für den radikalen moralischen Subjektivismus des dänischen Theologen Sören A. Kierkegaard (1813 bis 1855), der eigentlich ein philosophischer Schriftsteller war. Kierkegaard kritisierte heftig die für seine Begriffe allzu satte lutherische Staatskirche seines Landes und setzte aller Systemphilosophie von Hegels Gnaden, aber auch dem politisch-ästhetischen Projekt der Weimarer Klassik, einen Begriff intensivster Individualität entgegen, der vieles vom Existenzialismus des 20. Jahrhunderts vorweggenommen hat.

Allem ästhetischen-esoterischen Unernst seiner Zeit schleudert Kierkegaard sein dramatisches »Entweder-Oder« ins Gesicht, wie der Titel seines Hauptwerks aus dem Jahr 1843 heißt. Vor dem Entweder-Oder steht demnach jeder Mensch, der sein wahres Selbst sucht – »in tiefem Ernst«. »Wofür ich in meinem Entweder-Oder eintrete, das ist das Ethische«, schreibt Kierkegaard. »Es handelt sich noch nicht um die Wahl von etwas, noch nicht um die Realität dessen, was gewählt wird, sondern um die Realität des Wählens.« Allein schon der Lebensernst, »eine Wahl vollzogen zu haben«, gebe

»dem Wesen des Menschen eine stille, feierliche Würde, die nie ganz verloren gehen kann«.

Die Wahl (ein Schlüsselbegriff auch bei Stirner) »entscheidet über den Inhalt der Persönlichkeit«. Wer die Wahl wählt, entscheidet sich gegen die »Schwebe«, gegen die »Indifferenz«, gegen »das Ästhetische«: »Das Ästhetische ist die Indifferenz.« Das ihm entgegengesetzte »Ethische« ist vor allem die Entscheidung, die Wahl zwischen Gut und Böse für existenziell wichtig zu halten – egal, wie diese Entscheidung ausfällt. Auch der engagierte Bösewicht handelt ethisch. »Mein Entweder-Oder bedeutet also zunächst nicht die Wahl zwischen Gut und Böse«, so Kierkegaard, »es ist die Wahl, wodurch man sich unter den Gegensatz von Gut und Böse stellen oder nicht stellen will.«

Dabei geht es um die Wahrheit des »Selbst«, sie muss »absolut« gewählt werden. Der Verlust des »Selbst« kann »durch den Gewinn der ganzen Welt nicht aufgewogen werden«. Der Mensch verliert sein Selbst in der bloß ästhetischen Hingabe an den Augenblick, in jenem Verzicht auf die Wahl, der bei Kierkegaard auch »Maskerade«, »Spiel«, »Spaß« und »Genuss« heißt. »Das Ästhetische im Menschen ist das, wodurch er unmittelbar ist, was er ist; das Ethische ist das, wodurch er wird, was er wird.« Schon »junge Menschen«, moniert er, »spielen mit den titanischen Kräften der Geschichte; aber sie können dem einfältigen Menschen nicht sagen, was er hier im Leben zu tun hat.« Kierkegaards kritische Analyse des indifferenten Ästheten liest sich seitenweise fast wie eine Kritik des teilnahmslos alles konsumierenden Medienfreaks unserer Tage.

Erst entscheidet der Mensch, ob er wählen will oder indifferent bleibt. Das ist die erste Wahl, »eine absolute Wahl«. Dann erst folgt die Wahl zwischen Gut und Böse, etwa zwischen »Wahrheit« und »Recht« auf der einen, »Lust«, »Leidenschaft«, »Verlorenheit« auf der anderen Seite. Wer die Wahl wählt, wählt die Zukunft; er lebt »für die Freiheit«.

Kierkegaard malt das Pathos der Wahl fast romantisch aus: »Wenn alles still um den Menschen geworden ist, feierlich wie eine sternenklare Nacht; wenn die Seele, weltvergessen, allein ist mit sich selbst: da öffnet sich der Himmel über ihr, und das Ich wählt sich selbst oder vielmehr: es lässt sich sich selbst gegeben werden, da empfängt die Persönlichkeit den Ritterschlag, der sie für die Ewigkeit adelt, das Bewusstsein schließt sich zusammen, und er (der Mensch) ist er selbst.« Beim bloß ästhetischen Selbstgenuss verharrt die Persönlichkeit »in ihrer zufälligen Unmittelbarkeit« und bleibt an »äußere Bedingungen geknüpft«. Auch »Verzweiflung« als »Lebensanschauung« ist nur ästhetisch: »Du schwebst über dir selbst, das Leben lebst du von Tag zu Tag – als schwarzes Märchen«.

Der »Ernst des Geistes« entscheidet sich vor dem Horizont des »Ethischen«, nicht des »Ästhetischen«. Kierkegaard widerlegt damit letztlich nicht alle ästhetischen Lebensauffassungen. Er schließt sie nur aus der »absoluten Wahl« aus, in der sich die Persönlichkeit »zentralisiert«. Das Ästhetische, Spontane, dem Augenblick Verhaftete bleibt »als Relatives« akzeptiert. Ihm bleibt lediglich »das Große« der Selbst-Wahl verschlossen.

Angesichts dieser existenzphilosophischen Zuspitzung der Selbst-Wahl wirkt jede primär ästhetische Lebensauffassung luxuriös. Aber »ästhetisch« heißt bei Kierkegaard auch nicht dasselbe wie bei Schiller. Die Ästhetik des Dichters ist nicht harmlos genießerisch. Die Humanisierung des gesellschaftlichen Lebens, die Schiller vorschwebte, war keineswegs so äußerlich, lustfixiert und tageshörig, wie Kierkegaard sich den »indifferenten« Ästheten imaginiert. Auch Schiller wurde vom Pathos schmerzlich drängender Entscheidungen heimgesucht, er war so »ernst« wie Kierkegaard.

Und dennoch markiert Kierkegaards »Entweder-Oder« eine unüberschreitbare Grenze zwischen Ethik und Ästhetik. Das »Ethische«, das er in beinahe alttestamentarischem

Furor einklagt, ist horizontal, in der vergleichsweise flachen Perspektive des um sein Selbst ringenden Individuums, ein Absolutum, eine Abwehr der ästhetischen Verantwortungslosigkeit. Das Ästhetische – das griechische Wort *aisthesis* heißt Sinneswahrnehmung – der »ästhetischen Erziehung« Schillers ist aber gar nicht verantwortungslos. Schiller bemüht sich ernsthaft um die Vermittlung zwischen Sinnlichkeit und Sittlichkeit, Natur und Freiheit, Physik und Metaphysik. Sein Absolutum verortet das Individuum auch in der Vertikalen: in einem ideellen Seins-Bezug, der das reine Selbstsein qualitativ überschreitet – »transzendiert«. Schiller und Kierkegaard sind nur scheinbar Streitgegner. Das ethische Weltverhältnis, das Kierkegaard favorisiert, gehört bei Schiller zum ästhetischen Weltverhältnis. Beide sind Moralisten. Aber Schiller bleibt dabei Metaphysiker, während Kierkegaard den jenseitigen Aufwind übersinnlicher Ideen hineinnimmt in einen neuartigen, diesseitigen, existenziellen Absolutismus. Der Ethiker und der Ästhet – beide haben in ihrer Perspektive recht.

Zu der Frage, inwiefern ästhetisches Empfinden zu den Wurzeln der Moral gehören kann, hat der US-amerikanische Psychologe Jonathan Haidt (Jahrgang 1963), Professor an der Universität von Virginia, interessante Beiträge geliefert. In einer empirischen Tugendstudie des Jahres 2004 belegten er und seine Mitarbeiter die unterschiedlichen moralischen Präferenzen von »Liberalen« und »Konservativen«. Liberale Amerikaner fanden die Werte »Fürsorge« (*care for others*) und »Fairness« (Gerechtigkeit, Gleichheit) wichtiger als die Werte »Gruppenloyalität« (Familie, Nation, Clique), »Respekt« (vor Traditionen und Autoritäten) und »Reinheit« (*purity*). Konservative dagegen legten mehr Wert auf die zuletzt genannten drei Tugenden.

Interessant ist dabei vor allem der Wert der »Reinheit« – er zielt auf die Vermeidung von spontanem Ekel und Abscheu, ausgelöst durch widerliche Nahrungsmittel (*food*) oder abstruses Verhalten (*actions* – zum Beispiel sexuelle Handlungen mit

Tieren oder hemmungsloses Spucken vor anderen Menschen).
Zur ästhetischen Basis des moralisch angemessenen Verhaltens gehört der große Bereich jener Tisch- und Umgangsmanieren, die sich in Europa erst im Zuge der Renaissancekultur verfeinert haben. Noch im 16. Jahrhundert, zu Lebzeiten des Humanisten Erasmus von Rotterdam, galt es nicht als anstößig, beim Essen zu rülpsen oder gar in aller Öffentlichkeit Blase und Darm zu entleeren. Unhöflich war dagegen, den, der dies gerade tun musste, zu grüßen. Der Psychologe Haidt weiß sehr wohl, dass ästhetische Ekelschwellen »je nach Kultur variieren«. So würden die meisten Amerikaner und Europäer es impulsiv verabscheuen, wenn eine Familie ihren Hund, der durch ein Auto getötet wurde, verzehrt. Den Menschen in Teilen Asiens dagegen, wo man Hunde seit Jahrhunderten isst, wäre dieses Verhalten allenfalls ein Schulterzucken wert.

Moralische Urteile basieren, so Haidt, zu gleichen Teilen auf moralischer Reflexion (*moral reasoning*) und auf moralischen Gefühlen (*moral emotions*). Der harte Kern der Moral ist für ihn »soziale Intuition«. Die darauf bauenden »moralischen Urteile sind wie ästhetische Urteile« – sie werden in der Regel rasch und intuitiv gefällt und erst nachträglich mit Gründen untermauert. »Ich weiß einfach, dass es falsch ist«, haben viele der von Haidts Psychologenteam Befragten geantwortet, als sie zum Beispiel mit der Geschichte vom Verzehr des totgefahrenen Familienhundes konfrontiert wurden.

Richtig ist: Moralische Urteile sind oft Geschmacksurteile. Aber je emotionaler und spontaner das Geschmacksorgan reagiert, desto größer wird die Chance, dass kulturelle Differenzen das Urteil beeinflussen und am Ende die »Moral von der Geschichte« jeden Anspruch auf allgemein-menschliche Verbindlichkeit einbüßt. Ästhetische Gefühle tragen nur einen Teil der Ethik durch die Welt, und das nicht selten mit schwankendem Gang. Harte moralische Delikte wie Mord, Diebstahl, Schmähung der Eltern, Einbruch in eine Ehe, Verleumdung oder Lüge – sie tangieren zwar auch unser ästhetisches Empfinden, werden aber letztlich allein durch die menschliche Vernunft verurteilt. Sie ist es, die vor allem die Gesetzgeberin unseres Handelns ist, als Wille ist sie »ein Vermögen, nur dasjenige zu wählen«, was sie »unabhängig von der Neigung als praktisch notwendig, d. i. als gut erkennt«, wie Kant formuliert. Und das ist zusammengefasst in den Zehn Geboten.

Warum wir ihren Zorn
ewig brauchen

Im 5. Buch Mose (27,11ff.) gibt es die »zwölf Fluchworte«, die im Wesentlichen den Inhalt der Zehn Gebote variieren, allerdings ausdrücklich hinzufügen: die Verfluchung dessen, der »bei irgendeinem Tier« oder einer ihm eng verwandten Frau (Schwester, Mutter, Schwiegermutter) »liegt« oder der »das Recht des Fremdlings, der Waise und der Witwe beugt«. Darauf folgt die denkwürdige Ankündigung von Segen und Fluch für die Fälle, dass Gottes Volk der Stimme seines Herrn gehorcht oder diesen Gehorsam verweigert.

Dem Volk, das die Gebote ignoriert, droht Mose das Schlimmste an. Die Kanonade der Verwünschungen ist von urwüchsiger Kraft und Erhabenheit, die sich am besten im ausführlichen Zitat nachempfinden lassen:

»Verflucht wirst du sein in der Stadt, verflucht wirst du sein auf dem Acker. Verflucht wird sein dein Korb und dein Backtrog. Verflucht wird sein die Frucht deines Leibes, der Ertrag deines Ackers, das Jungvieh deiner Rinder und Schafe ... Der Herr wird unter dich senden Unfrieden, Unruhe und Unglück in allem, was du unternimmst, bis du vertilgt bist und bald untergegangen bist um deines bösen Treibens willen, weil du mich verlassen hast. Der Herr wird dir die Pest anhängen, bis er dich vertilgt hat in dem Lande, in das du kommst, es einzunehmen. Der Herr wird dich schlagen mit Auszehrung, Entzündung und hitzigem Fieber, Getreidebrand und Dürre; die werden dich verfolgen, bis du umkommst. Der Himmel, der über deinem Haupt ist, wird ehern werden und die Erde unter dir eisern. Statt des Regens für dein Land wird der

Herr Staub und Asche vom Himmel auf dich geben, bis du vertilgt bist. Der Herr wird dich vor deinen Feinden schlagen. Auf einem Weg wirst du wider sie ausziehen, und auf sieben Wegen wirst du vor ihnen fliehen und wirst zum Entsetzen werden für alle Reiche auf Erden. Deine Leichname werden zum Fraß werden allen Vögeln des Himmels und allen Tieren des Lands, und niemand wird sie verscheuchen. Der Herr wird dich schlagen mit ägyptischem Geschwür, mit Pocken, mit Grind und Krätze, dass du nicht geheilt werden kannst. Der Herr wird dich schlagen mit Wahnsinn, Blindheit und Verwirrung des Geistes. Und du wirst tappen am Mittag, wie ein Blinder tappt im Dunkeln, und wirst auf deinem Weg kein Glück haben und wirst Gewalt und Unrecht leiden müssen dein Leben lang, und niemand wird dir helfen. Mit einem Mädchen wirst du dich verloben; aber ein anderer wird es sich nehmen. Ein Haus wirst du bauen; aber du wirst nicht darin wohnen. Einen Weinberg wirst du pflanzen; aber du wirst seine Frucht nicht genießen. Dein Rind wird vor deinen Augen geschlachtet werden; aber du wirst nicht davon essen. Dein Esel wird vor deinem Angesicht mit Gewalt genommen und dir nicht wiedergegeben werden … Deine Söhne und deine Töchter werden einem anderen Volk gegeben werden, dass deine Augen zusehen müssen und täglich vor Verlangen nach ihnen vergehen, und in deinen Händen wird keine Kraft sein.«

Schließlich folgt jener Fluch, der wie eine Weissagung das Schicksal der Juden beschreibt: »Der Herr wird dich zerstreuen unter alle Völker von einem Ende der Erde bis ans andere, und du wirst dort anderen Göttern dienen, die du nicht kennst noch deine Väter: Holz und Steinen. Dazu wirst du unter jenen Völkern keine Ruhe haben … und dein Leben wird immerdar in Gefahr schweben; Nacht und Tag wirst du dich fürchten und deines Lebens nicht sicher sein.«

Hier gilt: Segen oder Fluch, Entweder – Oder. Kein Dazwischen und kein »Eventuell doch, aber dann nicht ganz«. Der

heilige Ernst des Alten Bundes, der den ausgelassenen Psalm
»Lobe den Herrn, meine Seele!« ja einschließt und der keines-
wegs nur droht und tobt, teilt sich den sozialen Geboten des
Dekalogs nur mit, wenn die kultischen (keine anderen Götter
»neben mir«; den »Namen« unbedingt achten; am siebten Tag
ruhen) genauso wichtig wie diese genommen werden. Nur der
Bezug zum Absoluten gibt den Forderungen des Dekalogs das
Unausweichliche, Erhabene, auch ästhetisch Umwerfende.

Diese Dimension müssen sich die Gläubigen Europas – egal
welcher der monotheistischen Religionen – emotional und intellektuell wieder zumuten, wenn sie bei der Gestaltung der kulturellen Zukunft noch ein ernstes Wort mitreden wollen. Der
Münchner Erzbischof Reinhard Marx hat unlängst in einem
Interview zu Recht daran Anstoß genommen, wie sich in dem
modisch gewordenen »Kulturchristentum die Reduktion der
Religion auf Ethik« durchsetzt. Ganz in diesem Sinne hat der
Kulturhistoriker Rüdiger Safranski in einem Essay zwischen
»heißen« und »kalten« Religionen unterschieden – heiß ist der
alttestamentarische »eifersüchtige« Zorn und der eifernde, oft
auch übereifrige Islam; kalt ist ein durch jahrhundertelange
philosophisch-theologische Debatten, durch Psychologisierung,
Biologismus, multikulturelle Selbstzweifel und ehrwürdigen
institutionellen Leerlauf ermattetes europäisches Christentum,
das sich verwundert die Augen reibt, wenn aus seinen Reihen
noch einer ernsthaft glaubt, Gottes Lob zu singen sei wichtiger
als der Konsum der sonntäglichen TV-Talkshow.

Außer den Zehn Geboten brauchen wir vor allem dies: das
uralte »Furcht und Zittern«, welches das Volk Israels bei der
Verkündigung dieser Gebote überfiel – angesichts von Donner, Blitz, Posaune und »Rauchen des Bergs«. Wir brauchen
diese demütige Gewissheit: »Um Gott her ist schrecklicher
Glanz« – Freund Elihu sagt dies zu Hiob, dessen Gottesfurcht
so extrem auf die Probe gestellt wurde, dass er, der Fromme,
endlich an Gottes Gerechtigkeit zweifelte. Hiob hat sich Gott
zu sehr vertraut gemacht, dafür büßt er mit dem Verlust seiner

Kinder und Herden, bis er völlig demoralisiert, von Geschwüren bedeckt, in der Asche seines früheren Wohlstands sitzt und sich mit einer Scherbe kratzt. Hiob wird schließlich gerettet und rehabilitiert, nachdem er versprochen hat, seine »Hand« auf seinen »Mund zu legen«. Wer glaubt, Gott zu kennen und mit ihm rechten zu können, weil er das Böse in der Welt zulässt, dem ergeht es wie diesem Hiob. Gottes Unergründlichkeit gebietet das Schweigen des Gläubigen: Hier spricht nur einer – der Herr.

Wir müssen es schaffen, den Horizont des unverfügbar absoluten, unendlichen Urgrunds von allem, das ist und wird, in die Stille unseres täglichen Selbst- und Weltempfindens hineinzunehmen. Wir müssen wieder nachvollziehen, was der Religionswissenschaftler Rudolf Otto (1869 bis 1937) den Schauder vor dem »Numinosen« genannt hat; begreifen, dass alle Gegebenheiten des Lebens »Manifestationen des Heiligen« darstellen, dass sie eigentlich unvorstellbare Geschenke eines Unbekannten sind und als solche erst einmal altmodische Ehrfurcht einfordern (darin sieht der Philosoph Peter Fischer das Wesentliche aller Religion, in: *Philosophie der Religion*, 2007).

Nur dann haben Christentum und Judentum auch echte Chancen, die spirituelle Offensive des »heißen« Islam zu überleben. Der US-amerikanische Publizist Christopher Caldwell (Jahrgang 1962), der unter dem Titel *Reflections on the Revolution in Europe* 2009 ein Buch über die muslimische Einwanderung nach Europa geschrieben hat, warnt das christliche Europa vor dem Glauben, der eingewanderte Islam werde unter dem Einfluss der westlichen Kultur und ihrer Medien allmählich milder werden und sich am Ende leicht in diese Kultur integrieren lassen: »Wenn eine unsichere Mehrheitskultur, die alles relativiert, auf eine Kultur trifft, die zwar in der Minderheit ist, aber ein großes Selbstvertrauen und Dynamik hat, dann ist es normalerweise die Mehrheitskultur, die sich der Minderheitskultur anpasst.«

Die Religiosität gebe den Muslimen etwas, »das den Europäern fehlt« – und das mache sie spirituell stärker als die Angehörigen der sie umgebenden Mehrheitskultur. Kulturell könnte der Islam tatsächlich irgendwann Europa dominieren, vorausgesetzt, die Christen versäumen es, dem Unernst und den »schwarzen Märchen« ihrer übergeschnappten medialen und finanzberauschten Scheinwelten nachhaltig zu trotzen. Diese Christen müssen den Mut aufbringen, ohne Rückendeckung durch Meinungsumfragen, Medienkampagnen oder Verhaltensbiologen dem Menschen ohne Wenn und Aber und Vielleicht schlicht zu »sagen, was er hier im Leben zu tun hat«, wie Kierkegaard formuliert. Ja: »Du sollst ...!« Da beißt kein Gelehrten-Symposion den Faden ab.

Fordern die Zehn Gebote Unrealistisches? Müssen sie »unserer Zeit« (was ist das?) und ihren Nöten angepasst werden, weil sonst die Zustimmungsquote zu niedrig ist? Nein – im Gegenteil: Sie müssen bleiben, was sie sind und stets waren. Der jüdische Philosoph Theodor W. Adorno, an sich kein religiöser Denker, hat den dazu passenden Satz geschrieben: »Wahr ist nur, was nicht in diese Welt passt« – er steht in seiner nachgelassenen *Ästhetischen Theorie* (1970), zu deren Programm auch die ästhetische Entzauberung der wissenschaftlich-technisch »entzauberten« Wirklichkeit gehört. Und der katholische Philosoph Max Scheler (1874 bis 1928) hat, ebenso passend, in seinem Buch über *Die Stellung des Menschen im Kosmos* (1928) geschrieben, der Mensch sei »der ewige Protestant gegen alle bloße Wirklichkeit« – während etwa das Tier, auch wo es fliehe, »immer ›Ja‹ zum Wirklichen sagt«.

Der Protestant gegen alle bloße Wirklichkeit hat nicht notwendig ein schmerzverzerrtes Gesicht. Sein Sinn für das Unendliche verschafft ihm eine gelassene Distanz zu allem Endlichen, bis hin zur asketischen Verweigerung alltäglicher Lebensvollzüge. Der Dichter Jean Paul hat in seiner *Vorschule der Ästhetik* (1804) aus dieser Distanz das Wesen des Humors destilliert. Der Humor, so Jean Paul, »erniedrigt das Große«

und »erhöht das Kleine«, holt das Große und das Kleine auf ein und dieselbe Ebene, weil »vor der Unendlichkeit alles gleich und nichts« sei. Es gibt gute Gründe für ein metaphysisch unterlegtes Gelächter über alle wichtigen Ansprüche der Wirklichkeitsmenschen.

Dieses Lachen ist nicht weniger authentisch als der Kierkegaard'sche Existenz-Ernst. Es hat nichts gemeinsam mit dem Unernst der ästhetischen »Maskerade« (Kierkegaard). Es ist ein ernstes Lachen, durchaus angemessen im Angesicht einer moralischen Unbedingtheit, die uns immer neu auffordert, ihr nicht so ganz zu genügen. Das heißt auch: Die wuchtige mosaische Moral ist kein existenzieller Würgegriff. Sie steht für eine Gesetzestafel, die zwar gilt, deren göttlicher Stichwortgeber beim Urteil über jene, die sich manchmal vergeblich um Gehorsam bemühen, aber auch »gnädig« schmunzelt – eine philosophisch nicht statthafte, aber emotional unvermeidliche Personifizierung des Unendlichen. Der göttliche Stichwortgeber hat eben auch Humor; den Humor des Ewigen gegenüber allem Zeitlichen.

Was heißt in diesem Zusammenhang das Adjektiv »ewig«? Albert Schweitzer hat über die »Ethik Jesu« angemerkt: »Keine Zeit mehr voraussetzend, lässt sie sich in jede Zeit einsetzen.« Psalm 31 sagt: »Herr! Meine Zeit steht in deinen Händen.«

Die Zeit, traditionell definiert als »gezählte Bewegung« (Aristoteles) oder als »das angeschaute Werden« (Hegel), ist ein eigenes Buch mit sieben Siegeln. Unser Begriff von Ewigkeit meint zunächst endlose Dauer – ein zeitlicher Begriff. Die Idee der Ewigkeit – und der ewigen Gültigkeit von Gesetzen – ist zeitlich. Das gilt es zu überwinden, was aber schwer fällt angesichts der Zeitgebundenheit unserer vorstellenden Phantasie. Wir können etwas Nicht-Zeitliches und Absolutes denken, aber uns nicht vorstellen. Die Phantasie, ohne die wir uns nicht erinnern könnten, ist es, die uns die Erfahrung der Zeitlichkeit zuallererst ermöglicht: Sie vergegenwärtigt uns das Noch-Nicht der Zukunft und das Nicht-Mehr der Vergangenheit und präsentiert uns das jeweilige Jetzt-Hier als

Grenze zwischen beiden, als luftige Brücke von dem einen zum anderen. Streng empirisch genommen existiert das Jetzt gar nicht – es ist der reine Übergang. Seine »Existenz« hängt am Tropf unserer Phantasie. Und doch ist dieses Jetzt der Ursprung dessen, was »wirklich« genannt wird. Ohne den Geist funktioniert dieses Mirakel so wenig, dass auch die These aufgekommen ist, letztlich sei der Geist selbst die Zeit. Aber das ist wohl eine Überspitzung.

Das Adjektiv »ewig« markiert eine Leerstelle der strukturellen Zeitlichkeit unseres Seins und Denkens. Diese Leerstelle besagt nur: Zeitlichkeit ist unser Schicksal bis in den bitteren Tod, aber »irgendwo« muss noch anderes sein. Die Ewigkeit der göttlichen Dimension, auf die wir als »Jenseits« hoffen und die uns »sein«, die uns täglich an ihrem absoluten Eins-Sein mit sich teilhaben lässt, kann nur bedeuten: Gott ist die ursprüngliche, unendliche, in gewisser Weise geisterhafte Zeitlichkeit, die wir raum-zeitlich schlechthin ebenso wenig vergegenständlichen können wie die Zahl Unendlich. Vielleicht kann man sagen: Wie die unbegreifliche Zahl Unendlich das Zählen in endlichen Zahlen erst ermöglicht, so konstituiert die ursprüngliche Zeitlichkeit auf unbegreifliche Weise unser Zeitgefühl. Und die phantasiebegabte Seele ist für diese absolute, das heißt von allen Relationen und Bedingtheiten »losgelöste«, weil diese erst ermöglichende Zeitlichkeit der irdische Agent. Diese Seele ist ständig versucht, sich ihren »Herrn« als Person vorzustellen. Was er nicht ist. Er ist eher Über-Person als Person, ohne Qualität und Quantität. »Persönlich« wird er erst im geistigen »Einsatz« der geschichtlichen Person, wie Scheler lehrt: im intuitiv wissenden, moralisch aktiven Glauben an ihn. Die Seele ist, wie alles Leben, Wandel. Aber sie will – nicht nur in der Liebe – Dauer. Aus dieser Paradoxie nährt sich die Rede von ewiger Gültigkeit. Ja: Die Zehn Gebote gelten ewig. Mindestens heute.

Nachbemerkung

Wir zitieren Altes und Neues Testament aufgrund der revidierten Luther-Übersetzung, die von 1957 bis 1975 im Auftrag des Rates der Evangelischen Kirche in Deutschland erarbeitet wurde. Diese Übersetzung, ein ziemlich einmaliges Gemeinschaftswerk vieler Gelehrter, kommt jenen Lesern, die bei der Originalfassung Verständnisschwierigkeiten hätten, weit entgegen, ohne den Rhythmus, die bildliche Kraft und den Ton Luthers zu sehr preiszugeben. Dieser Balanceakt gelingt der später veröffentlichten katholisch-evangelischen »Einheitsbibel« unserer Meinung nach nicht, obwohl wir die kirchenpolitische Intention dieser Bibel begrüßen. Die Einheitsbibel ist zwar leichter verständlich als die Fassung von 1975, klingt aber in vielen voreilig modernisierten Teilen banal. Ein Bibeltext darf zunächst einmal getrost fremd und auch ein wenig rätselhaft wirken, das kommt seiner historischen Wirkung gewiss näher als ein allzu aktuell wirkender Text, den sich die Seelsorge wünscht. Das Griechisch der homerischen Epen galt zu der Zeit, als sie schriftlich tradiert und später dann nachgedruckt und interpretiert wurden, auch längst als altertümlich – das Altertümliche war gerade ein besonderer Reiz dieser Sprache; derartiges hat auch der Luther-Text von 1975 noch ein wenig bewahrt. Als Luther die Bibel übersetzte, lagen schon ein gutes Dutzend deutscher Übertragungsversuche vor. Er hat sie alle so deklassiert, dass kein einziger von ihnen mehr bekannt ist. Das heißt: Luther war ein großer Sprachkünstler, von dessen ursprünglichem, poetisch einmaligem Ton eine heute verbreitete Bibelübersetzung mehr bewahren müsste, als es die vorhandenen Editionen aus pädagogischen Gründen wagen. Aus Respekt vor der Ausgabe von 1975 zitieren wir auch die »Bücher Mose«, wie sie in dieser Ausgabe benannt sind – statt »Deuteronomium« (für das 5. Buch) oder »Exodus« (für das 2. Buch), wohl wissend, dass man heute die Urheberschaft für diese Bücher nicht mehr dem historischen Mose, wenn es ihn denn überhaupt gegeben hat, zuschreibt. Doch Mose ist ein starker Mythos. Wenn es ihn wirklich nicht gegeben hat, müsste man ihn nachträglich erfinden. Und vor Mythen, Legenden, heiligen Erfindungen haben wir, im Unterschied zu manchem eifrig Aufgeklärten, Respekt – das ist ein Motiv dafür gewesen, dieses Buch zu schreiben.

M.S.

Literaturverzeichnis

Antweiler, Christoph: *Heimat Mensch – Was UNS ALLE verbindet.*
   Hamburg 2009.
Arendt, Hannah: *Über das Böse.* Eine Vorlesung zu Fragen der Ethik.
   Aus dem Englischen von Ursula Ludz. München, Zürich 2006.
Aristoteles: *Die Nikomachische Ethik.* Aus dem Griechischen von
   Olof Gigon. München 1967.
Assmann, Jan: *Moses der Ägypter. Entzifferung einer Gedächtnisspur.*
   München 1998.
Böhmer, Otto A.: *Schopenhauer oder Die Erfindung der Altersweis-
   heit.* München 2010.
Borgolte, Michael: *Christen, Juden, Muselmanen – Die Erben der
   Antike und der Aufstieg des Abendlandes 300 bis 1400 n. Chr.*
   München 2006.
Brämer, Andreas: *Die 101 wichtigsten Fragen – Judentum.* München
   2010.
Brück, Michael von: *Einführung in den Buddhismus.* Frankfurt am
   Main, Leipzig 2007.
Buber, Martin: *Das dialogische Prinzip.* Heidelberg 1962.
Bürgerliches Gesetzbuch und Nebengesetze. Mit einer Einführung
   von Klaus Müller. Köln, Berlin, Bonn, München 1985.
Cahill, Thomas: *Abrahams Welt – Wie das jüdische Volk die west-
   liche Zivilisation erfand.* Aus dem amerikanischen Englisch von
   Michael Büsges. Köln 2000.
Dawkins, Richard: *Das egoistische Gen.* Aus dem Englischen von
   Karin de Sousa Ferreira. Heidelberg 1978.
Deuser, Hermann: *Die Zehn Gebote. Kleine Einführung in die theo-
   logische Ethik.* Stuttgart 2002.
De Voragine, Jacobus: *Die Legenda aurea.* Aus dem Lateinischen
   von Richard Benz. Heidelberg 1963.
De Waal, Frans: *Der Affe und der Sushimeister. Das kulturelle Leben
   der Tiere.* München 2002
*Die Bibel oder die ganze Heilige Schrift des Alten und Neuen
   Testaments.* Nach der Übersetzung Martin Luthers. Stuttgart
   1978.

Düwell, Marcus; Hübenthal, Christoph; Werner, Micha H. (Hrsg.): *Handbuch Ethik*. Stuttgart, Weimar 2006.

Dux, Günter: *Warum denn Gerechtigkeit – Die Logik des Kapitals*. Weilerswist 2008.

Eliade, Mircea: *Geschichte der religiösen Ideen*. 3 Bände. Aus dem Französischen von Elisabeth Darlap. Freiburg, Basel, Wien 1978 ff.

Epiktet: *Handbuch der Moral*. In: *Epiktet, Teles, Musonius: Wege zum Glück*. Aus dem Griechischen von Rainer Nickel. München 1987.

Erler, Michael: *Platon*. München 2006.

Feldmann, Christian: »*Wir hätten schreien müssen*« – *Das Leben des Dietrich Bonhoeffer*. Freiburg, Basel, Wien 1998.

Feuerbach, Ludwig: *Das Wesen des Christentums*. Stuttgart 1971 (nach d. 3. Auflage: Leipzig 1849).

Fischer, Peter: *Philosophie der Religion*. Göttingen 2007.

Flasch, Kurt: *Meister Eckhart. Philosoph des Christentums*. München 2010.

Fliege, Jürgen: *Die Ordnung des Lebens – Die Zehn Gebote*. München 2005.

Fox, Robin Lane: *Die Klassische Welt. Eine Weltgeschichte von Homer bis Hadrian*. Aus dem Englischen von Ute Spengler. Stuttgart 2010.

Geier, Manfred: *Martin Heidegger*. Reinbek bei Hamburg 2005.

Gertz, Jan Christian (Hrsg.): *Grundinformation Altes Testament*. Göttingen 2006.

Girard, René: *Das Ende der Gewalt – Analyse eines Menschheitsverhängnisses*. Aus dem Französischen von Elisabeth Mainberger-Ruh. Freiburg, Basel, Wien 2009.

Graf, Friedrich Wilhelm: *Moses Vermächtnis*. München 2006.

Grimm, Dieter: *Recht und Staat der bürgerlichen Gesellschaft*. Frankfurt am Main 1987.

Grün, Anselm: *Die Zehn Gebote – Wegweiser in die Freiheit*. München 2009.

Heidegger, Martin: *Einführung in die Metaphysik*. Tübingen 1958.

Heim, Manfred: *Von Ablass bis Zölibat. Kleines Lexikon der Kirchengeschichte*. München 2008.

Hertz, Anselm (Hrsg.): *Moral*. Mainz 1972.

Höffe, Otfried (Hrsg. – zus. mit M. Forschner, A. Schöpf, W. Vossenkuhl): *Lexikon der Ethik*. München 1977.

Hoerster, Norbert (Hrsg.): *Recht und Moral. Texte zur Rechtsphilosophie*. Stuttgart 1987.

Jansen, Hans: *Mohammed. Eine Biographie*. München 2008.

Kant, Immanuel: *Kritik der praktischen Vernunft. Grundlegung zur Metaphysik der Sitten*. Hrsg. v. Wilhelm Weischedel. Frankfurt 1968.

Kemper, Peter; Mentzer, Alf; Sonnenschein, Ulrich (Hrsg.): *Wozu Gott? Religion zwischen Fundamentalismus und Fortschritt.* Frankfurt am Main, Leipzig 2009.

Kierkegaard, Sören: *Philosophische Schriften.* Aus dem Dänischen von Christoph Schrempf, Wolfgang Pfleiderer, H. Gottsched. Frankfurt am Main 2007.

Kippenberg, Hans G.: *Gewalt als Gottesdienst – Religionskriege im Zeitalter der Globalisierung.* München 2008.

Kirchner, Friedrich; Michaelis, Carl; Hoffmeister, Johannes: *Wörterbuch der philosophischen Begriffe.* Hamburg 1998.

Köckert, Matthias: *Die Zehn Gebote.* München 2007.

Krenzer, Ferdinand: *Morgen wird man wieder glauben.* Eine katholische Glaubensinformation. Limburg 2000.

Küng, Hans: *Was ich glaube.* München, Zürich 2009.

Lamprecht, Rolf: *Die Lebenslüge der Juristen – Warum Recht nicht gerecht ist.* München 2008.

Levin, Christoph: *Das Alte Testament.* München 2001.

Limbeck, Meinrad: *Aus Liebe zum Leben.* Die Zehn Gebote als Weisungen für heute. Stuttgart 1981.

Marx, Werner: *Gibt es auf Erden ein Maß? Grundbestimmungen einer nichtmetaphysischen Ethik.* Hamburg 1983.

Marx, Werner: *Mitleidenkönnen als Maß.* Hamburg 1986.

Moll, Sebastian: *Die christliche Eroberung des Alten Testaments.* Berlin 2010.

Nietzsche, Friedrich: *Die fröhliche Wissenschaft. Jenseits von Gut und Böse. Zur Genealogie der Moral.* In: Friedrich Nietzsche: Werke in drei Bänden. Hrsg. v. Karl Schlechta. München 1960.

Ortega y Gasset, José: *Der Aufstand der Massen.* Aus dem Spanischen von Helene Weyl. Hamburg 1956.

Otto, Eckart: *Mose – Geschichte und Legende.* München 2006.

Platon: *Werke.* Aus dem Griechischen von Friedrich Schleiermacher. Berlin 1985.

Rawls, John: *Eine Theorie der Gerechtigkeit.* Frankfurt am Main 2000.

Roloff, Jürgen: *Einführung in das Neue Testament.* München 2001.

Rosenstock, Roland: *Die Zehn Gebote und was sie heute bedeuten. Eine Gebrauchsanweisung.* Reinbek bei Hamburg 2007.

Scheler, Max: *Die Stellung des Menschen im Kosmos.* Bern, München 1962 (Erstdruck 1929).

Schiller, Friedrich: *Die theoretischen Schriften.* In: Sämtliche Werke Bd. 5, hrsg. v. Gerhard Fricke und Herbert G. Göpfert, München 1958.

Schleiermacher, Friedrich Daniel Ernst: *Über die Religion – Reden an die Gebildeten unter ihren Verächtern.* Hamburg 2004.

Schlögl, Hermann A.: *Das Alte Ägypten. Geschichte und Kultur von der Frühzeit bis zu Kleopatra.* München 2006.
Schmieder, Jürgen: *Du sollst nicht lügen! Von einem, der auszog, ehrlich zu sein.* München 2010.
Schwarz, Reinhard: *Luther.* Göttingen 2004.
Schweidler, Walter: *Der gute Staat – Politische Ethik von Platon bis zur Gegenwart.* Stuttgart 2004.
Schweitzer, Albert: *Kultur und Ethik in den Weltreligionen.* München 2001.
Siep, Ludwig: *Praktische Philosophie im Deutschen Idealismus.* Frankfurt am Main 1992.
Siep, Ludwig: *Konkrete Ethik. Grundlagen der Natur- und Kulturethik.* Frankfurt am Main 2004.
Sloterdijk, Peter: *Gottes Eifer – Vom Kampf der drei Monotheismen.* Frankfurt am Main, Leipzig 2007.
Spaemann, Robert: *Schritte über uns hinaus.* Stuttgart 2010.
Staguhn, Gerhard: *Gott und die Götter. Die Geschichte der großen Religionen.* München, Wien 2003.
Steffensky, Fulbert: *Die Zehn Gebote. Anweisungen für das Land der Freiheit.* Würzburg 2003.
Thukydides: *Geschichte des Peloponnesischen Krieges.* Aus dem Griechischen von Georg Peter Landmann. Zürich, Stuttgart 1960.
Urban, Martin: *Die Bibel – Eine Biographie.* Berlin 2009.
Van Dieren, Wouter: *Mit der Natur rechnen. Der neue Club-of-Rome-Bericht: Vom Bruttosozialprodukt zum Ökosozialprodukt.* Aus dem Englischen von Anja Köhne. Base, Boston, Berlin 1995.
Veyne, Paul: *Als unsere Welt christlich wurde – Aufstieg einer Sekte zur Weltmacht.* München 2008.
Waldenfels, Hans (Hrsg.): *Lexikon der Religionen – Phänomene, Geschichte, Ideen.* Freiburg, Basel, Wien 1987
Weber, Max: *Religion und Gesellschaft. Gesammelte Aufsätze zur Religionssoziologie.* Frankfurt am Main 2006.
Wickler, Wolfgang: *Die Biologie der Zehn Gebote.* München 1971.
Wolf, Notker (mit Drobinski, Matthias): *Regeln zum Leben. Die Zehn Gebote – Provokation und Orientierung heute.* Freiburg 2008.

Personenregister

Aaron 106, 108
Abraham 72, 96, 106, 115, 153,
    156, 160
Abraham a Sancta Clara 144
Adorno, Theodor W. 273
Aischa 161
Akiwa, Rabbi 32
Amalek 108
Amenophis IV. s. Echnaton
Amun-masesa 112
Anselm von Canterbury
    136, 203
Antonius von Padua 76
Aristoteles 16 f., 87, 128–131,
    179–186, 226, 230, 241,
    257 f., 274
Assmann, Jan 192 f.
Assurbanipal 169
Auden, Wystan Hugh 239
Augustinus 48 f., 61, 67, 69, 88

Bach, Johann Sebastian 15
Barth, Karl 76
Becker, Jurek 63
Benedikt XVI. 13
Benn, Gottfried 253
Blech, Jörg 246
Bloch, Ernst 105, 132
Boccaccio, Giovanni 89
Bokchoris 109
Bonhoeffer, Dietrich 124 f.
Borges, Jorge Luis 149
Bosch, Hieronymus 145
Botton, Alain de 16
Brecht, Bertolt 16

Brück, Michael von 163
Brutus 144
Buber, Martin 76, 119
Buddha 162 f., 250
Bush, George W. 50

Caesar, Julius 50
Caldwell, Christopher
    272
Canavesio, Giovanni 143
Cassius 144
Chadidscha 152, 158 f.
Cicero, Marcus Tullius
    48, 50, 185
Conrad, Joseph 15
Cube, Hellmut von 77 f.

Dahl, Edgar 224 f.
Darwin, Charles 241 f., 252
David, König 73, 113, 154,
    156, 169, 239
Dawkins, Richard 126 f.,
    233, 247 f.
De Bruyn, Günter 64
De Mille, Cecil B. 100
De Waal, Frans 245 f.
Derrida, Jacques 216
Descartes, René 134, 136 f.
Deuser, Hermann 41 ff., 50,
    59, 65, 69, 86
Dornhelm, Robert 100
Dostojewski, Fjodor 121
Drobinski, Matthias 47
Dutschke, Rudi 222
Dux, Günter 212 ff.

283